**Herausgegeben von der**
**Paul-Ehrlich-Gesellschaft für Chemotherapie e.V.**

Schriftleitung: **D. Adam,** München



**Futuramed Verlag, München**

**Bandherausgeber:**

Prof. Dr. med. H. Knothe
Bogenweg 10
D-6072 Dreieich-Buchschlag

Prof. Dr. med. H. Lode
Pneumologische Klinik I
Städt. Krankenhaus Zehlendorf
Bereich Heckeshorn
Am großen Wannsee 80
D-1000 Berlin 39

Die Deutsche Bibliothek – CIP-Einheitsaufnahme

Die **Cefotaxim-Gruppe – eine Dekade** / hrsg. von der Paul-Ehrlich-Gesellschaft für Chemotherapie e.V. Bd.-Hrsg.: H. Knothe ; H. Lode. – München : Futuramed-Verl., 1992
(FAC ; 11,1)
ISBN 3-923599-67-6
NE: Knothe, Hans; Paul-Ehrlich-Gesellschaft für Chemotherapie; GT


Printed in Germany
Satz + Druck: F. Pustet, Regensburg
ISSN 0722-7566
ISBN 3-923599-67-6

# Die Cefotaxim-Gruppe – eine Dekade

mit 36 Abbildungen und 51 Tabellen

**Bandherausgeber:**
**H. Knothe, H. Lode**

**Futuramed Verlag, München**

# Inhalt

## III. Chirurgie

*Vorsitz: H. Lode, P. Lawin*



## IV. Neue Indikationen in den letzten 10 Jahren

*Vorsitz: D. Adam, W. Stille*

# Einführung

Schwerkranke Patienten haben ein hohes Risiko nosokomiale Infektionen zu erwerben; nach zwei Wochen Intensivtherapie sind bis zu 90% aller Intensivpatienten infiziert. Septikämien und Pneumonien sind auf Intensivstationen die Infektionen mit der größten klinischen Relevanz sowohl prognostisch (etwa ⅔ aller Patienten versterben im septischen Schock) als auch epidemiologisch (die häufigsten tödlich verlaufenden nosokomialen Infektionen sind Pneumonien).

Sowohl in der Pathogenese wie auch in der Behandlung von Septikämien und Pneumonien ist der Wissenszuwachs in den letzten 25 Jahren beträchtlich.

*Green* und *Kass* beschrieben 1964 die Rolle der Alveolarmakrophagen beim bakteriellen Selbstreinigungsmechanismus der Lunge. *Pierce, Sanford, Johanson* und *Huxley* entdeckten die pharyngeale Kolonisation von hospitalisierten Patienten mit gramnegativen Keimen und die Mikroaspiration von oropharyngealem Sekret in die tiefen Atemwege als den pathogenetischen Weg der Pneumonie des abwehrgeschwächten Intensivpatienten.

*Reynolds* und *Thompson* gelang der Funktionsnachweis der Immunglobuline A und G im Bronchialtrakt und *Du Moulin* wies als erster auf den Zusammenhang zwischen kolonisiertem Magensaft unter Antazida-Behandlung und sich anschließender Pneumonie hin.

Dieser pathogenetische Erkenntniszuwachs wurde für ein sich wandelndes Patientengut dringend benötigt. Immer mehr Patienten in extremen Altersgruppen – Junge wie Alte – mit immer aggressiveren invasiven diagnostischen und therapeutischen medizinischen Eingriffen, mit Störungen der humoralen und zellulären Abwehr, bedeuteten einen Anstieg von problematischen Pneumonien, die neuer Prophylaxe- und Therapiestrategien bedurften.

Die Hypothese, daß der Verdauungskanal (Oropharynx und Gastrointestinaltrakt) als wesentliche Quelle endogener Infektionen des Intensivpatienten dient, wurde – ex juvantibus – durch die Erfolge selektiver Darmdekontamination (SDD) untermauert. Mit SDD konnte in bisher 22 publizierten Studien die Pneumonieinzidenz signifikant gesenkt werden. Sieht man in der Translokation von aeroben gramnegativen Stäbchenbakterien bzw. in der Freisetzung bakterieller Endotoxine den pathogenetisch entscheidenden Schritt bei der Auslösung der zum septischen Schock führenden Reaktionskaskade, so scheint eine Prophylaxe dieser beiden Triggermechanismen durch SDD ein sinnvoller Schritt, septische Schockzustände zu vermeiden.

Die folgenden Beiträge werden uns zur Behandlung von Pneumonie und Sepsis, zur Anpassung der Antibiotikatherapie an eingeschränkte Nierenfunktion, zu SDD und zu neuen pathogenetischen Erkenntnissen der Sepsis aktuelle Daten vermitteln.

P. LAWIN

# I. Präklinische Prüfungen

*Vorsitz: H. Hahn, H. Knothe*

**FAC** Fortschritte der antimikrobiellen u. antineoplastischen Chemotherapie Band 11–1, 1992 S. 3-9 3
ISSN 0722-7566 ISBN 3-923599-67-6

# Die Aktivität von Cephalosporinen der Cefotaxim-Gruppe gegen grampositive Bakterien

G. RUCKDESCHEL

*Ludwig-Maximilians-Universität München, Max von Pettenkofer-Institut für Hygiene und Medizinische Mikrobiologie, Außenstelle Klinikum Großhadern, Marchioninistraße 15, D-8000 München 70*

Zehn Jahre Einsatz in der Therapie sind ein gebotener Anlaß, antibiotische Substanzen wie die Cephalosporine der Cefotaxim-Gruppe im Hinblick auf ihre antibakteriellen Eigenschaften, das Wirkspektrum, vor allem aber die Aktivität, wieder einmal kritisch zu betrachten.

Es ist allgemein bekannt, daß die bemerkenswerte Steigerung der Aktivität gegen die meisten aeroben gramnegativen Bakterien bei der Cefotaxim-Gruppe mit einer relativen Schwächung gegen grampositive Bakterien erkauft worden ist, vor allem wenn man ältere Cephalosporine zum Vergleich heranzieht.

Zehn Jahre Drittgenerations-Cephalosporine in der Klinik, das bedeutet auch zehn Jahre bakteriologische Studien und Empfindlichkeitsprüfungen an Bakterien, die diesen Cephalosporinen in der Therapie ausgesetzt waren. Die Ergebnisse solcher Untersuchungen sollten einen Einblick geben, was diese Stoffe heute noch leisten. Dieser Frage soll im folgenden anhand der Literatur und eigener Ergebnisse nachgegangen werden.

Die Antibiotika der Cefotaxim-Gruppe wirken am besten auf aerobe Bakterien, unter den grampositiven also auf Staphylokokken, einige medizinisch wichtige Streptokokken-Arten und eine Reihe sporenloser wie sporenbildender grampositiver Stäbchen. Die grampositiven Anaerobier sind generell wenig empfindlich und werden hier nicht behandelt.

Mit Abstand die wichtigste Gruppe grampositiver Bakterien bilden aus der Sicht der klinischen Mikrobiologie die Staphylokokken. Zur Wirkung von Cephalosporinen auf Staphylococcus aureus existiert eine große Fülle von detaillierten Angaben (3–5, 9). Hier soll diese Species hinsichtlich dreier Fragen ausführlicher untersucht werden, wobei die Angaben für Cefotaxim stellvertretend für die ganze Gruppe der Cephalosporine gelten:

- Wie verhält sich die Aktivität von Cefotaxim im Vergleich zu anderen Cephalosporinen?
- Hat Cefotaxim seit der Einführung vor zehn Jahren an Wirksamkeit verloren?
- Wie hoch ist heute der Anteil resistenter Staphylokokken?

Tabelle 1 zeigt die Ergebnisse einer eigenen Untersuchung an Betalaktamase-positiven, also Penicillin-resistenten Stämmen. Die minimalen Hemmkonzentrationen werden in

***Keywords:*** *Grampositive Bakterien – Cefotaxim-Gruppe*

**Tabelle 1:** Häufigkeit (kumulative Prozentsätze) der minimalen Hemmkonzentrationen (mg/l) verschiedener Cephalosporine gegen Betalaktamase-positive, Oxacillin-resistente Staphylococcus aureus-Stämme (n = 38) (nach 11)

| Cephalosporin | Kumulative Werte (%) der MHK (mg/l)-Verteilung | | | | | | | | | geometrisches Mittel |
|---|---|---|---|---|---|---|---|---|---|---|
| | 0,03 | 0,06 | 0,125 | 0,25 | 0,5 | 1 | 2 | 4 | 8 | |
| Cefalothin | 3 | 8 | 79 | 97 | 100 | | | | | 0,14 |
| Cefamandol | | | 5 | 84 | 97 | 100 | | | | 0,27 |
| Cefuroxim | | | | 50 | 100 | | | | | 0,35 |
| Cefoxitin | | | | 3 | 11 | 58 | 82 | 97 | 100 | 1,41 |
| Cefotiam | | | 3 | 11 | 97 | | 100 | | | 0,47 |
| Cefotaxim | | | | | | 11 | 95 | 97 | 100 | 1,96 |

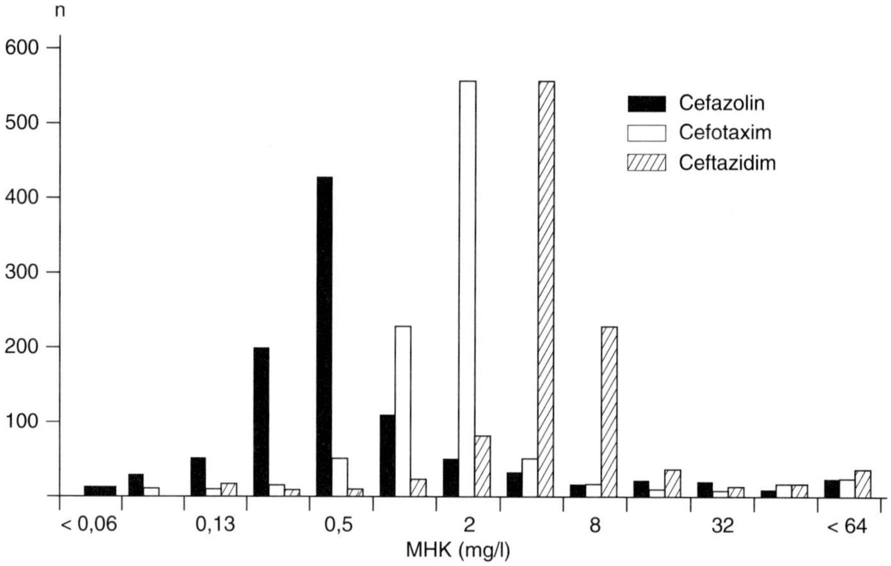


**Abbildung 1:** S. aureus-Klone (n = 914) – Häufigkeitsverteilung nach MHK-Werten von Cefazolin, Cefotaxim und Ceftazidim (nach 7)

Form kumulativer Prozentsätze angegeben. Zwei Stufen verschieden starker Aktivität stellen sich deutlich dar: eine Gruppe höherer Aktivität (Cefalothin, Cefamandol, Cefuroxim und Cefotiam), die alle untersuchten Stämme bei Konzentrationen bis 2 mg/l hemmt und eine zweite Gruppe (Cefoxitin und Cefotaxim), die das gesamte Kollektiv erst bei 8 mg/l hemmt. Cefotaxim hemmt die große Mehrheit der Stämme (95%) bei 2 mg/l.

Aus einer multizentrischen Studie der PAUL-EHRLICH-GESELLSCHAFT zur Epidemiologie der Resistenz bei Bakterien sind die Daten entnommen, die in Abbildung 1 dargestellt

**Tabelle 2:** Resistenzraten von Staphylococcus aureus aus Blutkulturen (%) (nach 2)

| Chemotherapeutikum | bp | Nord (n = 265) | Mitte (n = 279) | Süd (n = 184) |
|---|---|---|---|---|
| Cefazolin | 16 | 2 | 3 | 16 |
| Cefotaxim | 16 | 1 | 6 | 17 |
| Ceftazidim | 16 | 3 | 11 | 24 |
| Imipenem | 16 | 0 | 7 | 11 |
| Ciprofloxacin | 1 | 1 | 2 | 8 |

Nord = S, SF, DK, GB, Mitte = B, NL, FRG, A, CH, Süd = F, E, P, I, GR,
bp = Grenze zwischen mäßig sensibel und resistent (mg/l)

werden (7). Die Untersuchungen an 914 Stämmen aus verschiedenen Laboratorien bestätigen unsere Befunde in fast allen Einzelheiten. Diese Darstellung schließt Ceftazidim ein. Ceftazidim ist gegen Staphylococcus aureus um ein bis zwei Stufen schwächer wirksam, bietet, was die Aktivität gegen grampositive Bakterien anbelangt, eine eigene Charakteristik und beansprucht so eine Sonderstellung innerhalb der Cefotaxim-Gruppe. Tabelle 2 zeigt aber auch, daß eine bestimmte Anzahl von Stämmen gegen die eingesetzten Cephalosporine resistent ist. Die obere Grenze der Sensibilität wird von der DIN mit 1 mg/l (1), der NCCLS mit 8 mg/l (10) angegeben.

Die Aktivität der anderen Drittgenerations-Cephalosporine, wie z. B. Ceftizoxim, Cefmenoxim oder Ceftriaxon, ist der des Cefotaxim praktisch gleich; deshalb erübrigen sich vergleichende Darstellungen. Die Bedeutung Cephalosporin-resistenter Staphylokokken soll an den Ergebnissen einer sehr umfangreichen Untersuchung der »European Study Group on Antibiotic Resistance« demonstriert werden, die ihre Ergebnisse aus 37 Laboratorien bezog und im Jahre 1990 publiziert wurde (2). Ausgewählt wurden die Resultate für Cefazolin, Cefotaxim und Ceftazidim, jeweils geordnet nach nord-, mittel- und südeuropäischen Ländern. Die Ergebnisse sind höchst bemerkenswert. In Nordeuropa finden sich für Cefotaxim nur niedrige Resistenzraten bis 1%. In den mitteleuropäischen Ländern werden schon 6% und in Südeuropa stattliche 17% erreicht.

**Tabelle 3:** Prozentsatz empfindlicher Stämme von Staphylococcus aureus in den Jahren 1977–1979 (nach 8)

| Cephalosporin | Penicillin- empfindlich (n = 60) | resistent (n = 96) |
|---|---|---|
| Cefalothin | 100 | 82 |
| Cefazolin | 100 | 82 |
| Cefamandol | 100 | 100 |
| Cefuroxim | 100 | 94 |
| Cefotaxim | 100 | 92 |

Resultate von Untersuchungen, die trotz aller methodischen Probleme einen historischen Vergleich erlauben, sind ausgesprochen selten. Eine der frühesten deutschen Untersuchungen (8) stammt von der Medizinischen Hochschule Hannover und umfaßt Stämme von Staphylococcus aureus, die in den Jahren 1977 bis 1979 isoliert wurden (Tab. 3). In dieser Studie wurden Penicillin-empfindliche und Penicillin-resistente

**Tabelle 4:** Resistenzraten von Koagulase-negativen Staphylokokken aus Blutkulturen (%) (nach 2)

| Chemotherapeutikum | bp | Nord (n = 145) | Mitte (n = 185) | Süd (n = 106) |
|---|---|---|---|---|
| Cefazolin | >16 | 20 | 40 | 7 |
| Cefotaxim | >16 | 32 | 57 | 25 |
| Ceftazidim | >16 | 41 | 63 | 40 |
| Imipenem | >16 | 23 | 45 | 25 |
| Ciprofloxacin | > 1 | 1 | 8 | 7 |

Nord = S, SF, DK, GB, Mitte = B, NL, FRG, A, CH, Süd = F, E, P, I, GR,
bp = Grenze zwischen mäßig sensibel und resistent (mg/l)

Stämme getrennt untersucht. Die Penicillin-empfindlichen Stämme erwiesen sich, wie kaum anders zu erwarten war, sämtlich als Cephalosporin-empfindlich. Die Penicillin-resistenten dagegen überraschten: Nur Cefamandol wirkte auf alle Stämme. Cefotaxim zeigte schon damals mit 8% eine Resistenzrate, die dem mitteleuropäischen Standard in der bereits zitierten europäischen Studie von 1990 entspricht. Demnach hat sich die Resistenz gegen die Drittgenerations-Cephalosporine in den vergangenen zehn Jahren nicht auffällig erhöht. Größere örtliche Schwankungen sind möglich. Im übrigen entspricht dieser Befund den Erfahrungen vieler Laboratorien und wird auch durch andere multizentrische Studien bestätigt. In unserer Klinik hat sich die Resistenz von Staphylococcus aureus aus Blutkulturen von 1981 bis heute nicht nennenswert geändert; ihr Anteil liegt bei 4%.

Aussagen über die Antibiotikaempfindlichkeit von Koagulase-negativen Staphylokokken zu treffen, ist immer problematisch.

Die pathogene Bedeutung dieser Keime ist meist schwer zu beurteilen. Die Normalflora eines Individuums besteht zudem aus zahlreichen Klonen von Staphylokokken. Die vom Zufall bestimmte Auswahl der Stämme hat naturgemäß beträchtlichen Einfluß auf das Ergebnis von Empfindlichkeitsstudien. Besonders hoch ist hier immer der Anteil Oxacillin-resistenter Stämme, die grundsätzlich nicht für Cephalosporine empfindlich sind. Solche Studien bedürfen einer sehr sorgfältigen Auswahl der zu prüfenden Stämme, wenn sie gültige Ergebnisse bringen sollen. Die europäische Studiengruppe (2) hat durchweg sehr hohe und weit streuende Resistenzraten ermittelt; sie werden in Tabelle 4 gezeigt. Meines Erachtens muß man an dieser Stelle über die Wirkung von Cephalosporinen auf Koagulase-negative Staphylokokken nicht lange diskutieren.

Aus der heterogenen und taxonomisch schwierigen Gruppe der Streptococcaceae sollen hier nur die wichtigsten humanpathogenen Arten und Gruppen erwähnt werden, die Streptokokken der Gruppe A (z. B. Streptococcus pyogenes), der Gruppe B (z. B. Streptococcus agalactiae) und die Pneumokokken (z. B. Streptococcus pneumoniae). Die Viridans-Gruppe, vertreten durch Streptococcus salivarius, S. mutans, S. sanguis und einige andere Arten, wurde immer nur am Rande untersucht und wird hier nicht näher erörtert.

Die Gattung Enterococcus ist wenig empfindlich oder resistent für Cephalosporine. Daß die Gattung Enterococcus eine der

**Tabelle 5:** Prozentsatz Cefotaxim- bzw. Ceftazidim-empfindlicher Streptokokken (nach 13)

| | n | ≤ 2 mg/l | ≤ 16 mg/l | > 64 mg/l |
|---|---|---|---|---|
| S. pyogenes | 109 | | | |
| Cefotaxim | | 97,3 | 99,1 | 0 |
| Ceftazidim | | 84,4 | 98,2 | 0 |
| S. agalactiae | 109 | | | |
| Cefotaxim | | 92,0 | 96,9 | 1,8 |
| Ceftazidim | | 78,5 | 98,2 | 0 |
| S. pneumoniae | 227 | | | |
| Cefotaxim | | 98,2 | 98,6 | 0,9 |
| Ceftazidim | | 94,7 | 99,1 | 0,4 |

**Tabelle 6:** Häufigkeit (kumulative Prozentsätze) der minimalen Hemmkonzentrationen (mg/l) verschiedener Cephalosporine gegen Streptococcus pneumoniae (n = 62) (nach 11)

| | Kumulative Werte (%) der MHK (mg/l)-Verteilung | | | | | | | | | | | geome- |
|---|---|---|---|---|---|---|---|---|---|---|---|---|
| Cephalosporin | < 0,002 | 0,002 | 0,004 | 0,0075 | 0,015 | 0,03 | 0,06 | 0,125 | 0,25 | 0,5 | 1 | trisches Mittel |
| Cefalothin | | 3 | | 5 | 10 | 21 | 52 | 98 | | | 100 | 0,068 |
| Cefazolin | | 2 | | 3 | 15 | 39 | 92 | 98 | | 100 | | 0,045 |
| Cefamandol | | | 2 | 3 | 6 | 19 | 81 | 95 | 98 | | 100 | 0,061 |
| Cefuroxim | 10 | | 24 | 55 | 84 | 98 | | 100 | | | | 0,009 |
| Cefoxitin | 3 | 18 | 32 | 68 | 93 | 98 | | | 100 | | | 0,71 |
| Cefotiam | 2 | | 8 | 11 | 14 | 27 | 56 | 97 | 100 | | | 0,055 |
| Cefotaxim | 18 | 19 | 34 | 71 | 98 | 100 | | | | | | 0,006 |

wichtigsten Wirkungslücken der Cephalosporine bildet, ist allgemein bekannt.

Die Ergebnisse einer umfangreichen Studie aus Norwegen, in der Cefotaxim und Ceftazidim an Streptococcus pyogenes, S. agalactiae und S. pneumoniae geprüft wurden, zeigt Tabelle 5. Die hier untersuchten Streptokokken-Arten werden zu über 90% durch Konzentrationen bis 2 mg/l gehemmt. Resistente Stämme, die in der letzten Spalte (über 64 mg/l) erscheinen müßten, sind dagegen selten (13).

In einer eigenen Studie, deren Ergebnisse in Tabelle 6 dargestellt sind, wurden sieben Cephalosporine an 62 Pneumokokken-Stämmen vergleichend untersucht (11). Alle geprüften Stoffe waren hochaktiv. Das Wachstum wurde bei Konzentrationen bis maximal 1 mg/l vollständig gehemmt. Cefotaxim erwies sich als wirksamste Substanz und inhibierte alle Stämme bei 0,03 mg/l. Die Cephalosporine der 3. Generation sind also gegen β-hämolysierende Streptokokken und Pneumokokken gut wirksam und bilden eine häufig genutzte Alternative zu den Penicillinen.

Einen guten Effekt des Cefotaxim und seiner Verwandten gegen die Streptokokken der Mundhöhle, die sog. Viridans-Gruppe, ver-

**Tabelle 7:** Empfindlichkeit grampositiver Bakterien gegen Cefotaxim, Ceftazidim und Imipenem (nach 6)

| | n | $MHK_{50}$ | $MHK_{90}$ | resistente Stämme (%) |
|---|---|---|---|---|
| Streptococcus pneumoniae | 10 | | | |
| Cefotaxim | | ≤0,06 | 0,5 | 0 |
| Ceftazidim | | 0,25 | 8 | 10 |
| Imipenem | | ≤0,12 | ≤0,12 | 0 |
| Listeria spp. | 10 | | | |
| Cefotaxim | | 16 | 32 | 30 |
| Ceftazidim | | 16 | ≥16 | 30 |
| Imipenem | | ≤ 0,12 | ≤ 0,12 | 0 |
| Corynebacterium jeikeium | 10 | | | |
| Cefotaxim | | 8 | >32 | 50 |
| Ceftazidim | | >16 | >16 | 90 |
| Imipenem | | 0,25 | >16 | 50 |
| Bacillus spp. | 10 | | | |
| Cefotaxim | | 32 | >32 | 80 |
| Ceftazidim | | >16 | >16 | 100 |
| Imipenem | | ≤ 0,12 | 1 | 0 |

sprechen die sporadischen Angaben zu diesem Thema. Die Wirkung ist der gegen Pneumokokken sehr ähnlich.

Die aeroben grampositiven Stäbchen mit Bedeutung in der Humanmedizin wurden in mehreren kleinen Studien, meist an nur geringen Stammzahlen, untersucht. Einen Vergleich der Empfindlichkeit erlaubt eine Studie von *Jones* und *Barry* für jeweils zehn Stämme von Pneumokokken, Listerien, Corynebacterium jeikeium – die frühere JK-Gruppe – und aerobe Sporenbildner, deren Ergebnisse in Tabelle 7 gezeigt werden (6). Auch hier erweisen sich die Pneumokokken als empfindlich für Cefotaxim und Ceftazidim. Gegen die anderen Bakterien sind jedoch weder Cefotaxim noch Ceftazidim in nennenswertem Maße wirksam. Die geringe Empfindlichkeit von Corynebacterium jeikeium für Antibiotika, besonders aus der Betalaktam-Gruppe, gilt auch als taxonomisches Merkmal. Die geringe Empfindlichkeit der aeroben Sporenbildner mit $MHK_{90}$-Werten über 64 mg/l zeigt Tabelle 8 an einem anderen Beispiel (13).

**Tabelle 8:** Prozentsatz empfindlicher Bacillus-Arten (nach 13)

| | ≤2 mg/l | ≤16 mg/l | >64 mg/l |
|---|---|---|---|
| Bacillus spp. (n = 43) | | | |
| Cefotaxim | 4,7 | 9,3 | 90,7 |
| Ceftazidim | 4,7 | 4,7 | 90,7 |

Zusammenfassend ist zu sagen: Die Aktivität der Antibiotika der Cefotaxim-Gruppe gegenüber Staphylococcus aureus hat seit der Einführung vor zehn Jahren nicht nachgelassen. Der Anteil resistenter Stämme liegt in den mitteleuropäischen Ländern meistens um und unter 5%, doch gibt es auffällige regionale Unterschiede. Die klinisch wichtigen und die humanpathogenen Streptokokken-Arten sind, mit Ausnahme der Enterokokken, empfindlich für Cefotaxim und seine Verwandten. Dagegen ist die Wirkung auf grampositive Stäbchen sehr begrenzt.

## Literatur

1. **DIN 58940.** 1986. Methoden zur Empfindlichkeitsprüfung von Bakterien. Krankheitserreger (außer Mykobakterien) gegen Chemotherapeutika. DIN 58940, Teil 4, Beiblatt 2.
2. **Dornbusch, K. and the European Study Group on Antibiotic Resistance.** 1990. Resistance to β-Lactam Antibiotics and Ciprofloxacin in Gram-negative Bacilli and Staphylococci Isolated from Blood: A European Collaborative Study. J. Antimicrob. Chemother. 26: 269–278.
3. **Fock, R. R., B. Thormählen, R. Laufs.** 1983. In-Vitro-Activity of 13 Cephalosporin Antibiotics against the Most Frequent Species Isolated from Blood Cultures. Drugs Exp. Clin. Res. 9: 639–646.
4. **Grimm, H.** 1987. Aktuelle Resistenz gegen Cefotiam und andere Cephalosporine bei Isolaten von stationären und ambulanten Patienten. S. 583–593. In Paul-Ehrlich-Gesellschaft/D. Adam (Hrsg.) Cefotiam. FAC 6–4. Fortschr. antimikr. antineoplast. Chemother. Futuramed Verlag, München.
5. **Grimm, H., Rangoonwala, R.** 1980. Bakteriologische In-vitro-Untersuchungen mit Cefotaxim im Vergleich zu Cefuroxim und Cefazolin. Infection 4: 385–387.
6. **Jones, R. N., A. L. Barry.** 1989. In Vitro Activity of Ro 23–9424, Ceftazidime, and Eight Other Newer Beta-Lactams against 100 Grampositive Blood Culture Isolates. Diagn. Microbiol. Infect. Dis. 12: 143–147.
7. **Kresken, M., B. Wiedemann.** 1987. Die Epidemiologie der Resistenz bei Bakterien und ihre Bedeutung für die Wirksamkeit von Chemotherapeutika. FAC 6–6. Fortschr. antimikr. antineoplast. Chemother. Futuramed Verlag, München.
8. **Malottke, R., A. Jentzen.** 1980. Vergleich der antibakteriellen Aktivität von Cephalotin, Cefazolin, Cefoxitin, Cefamandol, Cefuroxim und Cefotaxim. Infection 4: 401–407.
9. **Marklein, G., M. Mattias.** 1980. Antibakterielle Aktivität von Cefotaxim im Vergleich zu anderen Beta-Laktam-Antibiotika sowie Gentamicin und Tobramycin. Infection 4: 417–424.
10. **NCCLS Dokument M7–A2.** 1990. Methods for Dilution. Antimicrobial Susceptibility. Tests for Bacteria that Grow Anaerobically. 10 (8), 2nd Edition.
11. **Ruckdeschel, G.** 1988. Vergleichende Untersuchungen zur antibakteriellen Wirkung der sogenannten Basiscephalosporine. Med. Klinik 83: 825–831.
12. **Ruckdeschel, G., O. Jardin.** 1983. Vergleichende Untersuchungen zur Empfindlichkeit Koagulase-negativer Staphylokokken auf Cephalosporine. S. 285–289. In Paul-Ehrlich-Gesellschaft/D. Adam, W. Stille, U. Ullmann (Hrsg.) Cefmenoxim. FAC 2–2. Fortschr. antimikr. antineoplast. Chemother. Futuramed Verlag, München.
13. **Steinbakk, M., T. Midtvedt, E. Lingaas, G. Gardsjord.** 1987. In Vitro Activity of Ceftazidime, Cefotaxime and Gentamicin against 11,521 Clinical Isolates of Bacteria. Acta Pathol. Microbiol. Immunol. Scand. B 95: 337–346.
14. **Varaldo, P. E.** 1986. Epidemiologic Study of Staphylococcus strains Isolated from Clinical Material in 24 Italian Hospitals. Eur. J. Epidemiol. 2: 208–214.

**FAC** Fortschritte der antimikrobiellen u. antineoplastischen Chemotherapie Band 11–1, 1992 S. 11-15 
ISSN 0722-7566 ISBN 3-923599-67-6

# Gibt es nach zehn Jahren breiter klinischer Anwendung relevante Bakterienresistenzen gegen Cefotaxim?

H. HOF, I. EHRHARD

*Fakultät für Klinische Medizin Mannheim, Institut für Medizinische Mikrobiologie und Hygiene der Universität Heidelberg, Theodor-Kutzer-Ufer, D-6800 Mannheim 1*

## Indikationen für Cefotaxim

Für die Behandlung von bakteriellen Infektionen steht dem Arzt heute eine Vielzahl hervorragender Antibiotika und Chemotherapeutika zur Verfügung. In klinischen Studien an definierten Kollektiven haben viele dieser verschiedensten Präparate annähernd gleiche Erfolgsraten von weit über 80%. Im Alltag sind solche Erfolge jedoch seltener, da manche Substanzen gegen Erreger eingesetzt werden, die eigentlich keine Zielgruppe darstellen.

Bekanntlich sind nicht alle Bakteriengattungen gleich empfindlich. Die direkte antibakterielle Aktivität einer Substanz kann durch Bestimmung der minimalen Hemmkonzentration (MHK) in vitro definiert werden. Aus solchen Ergebnissen können bestimmte Aussagen herausgelesen werden (Tab. 1). Cefotaxim hat eine deutlich bessere Wirkung auf E.coli als die übrigen Antibiotika. Dagegen sind bei S. aureus die meisten anderen Betalaktamantibiotika dieser kurzen Reihe besser wirksam, obwohl die Aktivität auch von Cefotaxim noch beträchtlich ist. Dagegen erscheinen Enterococcus und der anaerobe Bacteroides fragilis weitgehend resistent.

Aufgrund solcher In-vitro-Untersuchungen lassen sich bestimmte Gruppen von Bakterien als empfindlich, mäßig empfindlich, oder resistent gegenüber Cefotaxim deklarieren (Tab. 2), wobei die gramnegativen aeroben Stäbchenbakterien, die hauptsächliche Zielgruppe für dieses Antibiotikum, im allgemeinen recht empfindlich sind (2, 4). Da Cefotaxim in vivo z. T. in Desacetyl-Cefotaxim umgewandelt wird, wurde auch diese Aktivität in vitro bestimmt. Obwohl im Ver-

**Tabelle 1:** MHK-Werte für Referenzstämme (mg/l)

| | Staphylococcus aureus ATCC 29213 | Enterococcus faecalis ATCC 29212 | Escherichia coli ATCC 25922 | Bacteroides fragilis ATCC 25285 |
|---|---|---|---|---|
| Penicillin | 0,25–1 | 1–4 | – | 16–64 |
| Ampicillin | 0,25–1 | 0,5–2 | 2–8 | – |
| Cefalothin | 0,12–0,5 | 16–64 | 4–16 | – |
| Cefotaxim | 1–4 | >32 | 0,06–0,25 | 8–32 |

***Keywords:*** *Cefotaxim – Empfindlichkeit – Resistenzentwicklung – Problemkeime – gramnegative Stäbchen*

**Tabelle 2:** Spektrum der antibakteriellen Aktivität von Cefotaxim

| gute antibakterielle Aktivität | mäßig gute Aktivität | keine Aktivität |
|---|---|---|
| Staphylococcus aureus | Anaerobier | Listerien |
| Streptokokken (Pneumokokken; hämolysierende Streptokokken Serogr. A u. B) | Staphylococcus epidermidis | Chlamydien |
| Branhamella catarrhalis | Enterokokken | Rickettsien |
| Haemophilus influenzae | Pseudomonas aeruginosa | Mycoplasmen |
| Escherichia coli | Acinetobacter spp. | |
| Klebsiella spp. | | |
| Proteus spp. | | |
| Enterobacter spp. | | |
| Salmonella spp. | | |
| Serratia spp. | | |
| Citrobacter spp. | | |

**Tabelle 3:** Empfindlichkeit von Betalaktamase-produzierenden Isolaten von E. coli aus dem Urin gegenüber Cefotaxim, Desacetyl-Cefotaxim, Ampicillin und Cefoxitin

| | MHK-Werte (mg/l) | | | |
|---|---|---|---|---|
| | Cefotaxim | Desacetyl-Cefotaxim | Ampicillin | Cefoxitin |
| Staphylococcus aureus ATCC 25293 | 0,5 | 4 | 0,125 | 1 |
| Pseudomonas aeruginosa ATCC 27853 | 8 | > 128 | > 128 | > 128 |
| Escherichia coli ATCC 25922 | ≤ 0,03 | 0,5 | 4 | 2 |
| ATCC 25922 pBR322 (Betalaktamase) | ≤ 0,03 | 0,25 | > 128 | 2 |
| U 6333 | 0,06 | 0,5 | > 128 | 4 |
| U 6454 | 0,06 | 0,5 | > 128 | 8 |
| U 6544 | ≤ 0,03 | 0,25 | > 128 | 1 |
| U 6549 | ≤ 0,03 | 0,25 | > 128 | 4 |
| U 6762 | ≤ 0,03 | 0,25 | > 128 | 2 |
| U 6773 | ≤ 0,03 | 0,25 | > 128 | 4 |
| U 6776 | ≤ 0,03 | 0,5 | > 128 | 2 |
| U 6787 | 0,06 | 0,5 | > 128 | 2 |
| U 6819 | ≤ 0,03 | 0,25 | > 128 | 4 |
| U 7249 | ≤ 0,03 | 0,5 | > 128 | 4 |
| U 9544 | ≤ 0,03 | 0,125 | > 128 | 2 |

gleich zum Cefotaxim die antibakterielle Aktivität dieses Metaboliten geringer ist, besteht dennoch eine im Vergleich zu Cefoxitin, einem Cephalosporin der 2. Generation, eine deutliche Überlegenheit bei gramnegativen Stäbchenbakterien (5) (Tab. 3).

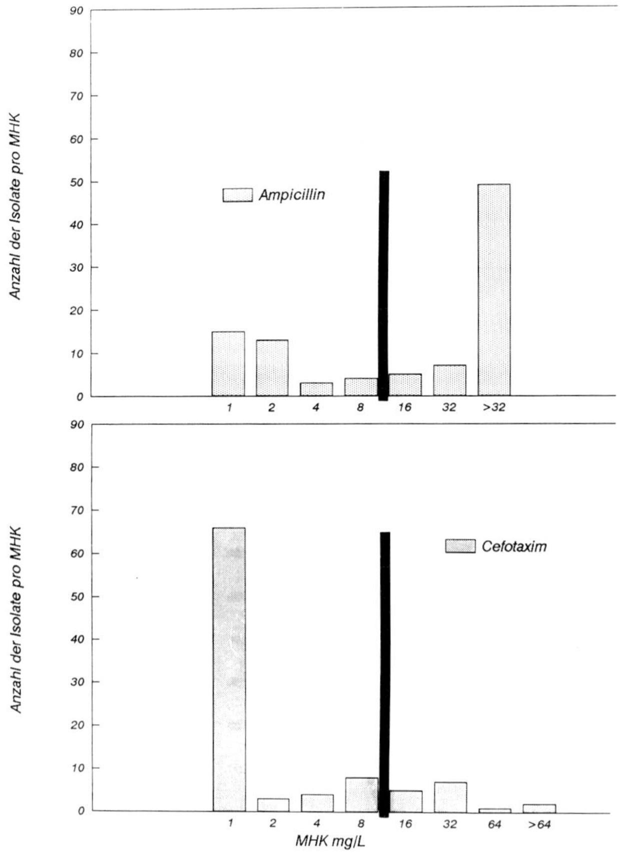


**Abbildung 1:** Häufigkeitsverteilung der MHK-Werte von Ampicillin bzw. Cefotaxim bei 96 Isolaten von aeroben gramnegativen Stäbchenbakterien von Intensivstationen des Klinikums Mannheim 1990 (Breakpoint jeweils 8 mg/l)

Diese starke antibakterielle Aktivität von Cefotaxim ist sicherlich nicht allein durch seine hohe Betalaktamase-Stabilität bedingt, sondern auch durch seine gute Penetration durch die Bakterienzellwand und seine hohe Bindungsaffinität für Penicillinbindeproteine (PBP), besonders für das essentielle PBP 3 in der cytoplasmatischen Membran der Bakterien (1).

Innerhalb der gramnegativen Aerobier gibt es jedoch beträchtliche Unterschiede in der Empfindlichkeit zwischen einzelnen Bakteriengattungen und manchmal auch zwischen einzelnen Stämmen innerhalb einer Gattung; während z. B. nahezu alle Colibakterien, Proteus spp. und Klebsiella spp. empfindlich sind, existieren bei Serratia, Citrobacter bzw. Enterobacter bereits primär etwa 10% bzw. 20% resistente Stämme (2).

## Aktuelle Resistenzlage

Die heutige Situation ist nicht anders als vor zehn Jahren bei der Einführung von Cefotaxim in die Therapie. Im 2. Halbjahr 1989 waren im eigenen Untersuchungsgut (Abb. 1) von 2491 Isolaten gramnegativer aerober Stäbchenbakterien 75% der Stämme emp-

**Tabelle 4:** Empfindlichkeit von 96 Isolaten von Intensivpatienten des Klinikums Mannheim (Zahl der vollempfindlichen Stämme in %; Grenzwerte nach NCCLS)

| Species | Anzahl | Cefotaxim | Ampicillin |
|---|---|---|---|
| Escherichia coli | 26 | 100 | 65 |
| Pseudomonas aeruginosa | 15 | 33 | 0 |
| Proteus mirabilis | 10 | 100 | 100 |
| Klebsiella pneumoniae | 6 | 100 | 0 |
| Enterobacter aerogenes | 5 | 60 | 20 |
| Klebsiella oxytoca | 4 | 100 | 0 |
| Proteus vulgaris | 4 | 100 | 0 |
| Serratia marcescens | 4 | 100 | 0 |
| Enterobacter agglomerans | 3 | 100 | 0 |
| Enterobacter cloacae | 3 | 100 | 67 |
| Pseudomonas spp. | 2 | 0 | 0 |
| Serratia liquefaciens | 2 | 100 | 0 |
| Morganella morganii | 2 | 100 | 0 |
| Citrobacter freundii | 2 | 100 | 50 |
| Xanthomonas maltophilia | 2 | 100 | 0 |
| Acinetobacter spp. | 2 | 100 | 100 |
| Acinetobacter anitratus | 2 | 50 | 50 |
| Enterobacter sakazakii | 1 | 100 | 0 |
| Nonfermenter | 1 | 100 | 100 |
| Summe | 96 | 84 | 36 |

findlich, 10% mäßig empfindlich und nur 15% waren gegenüber Cefotaxim resistent. Selbst Bakterien von den Intensivstationen waren hochempfindlich. Bei 100 Stämmen von aeroben gramnegativen Stäbchenbakterien der Intensivstationen im Klinikum Mannheim vom Sommer 1990 war die überwiegende Zahl von Isolaten hochempfindlich gegenüber Cefotaxim, während z. B. Ampicillin nur noch eine geringe Zuverlässigkeit besaß (Abb. 1).

Wenn man dabei aufschlüsselt, welche Keimarten unter den Cefotaxim-resistenten Bakterien zu finden sind, so sind dies wiederum hauptsächlich nur Stämme von Pseudomonas aeruginosa und Acinetobacter spp. Ampicillin dagegen hat nur noch bei wenigen Keimarten, z. B. Proteus mirabilis, eine zuverlässige Wirkung (Tab. 4).

Auch in anderen Untersuchungen zeichnen sich keine Änderungen oder sogar Steigerungen der Resistenzen gegen Cefotaxim ab. In einer Multicenter-Studie über die aktuelle Resistenzentwicklung von Aerobiern in Deutschland, zeigen sich ähnliche MHK-Werte wie in der vorausgegangenen Erhebung. Diese Untersuchung wurde im Jahre 1989 unter Leitung von KNOTHE und KRESKEN (unveröffentlicht) als Folgeuntersuchung der Studie der PAUL-EHRLICH-GESELLSCHAFT von 1984 (2) durchgeführt; auch unsere Arbeitsgrupe war an dieser Studie beteiligt. Dabei ist bei den Keimen, die als Hauptindikation für eine Therapie mit Cefotaxim

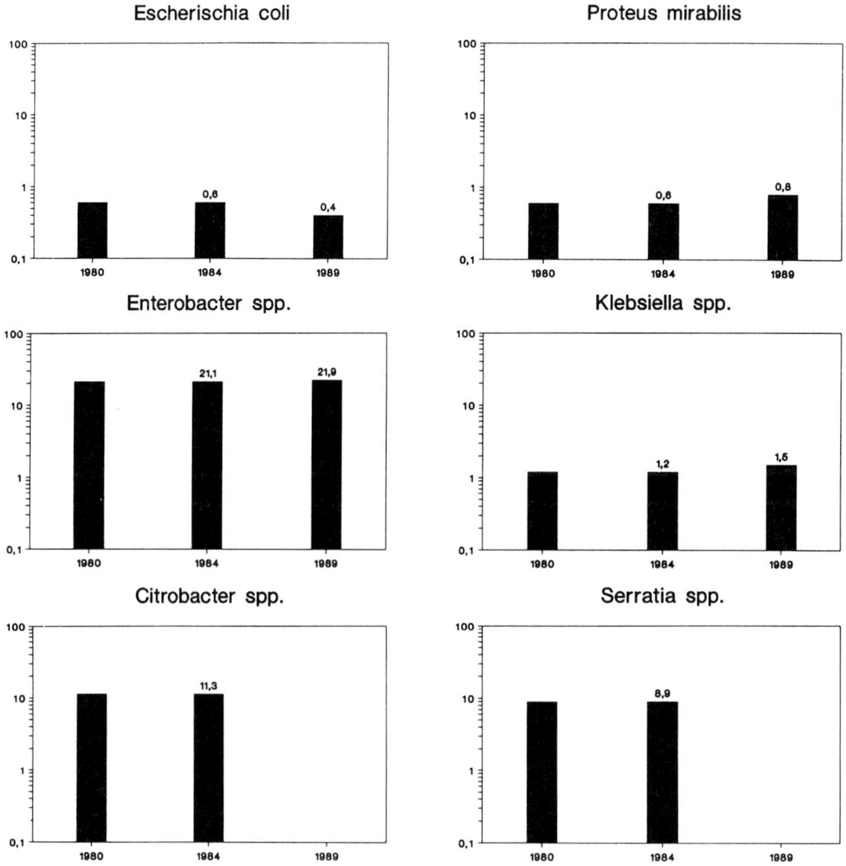


**Abbildung 2:** Entwicklung der Resistenz gegen Cefotaxim bei einigen ausgewählten aeroben gramnegativen Stäbchenbakterien nach Angaben von *Kresken* und *Wiedemann* (2) und der Aerobier-Multicenter-Studie 1989 von *Knothe* und *Kresken* (unveröffentlicht)

gelten, wie E. coli, Klebsiella, Proteus, Enterobacter, Citrobacter und Serratia, keine erkennbare Veränderung eingetreten (Abb. 2).

## Literatur


1. **Hof, H.** 1991. Vor- und Nachteile von Cephalosporinen der 3. Generation. Innere Med. 18: 22–24.
2. **Kresken M., B. Wiedemann.** 1987. Die Epidemiologie der Resistenz bei Bakterien und ihre Bedeutung für die Wirksamkeit von Chemotherapeutika. S. 869–1063. In Paul-Ehrlich-Gesellschaft/H. Kresken, B. Wiedemann (Hrsg.) FAC 6-6. Fortschr. antimikr. antineoplast. Chemother. Futuramed Verlag, München.
3. **Malottke, R., E. Poen.** 1985. Anaerobierwirksamkeit von Cephalosporinen. S. 787–797. In Paul-Ehrlich-Gesellschaft/H. Werner, D. Adam (Hrsg.) Experimentelle und klinische Grundlagen der Anaerobier-Chemotherapie. FAC 4-4. Fortschr. antimikr. antineoplast. Chemother. Futuramed Verlag, München.
4. **Neu, H.** 1990. Third Generation Cephalosporines: Safety Profiles after 10 Years of Clinical Use. J. Clin. Pharmacol. 30: 396–403.
5. **Wirbelauer, J., H. Hof, J. Hacker.** 1988. Die Wirkung von Desacetylcefotaxim, einem Metaboliten von Cefotaxim, in vitro und auf die experimentelle Infektion mit Escherichia coli. ZAC Zeitschr. antimikr. antineoplast. Chemother. 6: 7–10.

FAC Fortschritte der antimikrobiellen u. antineoplastischen Chemotherapie Band 11-1, 1992 S. 17-24 17
ISSN 0722-7566 ISBN 3-923599-67-6

# Antibiotika – Darmflora und Immunität

G. PULVERER, H. L. KO, J. BEUTH

*Universität zu Köln, Institut für Medizinische Mikrobiologie und Hygiene, Goldenfelsstraße 19–21, D-5000 Köln 41*

## Antibakterielle Therapie und Immunität

Die Therapie bakterieller Infektionskrankheiten wurde in der Vergangenheit nahezu ausschließlich unter dem Gesichtspunkt der Wechselwirkung zwischen Antibiotikum und Mikroorganismus betrachtet. Insbesondere dem Einfluß der Antibiotika auf die Abwehrfunktionen des Makroorganismus (Immunsystem) wurde lange Zeit keine Bedeutung beigemessen. Die Tatsache, daß bei Beginn einer Antibiotikatherapie nicht unbedingt ein intaktes Immunsystem vorausgesetzt werden kann, wird durch schwer therapierbare und/oder rezidivierende Infektionen immungeschwächter Patienten deutlich. Auch wenn in der Therapie von Infektionen nach wie vor eine möglichst starke Reduktion der Keimzahl oberstes Prinzip bleiben sollte, könnte die Auswahl relevanter Antibiotika, u. a. hinsichtlich immunmodulatorischer Aktivität, für Patienten sinnvoll sein.

Drei Faktoren scheinen im wesentlichen für die Effektivität einer antibakteriellen Therapie verantwortlich zu sein: ein chemotherapeutisch erreichbarer Erreger, ein dem Erregerspektrum angemessenes Antibiotikum sowie ein intaktes Immunsystem (3, 14, 17, 18). Insbesondere der Interaktion von Mikroorganismus, Antibiotikum und Immunsystem wird seit einigen Jahren verstärkte Aufmerksamkeit gewidmet. Zahlreiche bakterizid bzw. bakteriostatisch wirkende Antibiotika unterschiedlicher Substanzgruppen wurden im Rahmen experimenteller Studien hinsichtlich ihres Einflusses auf das unspezifische Immunsystem (unter besonderer Berücksichtigung phagozytierender Zellen) untersucht. Die Funktionen von Zellen der »ersten Verteidigungslinie« (Granulozyten, Monozyten, Makrophagen) wurden in diesen Versuchsanordnungen in den verschiedenen Phasen des Phagozytoseprozesses (chemotaktische Mobilität, Bakterienadhäsion, -aufnahme und -abtötung) untersucht und wiesen in Abhängigkeit des verwendeten Antibiotikums veränderte Aktivitäten auf (3, 18).

Untersuchungen über den Einfluß antibakterieller Substanzen auf die spezifische Immunität erstreckten sich anfangs im wesentlichen auf In-vitro-Analysen von Lymphozytenfunktionen. Dabei stellte sich heraus, daß Antibiotika teilweise immunaktiv sind und die spezifische Immunität stimulierend oder inhibierend beeinflußen können (3, 14, 17, 18). Diese In-vitro-Untersuchungen waren die Voraussetzung für experimentelle Studien in verschiedenen Tiermodellen. Die In-vivo-Testung klinisch relevanter Antibiotika ergab, daß insbesondere Rifampicin die Lymphozytenfunktionen hemmt und Auswirkungen auf die spezifische zelluläre und

***Keywords:*** *Antibiotika – Darmflora – Immunität – Immunmodulation*

humorale Immunität hat (13). Im Rahmen dieser Studien wiesen Tumor (L-1 Sarkom)-transplantierte BALB/c-Mäuse nach Rifampicin-Therapie ein signifikant beschleunigtes Tumorwachstum auf, was auf eine supprimierte Zytotoxizität von Milzzellen (retikulohistiozytäres System, RHS; mononukleäres phagozytäres System, MPS) sowie auf eine verminderte Aktivität natürlicher Killerzellen zurückgeführt werden konnte (13). Eine immunsuppressive Wirkung wurde in analogen In-vitro-Versuchsanordnungen auch nach Verabreichung von Mezlocillin, Piperacillin sowie anderer Antibiotika beobachtet (12, 15, 16). Im Fall von Mezlocillin konnte der immunsuppressive Effekt allerdings nicht auf eine direkte Beeinflußung immunaktiver Zellen durch das Antibiotikum zurückgeführt werden, sondern korrelierte offenbar mit einer therapieinduzierten Modulation der intestinalen Mikroflora (17).

## Antibiotika und die Mukosa-assoziierte Mikroflora

Aktuelle Forschungsberichte über die Interaktion von physiologischen Schleimhäuten und Immunsystem offenbarten teilweise widersprüchliche Daten bezüglich Funktion und Spezifität der intestinalen Mukosa-assoziierten Immunität (4, 22). Das Mukosa-assoziierte lymphatische Gewebe (MALT, mucosa associated lymphoid tissue) repräsentiert in Makroorganismen (u. a. Menschen) die Hauptquelle immunologisch aktiver Gewebe. Dieses setzt sich aus Schleimhautarealen des Magen-Darm-Traktes, des Respirationstraktes sowie bestimmter Drüsen zusammen (4). Experimentell konnte zwischenzeitlich nachgewiesen werden, daß nahezu alle Schleimhäute immunologisch kompetent sind und vor Antigenexposition, -invasion sowie -pathogenität schützen können. In verschiedenen experimentellen Versuchsanordnungen schien die adäquate Funktion des Immunsystems eng assoziiert mit der mukosalen Mikroflora (9, 10, 15, 17, 22). Die Erkenntnisse über die physiologische Flora von Makroorganismen sind in den vergangenen Jahren durch neue Untersuchungsmethoden und der daraus resultierenden exakteren Wertung von Einzelbefunden erheblich erweitert worden (22). Dennoch sind zahlreiche Fragen offen, insbesondere hinsichtlich der Interaktion von Mikroflora und Immunsystem, die einer Abklärung bedürfen. Daher wurden, unter Berücksichtigung bereits vorliegender Daten, experimentelle In-vivo-Studien im BALB/c-Mausmodell initiiert. Bei diesen Untersuchungen stellte sich heraus, daß bestimmte Breitspektrumantibiotika die Immunantwort der Versuchstiere erheblich beeinflußten, woraus die Frage nach der Genese resultierte (9, 10, 14, 15, 17).

Interessanterweise korreliert der immunsuppressive Effekt verschiedener Antibiotika mit der Abwesenheit der physiologischen Mikroflora des Magen-Darm-Traktes und ist nicht auf direkten Einfluß der antibakteriellen Substanzen zurückzuführen (9, 10, 17). Die Differenzierung der Bakterienarten des Magen-Darm-Traktes von BALB/c-Mäusen offenbarte ein reproduzierbares Spektrum aerober und anaerober Bakterienspecies (17). Siebentägige Behandlung der Versuchstiere mit Mezlocillin (Dosierung und Applikationsfrequenz erfolgten in Anlehnung an Therapieschemata der Humanmedizin) bewirkte eine weitgehende Eradikation der intestinalen Mikroflora. Insbesondere anaerobe Bakterienspecies (z. B. Bacteroides sp., Clostridium sp., Lactobacillus sp., Propionibacterium sp.) wurden durch die Mezlocillin-Therapie vollständig eliminiert. Nach Absetzen der Antibiotikatherapie erfolgte eine komplette Rekolonisierung des Magen-Darm-Traktes der Versuchstiere innerhalb einer Woche (Tab. 1). Da Mezlocil-

**Tabelle 1:** Auswirkungen einer siebentägigen Mezlocillin-Therapie auf die aerobe und anaerobe intestinale Mikroflora von BALB/c-Mäusen

| | Logarithmus der Bakterienanzahl pro Gramm Stuhl (± SD) | | | | |
|---|---|---|---|---|---|
| | vor der Therapie | während der Therapie | | nach der Therapie | |
| | | 4. Tag | 7. Tag | 1. Tag | 7. Tag |
| E. coli | 6,38 (± 0,4) | 0 | 0 | 0 | 9,44 (± 0,4) |
| S. faecalis | 6,20 (± 0,4) | 0 | 0 | 0 | 8,56 (± 0,6) |
| Koagulase-negative Staphylokokken | 5,34 (± 0,3) | 0 | 0 | 0 | 6,80 (± 0,3) |
| α-hämolysierende Streptokokken | 6,60 (± 0,4) | 0 | 0 | 0 | 7,25 (± 0,2) |
| Bacillus sp. | 4,66 (± 0,5) | 0 | 0 | 0 | 5,83 (± 0,5) |
| Bacteroides sp. | 8,95 (± 0,5) | 0 | 0 | 0 | 9,00 (± 0,4) |
| Clostridium sp. | 8,29 (± 0,3) | 0 | 0 | 0 | 9,09 (± 0,3) |
| Lactobacillus sp. | 8,25 (± 0,6) | 0 | 0 | 0 | 9,64 (± 0,2) |
| Propionibacterium sp. | 8,82 (± 0,8) | 3,82 (± 0,5) | 0 | 0 | 8,62 (± 0,7) |

lin reproduzierbar die intestinale Mikroflora eliminierte, wurde diese antibakterielle Substanz im Rahmen weiterer Experimente zur Magen-Darm-Trakt-Dekontamination von BALB/c-Mäusen verabreicht. Andere Breitspektrumantibiotika hatten im Prinzip ähnliche Auswirkungen auf die Darmflora der Mäuse, wurden jedoch aus Standardisierungsgründen des Versuchsablaufes nicht in die Betrachtungen miteinbezogen.

## Antibiotika und Immunsystem

In der Folgezeit wurde versucht, die Auswirkung der antibiotischen Darmdekontamination auf das Immunsystem im BALB/c-Mausmodell zu evaluieren. Verglichen mit Kontrolltieren offenbarten Mezlocillin-behandelte Mäuse mit dekontaminiertem Magen-Darm-Trakt signifikant veränderte Makrophagenfunktionen. Symptome dafür waren Einschränkung der Phagozytoseaktivität, Reduktion der chemotaktischen Mobilität, Inhibition des zytostatischen und bakteriziden Effektes sowie eine signifikante Reduktion der Lymphozyten-Proliferation und -Aktivierbarkeit (9, 10, 12, 17). Besondere Aufmerksamkeit wurde der Beobachtung gewidmet, daß die Basisaktivität der Mausmakrophagen (sie korreliert mit der Grundsatzaktivität im Chemilumineszenz-Test) nach antibiotischer Magen-Darm-Trakt-Dekontamination unterdrückt war (17). Daraus resultiert die Folgerung, daß die physiologische Mikroflora des Intestinaltraktes offenbar einen Schaltermechanismus bzw. ein Signal für eine moderate, aber konstante Stimulierung bestimmter immunaktiver Gewebe darstellen könnte.

Weitere Untersuchungen ergaben, daß einige Bakterienspecies der physiologischen Flora Peptide sezernieren. Zu diesen Bakteriengattungen gehören u. a. Bacteroides, Clostridium, Lactobacillus und Propionibacterium, die aus dem Intestinaltrakt von BALB/c-Mäusen isoliert wurden, sowie Staphylococcus saprophyticus und Propionibacterium acnes, die zur physiologischen Hautflora des Menschen gehören. Nachdem optimale Kulturbedingungen für die jeweilige

**Tabelle 2:** Milz- und Thymusgewicht von BALB/c-Mäusen nach siebentägiger Mezlocillin-Therapie sowie Verabreichung von je 1 mg mikrobieller Peptide (subkutane Applikation)

| | Milzgewicht (± SD) mg/20 g KG | Thymusgewicht (± SD) mg/20 g KG |
|---|---|---|
| Physiologische Kochsalzlösung (Kontrolle) | 74,1 (± 2,9) | 45,8 (± 7,5) |
| Mezlocillin | 54,7* (± 3,2) | 22,4* (± 2,1) |
| Mezlocillin | | |
| + P. acnes-Peptid | 65,2 (± 3,8) | 33,2 (± 3,2) |
| + S. saprophyticus-Peptid | 63,0 (± 3,2) | 42,2** (± 6,8) |
| + Bacteroides sp.-Peptid | 74,5** (± 3,6) | 39,1** (± 5,9) |
| + Propionibacterium sp.-Peptid | 70,1** (± 5,4) | 42,4** (± 1,4) |

Jede Versuchsgruppe bestand aus 10 BALB/c-Mäusen. Alle Experimente wurden wiederholt und offenbarten reproduzierbare Ergebnisse

*p < 0,5 = statistisch signifikante Reduktion im Vergleich zur Kontrolle
**p < 0,05 = statistisch signifikante Steigerung verglichen mit der Gruppe Mezlocillin-behandelter Mäuse

Bakterienart und günstige Konditionen für die Freisetzung der bakteriellen Peptide etabliert worden waren (8–10), folgten erste Versuche zur experimentellen Bestätigung der Hypothese, daß mikrobielle Peptide die Basisfunktion des Immunsystems gewährleisten.

Antibiotische Dekontamination des Magen-Darm-Traktes von BALB/c-Mäusen resultierte in Immunsuppression, die unserer Hypothese entsprechend auf das Fehlen eines spezifischen Stimulus zurückzuführen war. Dieses Postulat konnte im weiteren Verlauf experimenteller Studien insofern bestätigt werden, als eine Substitution (muriner) mikrobieller Peptide die antibiotisch bedingte Immunsuppression aufheben konnte. Ebenso konnten die Proliferation und Aktivität mononukleärer Immunzellen wiederhergestellt sowie die Milz- und Thymusatrophie verhindert werden (Tab. 2) (9).

Zur Verifizierung der Hypothese, daß auch Vertreter der physiologischen Mikroflora des Menschen einen Einfluß auf das Immunsystem ausüben, wurden verschiedene Bakterienspecies der Hautflora isoliert und auf ihre Fähigkeit überprüft, immunaktive Peptide zu sezernieren. Bei diesen Versuchen stellte sich heraus, daß S. saprophyticus und P. acnes beträchtliche Mengen Peptide freisetzten. Analysen der Peptide mittels Sephadex-Chromatographie ergaben eine vergleichbare Verteilung der Hauptfraktionen für verschiedene Bakterienarten (Bacteroides sp., Clostridium sp., S. saprophyticus, P. acnes) unterschiedlicher Herkunft (9, 10, 17). Die Produktion und Freisetzung niedermolekularer immunaktiver Peptide durch Bakterien ist offenbar ein generelles unabhängiges Phänomen.

In welchem Ausmaß Peptide, die von Bakterien der physiologischen Mikroflora des Menschen sezerniert werden, das Immunsystem beeinflußen, wurde in nachfolgenden Experimenten verifiziert. Die siebentägige Behandlung von BALB/c-Mäusen mit Mezlocillin bewirkte, außer der bereits erwähnten Magen-Darm-Trakt-Dekontamination, eine signifikante Reduktion der Phagozytoseaktivität von Peritonealmakrophagen im Chemilumineszenz-Test. Substitution mi-

**Tabelle 3:** BALB/c-Maus-Thymozyten nach Kortisonbehandlung und adjuvanter Peptidapplikation

| Therapie | Thymozytenanzahl Mittelwert $\times 10^6$ ($\pm$ SD) | % |
|---|---|---|
| Physiologische Kochsalzlösung (Kontrolle) | 10,3 ($\pm$ 1,2) | 100 |
| Hydrokortison | 4,1 ($\pm$ 0,8)** | 40 |
| Hydrokortison | | |
| +S. saprophyticus-Peptid | 7,6 ($\pm$ 0,9)* | 74 |
| +P. acnes-Peptid | 6,1 ($\pm$ 0,5)* | 59 |

Hydrokortison (50 mg/kg KG) wurde BALB/c-Mäusen intraperitoneal und mikrobielle Peptide (1 mg; 24, 48 und 72 Stunden nach Kortinsongabe) wurden subcutan injiziert. 24 Stunden nach der letzten Peptidgabe erfolgte die Explantation des Thymus sowie Separation und Auszählung der Zellzahlen (6, 21). Jede experimentelle Gruppe bestand aus 10 BALB/c-Mäusen.

*$p < 0{,}05$ = statistisch signifikante Steigerung verglichen mit der Gruppe Hydrokortison-behandelter Mäuse
**$p < 0{,}05$ = statistisch signifikante Abweichung von der Kontrollgruppe

krobieller Peptide von S. saprophyticus und P. acnes verhinderte den Funktionsverlust der Makrophagen. Ein Aktivitätsunterschied war im Vergleich zu Kontrollzellen unbehandelter Mäuse nicht mehr nachweisbar. Auch die Auswirkung der dekontaminierenden antibakteriellen Therapie auf das Gewicht lymphatischer Organe konnte durch Peptidsubstitution weitgehend ausgeglichen werden (10). Insbesondere die Thymus- und Milzatrophie war nach adjuvanter Verabreichung bakterieller Peptide weniger ausgeprägt (Tab. 2).

Neben der Antibiotika- bzw. Mikroflora-assoziierten Immunsuppression gilt die Steroid-induzierte Immunsuppression (u.a. durch Kortison) als Standardmodell zur Testung immunmodulatorischer Substanzen (2, 11). Dementsprechend wurden BALB/c-Mäuse mit Kortison behandelt und zeigten die klassischen Zeichen der Immunsuppression, z.B. Gewichts- und Zellzahlreduktion lymphatischer Organe, insbesondere des Thymus. Kortison-resistente Thymozyten sind in immunologischen Studien ein Indikator für die funktionelle Reife des Thymus, da nur ausgereifte und funktionsfähige Thymozyten die Kortisonbehandlung überleben. Unreife Thymozyten hingegen sind nach einmaliger Kortisoninjektion in der Regel nicht mehr nachweisbar. Die T-Zell-Differenzierung und -Reifung im Thymus ist ein komplizierter Prozeß, in dessen Verlauf unreife Thymozyten wachsen und durch bislang wenig bekannte Stimuli ausreifen, immunkompetent werden und in die Peripherie emigrieren (19, 20). Quantitative Analysen offenbarten eine signifikant reduzierte Zahl an Thymozyten nach einmaliger Kortisonbehandlung von BALB/c-Mäusen. Die adjuvante Injektion bakterieller Peptide von S. saprophyticus und P. acnes konnte diesen Kortisoneffekt größtenteils ausgleichen. Verglichen mit der Zellzahl Kortison-behandelter Kontrolltiere ohne spezifische Therapie war die Thymozytenzahl nach Peptidapplikation signifikant höher, was auf eine verstärkte Zellproliferation bzw. -reifung zurückzuführen war (Tab. 3) (10).

Nachdem sich eine eindeutige Korrelation von Mukosa-assoziierter Mikroflora und Immunität herausgestellt hatte, stellte sich die

**Tabelle 4:** Milz- und Thymusgewicht von BALB/c-Mäusen nach Applikation niedermolekularer Peptide von S. saprophyticus und P. acnes (1 mg pro Tag für 3 bzw. 7 Tage)

| Therapie | Milzgewicht (± SD) mg/20 g KG | Thymusgewicht (± SD) mg/20 g KG |
|---|---|---|
| Physiologische Kochsalzlösung (Kontrolle) | 78 (± 3,6) | 63 (± 7,2) |
| P. acnes-Peptid | | |
| 1 mg für 3 Tage | 85 (± 11,4) | 62 (± 7,6) |
| 1 mg für 7 Tage | 86 (± 9,3) | 67 (± 11,5) |
| S. saprophyticus-Peptid | | |
| 1 mg für 3 Tage | 81 (± 11,2) | 77 (± 12,3) |
| 1 mg für 7 Tage | 77 (± 2,5) | 66 (± 11,4) |

Jede Versuchstiergruppe bestand aus fünf BALB/c-Mäusen. Wiederholungsexperimente zeigten reproduzierbare Ergebnisse

Frage, ob auch das intakte Immunsystem durch Applikation bakterieller Peptide moduliert bzw. stimuliert werden kann. Injektion mikrobieller Peptide von S. saprophyticus bewirkte in BALB/c-Mäusen eine Immunmodulation, die u. a. in einer deutlichen Gewichtszunahme des Thymus resultierte. Peptide von P. acnes bewirkten lediglich eine moderate Gewichtszunahme von Thymus und Milz, was darauf hindeutet, daß der modulierte Effekt weniger stark ausgeprägt war (Tab. 4).

Die Untersuchung der Lymphozyten, ihrer Subpopulationen, Rezeptoren und Reifungsstadien ergab, daß die Antigene und Rezeptoren von T-Lymphozyten im Verlauf ihrer Reifung charakteristische Veränderungen hinsichtlich ihrer Expression erfahren. Der T-Zell-Rezeptor tritt ontogenetisch erstmals im Rahmen von Reifungsprozessen lymphatischer Zellen im Thymus auf (2, 19, 21). Dieses Organ beherbergt (im entsprechenden Lebensabschnitt) etwa 80% unreife lymphatische Zellen (Thymozyten), die durch Thymushormone und andere Stimuli zur Reifung angeregt werden (5, 6, 19–21). Tabelle 5 zeigt, daß in BALB/c- Mäusen die Gabe mikrobieller Peptide offenbar einen Stimulus für die Ausreifung lymphatischer Zellen mit T-Helfer-Phänotyp darstellt. Das konnte durch Markierung der Zellen mit dem monoklonalen Antikörper L3T4 in Fluorescence Activated Cell Sorter-Experimenten nachgewiesen werden. Die Bestimmung der T-Helfer/T-Suppressor-Zell-Ratio verdeutlicht, daß die Verabreichung bakterieller Peptide vorzugsweise die Ausreifung lymphatischer Zellen mit Helfer-Phänotyp induziert (10). An der Aufklärung der Mechanismen dieses offenbar selektiven Prozesses, der an die Aktivität von Interleukinen erinnert (7), wird derzeit gearbeitet.

## Zusammenfassung und Ausblick

Zusammenfassend läßt sich feststellen, daß die mikrobielle Schleimhautflora und die Mukosa-assoziierte Immunität eng korreliert sind. Antibiotische Dekontamination von Haut und Schleimhäuten, u.a. des Magen-Darm-Traktes, resultierte im Mausmodell in einer Immunsuppression, die nachweislich nicht direkt Antibiotika-induziert war. Experimentelle Daten legen die Vermutung

**Tabelle 5:** Quantitative FACS-Analyse (Fluorescence Activated Cell Sorter) der Expression von T-Zell-Rezeptoren lymphatischer Zellen aus Thymus und Milz von BALB/c-Mäusen nach dreitägiger subkutaner Verabreichung bakterieller Peptide (1 mg)

| Therapie | Positive Zellen (%) Lyt-1 | L3T4 | Lyt-2 | Ratio L3T4/Lyt-2 |
|---|---|---|---|---|
| *Thymus* | | | | |
| Physiologische Kochsalzlösung (Kontrolle) | 99,1 | 8,9 | 2,4 | 3,7 |
| P. acnes-Peptid | 99,0 | 11,2 | 2,6 | 4,3 |
| S. saprophyticus-Peptid | 99,3 | 11,0 | 1,9 | 5,8 |
| *Milz* | | | | |
| Physiologische Kochsalzlösung (Kontrolle) | 3,6 | 3,3 | 1,2 | 2,5 |
| P. acnes-Peptid | 9,1 | 8,7 | 1,2 | 7,2 |
| S. saprophyticus-Peptid | 8,4 | 7,6 | 1,3 | 5,8 |

Organzellen wurden separiert (6, 21), mit Fluoreszein-markierten monoklonalen Antikörpern inkubiert (anti Lyt-1 = pan T; anti Lyt-2 = T Suppressor; anti L3T4 = T-Helfer) und mit FACS analysiert (1, 2, 5)

nahe, daß einige Vertreter der physiologischen Mikroflora niedermolekulare Peptide sezernieren, die eine Basisstimulation des Immunsystems bewirken. Die biochemische Analyse bakterieller Peptide zeigte nach Sephadex- und HPLC-Trennung verschiedene Fraktionen. Interessanterweise unterschieden sich Peptidfraktionen, die eine T-Lymphozyten-Aktivierung bewirkten von Fraktionen für die B-Lymphozyten-Aktivierung. Ferner konnten Proliferation-induzierende Peptide isoliert werden, die Ähnlichkeit mit Wachstumsfaktoren haben.

Die therapeutische Verabreichung immunaktiver bakterieller Peptide eröffnet u. U. weitreichende biologische und medizinische Anwendungsmöglichkeiten. Es wäre z. B. denkbar, daß die immunsuppressive Auswirkung dekontaminierender Breitspektrumantibiotika-Therapien durch Substitution bakterieller Peptide abgemildert oder aufgehoben werden könnte. Ferner scheint die spezifische Stimulation bestimmter Lymphozyten-Subpopulationen, wie z. B. T-Helfer-Zellen, B-Zellen oder Killerzellen durch die Gabe mikrobieller Peptide möglich, was insbesondere für die Onkologie, aber auch für die Infektiologie von Bedeutung wäre. Zwischenzeitlich konnte gezeigt werden, daß Steroidtherapie sowie Gabe immunsuppressiver Zytostatika zum Proliferationsstop und Untergang unreifer Thymozyten führen und mit einer reduzierten Ausschwemmung reifer, immunkompetenter Lymphozyten in die Blutbahn einhergehen. Beide Therapieformen resultieren in einer massiven Immunsuppression, die eventuell durch Substitution mikrobieller, immunaktiver Peptide aufgehoben werden kann. Weitere Anwendungsgebiete eröffnen sich z. B. in der Chirurgie bei Patienten mit selektiver- bzw. totaler Darmdekontamination sowie in der Transplantationsimmunologie, wo im Rahmen von Knochenmarktransplantationen das Phänomen der verzögerten Markzellproliferation bzw. -akzeptanz bei dekontaminierten Transplantatempfängern ein Ansatzpunkt sind. Unter der Annahme daß die physiologische Mikroflora Proliferation-induzierende Peptide freisetzt, ist deren gezielte Substitution bei dekontaminierten Transplantationspatienten möglicherweise in der Initialphase nach einer Knochenmarktransplantation angezeigt.

## Literatur

1. **Butcher, E. C., R. G. Scollay, J. L. Weismann.** 1979. Lymphocyte Adherence to High Endothelial Venules: Characterization of a Modified In Vitro Assay and Examination of the Binding of Syngeneic and Allogeneic Lymphocyte Populations. J. Immunol. 123: 1966–2003.
2. **Ceredig, R. D., D. P. Dialysis, F. W. Fitch, H. R. McDonald.** 1983. Precursors of T-Cell Growth Factor Producing Cells in the Thymus: Ontogeny, Frequency, and Quantitative Recovery in a Subpopulation of Phonotypically Mature Thymocytes Defined by Monoclonal Antibody GK–1.5. J. Exp. Med. 158: 1654–1671.
3. **Grochla, I., H. L. Ko, J. Beuth, K. Roszkowski, W. Roszkowski, G. Pulverer.** 1990. Effects of β-Lactam Antibiotics Imipenem/Cilastatin and Cefodizime on Cellular and Humoral Immune Responses in BALB/c-Mice. Zbl. Bakt. 274: 250–258.
4. **Kagnoff, M. F., M. D. Brogan, F. Shannhan.** 1987. Immunologic Mechanisms in Intestinal Diseases. Ann. Intern. Med. 106: 853–870.
5. **Ledbetter, J. A., R. V. Rouse, H. S. Micklem, L. A. Herzenberg.** 1980. T-Cell Subsets Defined by Expression of Lyt-1, 2, 3 and Thy-1 Antigens. J. Exp. Med. 152: 280–295.
6. **Ledbetter, J. A., R. L. Evans, M. Lipinski, C. Cunningham-Rundles, R. A. Good, L. A. Herzenberg.** 1981. Evolutionary Conservation of Surface Molecules that Distinguish T-Lymphocyte Helper/Inducer and Cytotoxic/Suppressor Subpopulations in Mouse and Man. J. Exp. Med. 153: 310–323.
7. **O'Garra, A.** 1989. Interleukins and the Immune System. Lancet 4: 1003–1005.
8. **Pulverer, G., W. Roszkowski, J. Beuth, H. L. Ko, P. Quie.** 1988. Granulocyte Activating Factor Released by Propionibacterium acnes: A Possible Mediator of Inflammation in Acne vulgaris. Zbl. Bakt. Hyg. A 270: 246–251.
9. **Pulverer, G., H. L. Ko, W. Roszkowski, J. Beuth, A. Yassin, J. Jeljaszewicz.** 1990. Digestive Tract Microflora Liberates Low Molecular Weight Peptides with Immunotriggering Activity. Zbl. Bakt. 272: 318–327.
10. **Pulverer, G., J. Beuth, W. Roszkowski, H. Burrichter, K. Roszkowski, A. Yassin, H. L. Ko, J. Jeljaszewicz.** 1990. Bacteria of Human Physiological Microflora Liberate Immunomodulating Peptide. Zbl. Bakt. 272: 467–476.
11. **Reichert, R. A., I. L. Weissmann, E. C. Butcher.** 1986. Dual Immunofluorescence Studies of Cortisone-Induced Thymic Involution: Evidence of a Major Cortical Component to Cortisone-Resistant Thymocytes. J. Immunol. 136: 3529–3534.
12. **Roszkowski, K., H. L. Ko, W. Roszkowski, J. Jeljaszewicz, G. Pulverer.** 1984. Effects of Cefotaxime, Clindamycin, Mezlocillin, and Piperacillin on Mouse Sarcoma L-1 Tumor. Cancer Immunol. Immunother. 18: 164–168.
13. **Roszkowski, W., R. Lipinska, K. Roszkowski, J. Jeljaszewicz, G. Pulverer.** 1984. Rifampicin Induced Suppression of Antitumor Immunity. Med. Microbiol. Immunol. 172: 197–205.
14. **Roszkowski, W., H. L. Ko, K. Roszkowski, J. Jeljaszewicz, G. Pulverer.** 1985. Effect of Selected Antibiotics in the Cellular and Humoral Immune Response in Mice. Zbl. Bakt. Hyg. A Suppl. 13: 59–72.
15. **Roszkowski, K., H. L. Ko, D. van der Waaij, W. Roszkowski, J. Jeljaszewicz, G. Pulverer.** 1986. The Effect of Selected Antibiotics on the Endogenous Intestinal Microflora and its Consequence for Experimental Tumor Growth in BALB/c.Mice. S. 459–463. In A. Szentivanyi, H. Friedmann, A. Nowottny (Eds.). Immunology and Immunopharmacology of Bacterial Endotoxins. Plenum Press, New York–London.
16. **Roszkowski, K., W. Roszkowski, G. Pulverer, J. Jeljaszewicz.** 1986. Antibiotics and Antitumor Immunity. S. 67–85. In J. Jeljaszewicz, G. Pulverer (Eds.) Antimicrobial Agents and Immunity. Plenum Press, New York–London.
17. **Roszkowski, K., H. L. Ko, J. Beuth, Y. Ohshima, W. Roszkowski, J. Jeljaszewicz, G. Pulverer.** 1988. Intestinal Microflora of BALB/c-Mice and Function of Local Immune Cells. Zbl. Bakt. Hyg. A 270: 270–279.
18. **Roszkowski, K., J. Beuth, H. L. Ko, G. Peters, G. Pulverer.** 1990. Comparative Studies on the Macrolides Erythromycin and Clarithromycin. Antibacterial Activity and Influence on Immune Responses. Zbl. Bakt. Hyg. 273: 518–530.
19. **Scollay, R.** 1982. Thymus Cell Migration: Cells Migrating from Thymus to Peripheral Lymphoid Organs Have a »Mature« Phenotype. J. Immunol. 128: 1566–1570.
20. **Scollay, R., W. F. Chen, K. Shortman.** 1984. The Functional Capabilities of Cells Leaving the Thymus. J. Immunol. 132: 25–30.
21. **Scollay, R., P. Bartlett, K. Shortman.** 1984. T-Cell Development in the Adult Murine Thymus: Changes in the Expression of the Surface Antigens Lyt 2, L3T4, and B2AL During Development from Early Precursor Cells to Emigrants. Immunl. Rev. 82: 79–94.
22. **van der Waaij, D.** 1988. Evidence of Immunoregulation of the Composition of Intestinal Microflora and its Practical Consequences. Eur. J. Clin. Microbiol 7: 103–106.

**FAC** Fortschritte der antimikrobiellen u. antineoplastischen Chemotherapie Band 11–1, 1992 S. 25-34 25
ISSN 0722-7566 ISBN 3-923599-67-6

# T Cell Mediated Immune Responses in Murine Brucellosis and Listeriosis – A Comparison

M. MIELKE, H. HAHN

*FU Berlin, Institute for Medical Microbiology and Infectious Diseases Immunology, Hindenburgdamm 27, D-1000 Berlin 45*

## Introduction

The causative agents of M. Bang and Malta fever members of the bacterial genus Brucella belong to the group of facultative intracellular bacteria. This group of pathogens, able to reside even in professional phagocytes, causes a wide variety of infectious diseases, including most anthropozoonoses which range from acute illnesses such as listeriosis to chronic infections (Tab. 1).

Despite its importance as a pathogen in cattle, sheep, and humans, studies on the immune response to Brucella are sparse. There have been some investigative activities focusing on the macrophage in the 1960's and 1970's shifting to the role of antibodies in the 1980's. Thus much of our knowledge about immune mechanisms active in these infections stems from models other than brucellosis. However, each infection despite similarities in the immune response shows marked differences with respect to the susceptibility of the causative agent to the spectrum of effector mechanisms triggered by the host response. It therefore appeared to be worth studying the mechanisms underlying immunity in Brucella infected animals. In doing so we could fall back on our extensive studies on immunity to L. monocytogenes being able to compare these two infections with respect to the immune response.

This brief overview therefore summarizes our previous work on L. monocytogenes and our results on Brucella infection will be discussed in view of these data.

**Table 1:** Facultative intracellular bacteria, grouped according to the duration of the natural course of infection in experimental animals

| |
|---|
| Listeria |
| |
| Yersinia |
| Legionella |
| Rickettsia |
| Salmonella typhi/paratyphi |
| Bartonella |
| Chlamydia |
| Francisella |
| |
| Brucella |
| Borrelia |
| Treponema |
| |
| Nocardia |
| Mycobacterium tuberculosis, leprae |
| Mycobacterium avium-intracellulare |

***Keywords:*** *T cell subsets – phagocyte invasion – cytokines – protection – inflammatory responses*

## Immunity to L. monocytogenes

### Murine infection by Listeria monocytogenes as a model

Murine infection by Listeria monocytogenes as a model was first introduced by *MACKANESS* in 1962 (25, for reviews see 16, 21, 37). The specific cellular immune response to this facultative intracellular bacterium results in inflammatory and protective phenomena. The most prominent ones being

- delayed-type hypersensitivity, granuloma formation, and splenomegaly which in turn are timely correlated with
- the eradication of bacteria from infected organs.

In each case of infection with facultative intracellular bacteria it has been found that macrophages of infected animals show greatly enhanced microbicidal properties (24, 25, 43). This enhanced bactericidal capacity is non-specific as evidenced by resistance to superinfection with unrelated bacteria (3, 26) and is lost soon after the infection is terminated. However, it can be regenerated in an accelerated fashion by challenging the host with the homologous organism (36). The terms »cellular resistance« (non-specific) and »cellular immunity« (specific) are used to define these two iuxtaposed phenomena (1).

*MACKANESS* (27) showed that macrophage activation is induced by specific lymphocytes. His conclusions were based on the results of adoptive transfer experiments in which viable spleen cells from immune animals could transfer specific cell-mediated immunity to non-immune recipients. The role of lymphocytes was substantiated further by the use of antilymphocyte globulin which suppressed immunity to Listeria (28). After the discovery that the lymphocyte surface antigen Thy-1 is a marker for thymus-dependent T cells and after antisera to this antigen had become available (39) it was shown that lymphocytes from Listeria-immune donor mice (which transfer not only protection to Listeria (4, 22, 35), but also confer DTH (47)) are T cells. Experiments in T cell deficient nude mice further substantiated the assumed distinction between the mechanism of non-specific resistance and the nature of specific cellular immunity. Thus these animals are able to restrict replication of viable bacteria during the early phase of infection but are incapable of forming granulomas and developing DTH and finally succumb to chronic infection (7, 13). The most characteristic function of sensitized T cells then seemed to be the attraction and accumulation of monocytes at foci of infection. The need for macrophages to cooperate with T cells in the expression of immunity was also emphasized by adoptive immunization studies. These studies revealed that adoptive immunity cannot be expressed in recipients that have been treated with agents known to suppress the recipient's production and function of monocytes and macrophages (14, 15, 29).

### T cell subpopulations in immunity to Listeria monocytogenes

Experiments by *CANTOR* and *BOYSE* (5, 6) provided evidence that T cells form a heterogenous population. This and extending discoveries (46) prompted a new series of analyses asking in what way and to what extent different T cell subsets contribute to protective immunity and DTH. This analysis was facilitated by the development of a monoclonal antibody, GK1.5, with specificity to L3T4 (12) because of the expression of L3T4 (CD4) and Lyt-2 (CD8) cell surface molecules separates murine T cells into two non-overlapping subsets. Four major experimental approaches were chosen:

- immunohistology
- selective depletion of T cell subsets in adoptive transfer systems
- analysis of T cell lines and clones and
- in-vivo depletion of T cell subsets.

**Immunohistology**

The involvement of both, the L3T4$^+$ and Lyt-2$^+$, T cell subsets in Listeria-induced immunity has been demonstrated by immunohistological analysis of their distribution in granulomatous lesions in livers of infected mice (33). However whereas the fraction of cells in granulomas bearing the L3T4 marker increased from 60 to 96 hours after adoptive transfer of immune T lymphocytes, the relative amount of Lyt-2$^+$ cells remained constant, an observation that points to different mechanisms of activation.

**Adoptive transfer experiments**

Using subset-specific monoclonal antibodies *Kaufmann* et al. (19) showed that the capacity of peritoneal exudate T lymphocyte-enriched cells to adoptively mediate protection against Listeria monocytogenes and that DTH to listerial antigens was markedly reduced by pretreatment of cells with either anti-L3T4 or anti-Lyt-2 antibodies plus complement but that it could be restored by the admixture of the two selected T cell subsets. Therefore a cooperation between specific L3T4$^+$ and Lyt-2$^+$ cells in mediating protection and DTH was assumed. Further evidence for a crucial role of Lyt-2$^+$ cells in antilisterial protection was obtained by transferring spleen cells from immune donors treated only by in-vitro incubation with the appropriate monoclonal antibody. In these experiments (30) we were able to show that the strong protective capacity of splenic equivalents can be abrogated by anti-Thy-1 or anti-Lyt-2 monoclonal antibody treatment whereas there was only a slight inhibition after anti-L3T4 treatment. Similar results (23) were recently reported from other laboratories.

Based on the observation that Lyt-2$^+$ cells are involved in protection and that these cells exert cytolytic activity against L. monocytogenes infected target cells, *Kaufmann* et al. (19) proposed a hypothesis according to which Lyt-2$^+$ cytolytic cells would establish direct contact with infected target cells, lyse them, and in this way release intracellular bacteria. The latter would subsequently be taken up by invading monocytes better equipped to kill the bacteria than the cells originally infected. Most recently (20) it has been reported that cloned L3T4$^+$ cells could also specifically lyse Listeria-infected Ia-positive bone marrow macrophages in vitro. Thus, with the exception of the target cell spectrum, at the clonal level there seems at present to be no clear cut distinction between phenotype and function of the T cell subsets involved in immunity against Listeria infection.

**In-vivo serotherapy with monoclonal antibodies specific for T cell and monocyte surface structures**

As described here the current view of immunoregulation is based mainly on studies of lymphocyte subsets either in vitro or by adoptive transfer to naive recipients. Recently it has been shown (11) that unmodified monoclonal antibodies of the IgG-2b type can be extremely effective in depleting cells in vivo and therefore can be used for the selective manipulation of the immune response. Therefore we treated mice with three different monoclonal antibodies specific for Thy-1, L3T4, and Lyt-2, respectively, in order to assess the relative contribution of T cell subsets to DTH, protection, and granuloma formation in murine listeriosis (30, 31).

Irrespective of whether monoclonal antibodies were administered during the induction or the effector phase of DTH, the latter was affected by the application of anti-Thy-1 or anti-L3T4 monoclonal antibody only. The interrelatedness of DTH and protection against facultative intracellular bacteria has long been a subject of considerable controversy.

The fact that animals can be desensitized without loss of resistance or, conversely, can be rendered hypersensitive without causing a corresponding increase in resistance argued against the widely accepted view that both phenomena depend on the same mechanism. The possibility of ablating DTH reaction by the administration of anti-L3T4, but not by anti-Lyt-2, monoclonal antibody in vivo offered the opportunity to investigate whether DTH and protection are indeed mediated by different T cell subsets, as was assumed by the studies of *Chen-Woan* et al. (9, 10) in the rat model. Therefore the effect of monoclonal antibodies administered during primary and secondary infection on DTH, protection, and granuloma formation was determined.

Our data (30, 31) demonstrated that in primary infection bacterial clearance is inhibited by anti-Thy-1.2 monoclonal antibody treatment and to a lesser extent by anti-Lyt-2 monoclonal antibody treatment. Surprisingly anti-L3T4 monoclonal antibody treatment although preventing expression of DTH had no significant effect on the resolution of infection.

Treatment with monoclonal antibodies shortly before secondary infection of animals which had been strongly immunized four weeks previously yielded a comparable pattern. However the effect of the anti-Lyt-2 monoclonal antibody treatment was more pronounced. Anti-Thy-1.2 monoclonal antibody treatment abolished and anti-Lyt-2 monoclonal antibody treatment markedly reduced established protective immunity whereas anti-L3T4 monoclonal antibody treatment had a negligible effect. On the basis of observations in nude (34) and SCID (2) mice was shown though despite macrophage activation adequate protection cannot be achieved in the absence of granuloma formation. We therefore investigated (31) the effects of monoclonal antibody treatment on this essential feature of the host response. The examination of liver sections from immune animals 48 h after re-infection showed complete absence of mononuclear foci in anti-Thy-1.2 treated animals. The typical Listeria-induced lesions in such treated animals were polymorphonuclear infiltrations similar to those observed in the very early phase of primary infection. Most surprising was the fact that livers of anti-L3T4 treated (CD8-sufficient) animals were free of any granulomatous lesions in the presence of protection. On the contrary, anti-Lyt-2 treated (CD4-sufficient) animals were able to form granulomas.

The rapidly expressed $CD8^+$ T cell-mediated protection observed in a secondary infection in the absence of granuloma formation therefore was argued to be the result of a rapid interaction with resident macrophages and was shown to be activated by their elevated expression of MHC class II products in the absence of $CD4^+$ T cells (*Mielke* and *Niedobitek*, unpublished data). In order to prove this assumption we employed the monoclonal antibody 5C6 (40–42) which has been shown to inhibit the recruitment of myelomonocytic cells into inflammatory foci and to exacerbate a primary Listeria infection by blocking complement receptor type 3 (CR3, Mac-1, CD11b), a member of the leukocyte integrin family. If Listeria-primed $CD8^+$ T cells act independently of invading monocytes by rapidly activating resident macrophages for efficient listericidal activity, this antibody would have minimal effects on the outcome of a secondary infection in actively immunized mice. Our recent study (32) demonstrates that the inhibition of CR3-dependent migration of phagocytes dramatically increased the susceptibility to L. monocytogenes, not only in primary but also in secondary infection, when potent, granuloma independent antibacterial mechanisms are expressed by $CD8^+$ T cells. However, two elements of T cell mediated immunity could be demonstrated even in the face of 5C6-treatment and therefore seem to be CR3/CD11b-independent, i.e. a) acquired immunity against low doses of viable Listeriae and b) granuloma formation elicited in immune mice by heat killed bacteria (HKL).

In conclusion, the results of studies performed using the Listeria model and presented in this review may be summarized as follows:

1. Listeria-primed $CD8^+$ T cells mediate protection by mechanisms dependent on a rapid interaction with phagocytes invading infected tissues within the first 24 h after reinfection in a CR3/CD11b-dependent but $CD4^+$ T cell-independent manner. This $CD8^+$ T cell-monocyte-interaction does not result in granuloma formation, DTH or splenomegaly.

2. Listeria-specific $CD4^+$ T cells act via a less protective early and delayed but longlasting interaction with monocytes which results in DTH and granuloma formation and which is CR3/CD11b-independent.

It is well established that the aforementioned T cell-dependent functions are mediated in vivo by cytokines. Based on the ability to dissociate protective from inflammatory effector mechanisms on the basis of T cell subsets in the Listeria model, it should be possible to identify the $CD4^+$ T cell-derived granuloma inducing factor. We therefore analysed the patterns of cytokines secreted by spleen cells from naive and Listeria-primed, T cell-subset-depleted mice. Naive and immunized mice were challenged with a high, normally lethal dose ($1 \times 10^6$/animal) of viable bacteria and sacrificed 6 hr later, at a time which antibacterial mechanisms begin to be expressed in immune mice. Spleens were removed and unfractionated, erythrocyte-depleted single cell suspensions were preincubated for 3 hr in penicillin and streptomycin containing tissue culture medium in order to prevent bacterial overgrowth in the following in-vitro culture in the absence of antibiotics (= viable antigen). Three other aliquots of cells were subsequently incubated in the presence of antibiotics and the presence of any additional listerial antigen. Two different non-viable antigen preparations were used: heat killed bacteria (HKL, $1 \times 10^7$/ml) and a culture filtrate (CF, 1 : 100) of L. monocytogenes (= soluble antigen, sAg). Spleen cell cultures ($1 \times 10^8$ cells/5 ml = 1 spleen equivalent) were set up in tissue culture flasks in an upright position and were incubated in the presence of mercaptoethanol ($5 \times 10^{-5}$ Mol/l) and indomethacin ($1 \times 10^{-6}$ Mol/l). Depletion of T cell subsets was checked by cytofluorography at the mid of the incubation period. After 48 hr of incubation, a time which corresponds to a $10^{-4}$ reduction of the bacterial inoculum in the spleens and established granuloma formation in immune mice, supernatants were collected, filter sterilized and stored at −70 °C until they were assayed for their content of several cytokines.

IL-1 was only produced by spleen cells when stimulated in vitro by viable bacteria regardless whether spleens were obtained from naive or immune mice. IL-6 secretion could be induced in culture by all antigen preparations used. Spleen cells from immune mice produced more IL-6 than those from primarily infected mice which, moreover, did not respond to soluble listerial antigen. A similar pattern of cytokine response could be shown for colony stimulating factors (CSF) with the exception that the amount of colony stimulating activity in the supernatants of primarily or secondarily challenged mice was not significantly different when viable or heat killed bacteria were used for stimulation.

Most interesting was the analysis of TNF and Interferon-γ-production for which an important role in the eradication of Listeria is documented (2, 17, 18, 44). TNF could be induced in spleen cells from primarily as well as T cell-depleted secondarily infected mice when whole heat killed bacteria (= particulate antigen) were used for stimulation. However, the amount of TNF produced by spleen cells from previously immunized mice was very much increased. As shown for IL-6 and CSFs soluble antigen was able to selectively stimulate spleen cells from immune mice. The cells activated by soluble antigen were T cells which was most clearly demonstrated by their sensitivity to anti-Thy-1.2 monoclonal antibody treatment. Neither anti-L3T4 monoclonal antibody nor anti-Lyt-2 monoclonal antibody treatment abolished soluble antigen-induced TNF secretion which points to the ability of both subsets to secrete or, at least, induce the production of this important cytokine. The cytotoxic action of all supernatants tested was blocked or markedly inhibited by co-incubation with anti-TNF antibodies.

Interferon-γ (INF-γ) was the only cytokine tested that was produced by spleen cells from Listeria-challenged immune mice without the need for any additional stimulation in vitro. This rapidly induced IFN-γ production was $CD4^+$ T cell-dependent. As shown for TNF IFN-γ production was induced in immune as well as non-immune spleen cells when heat killed bacteria were used for in-vitro stimulation whereas soluble listerial antigen selectively stimulated T cells of both the $CD4^+$ and the $CD8^+$ subset to produce IFN-γ. Interleukin 4 could not be detected in any of the supernatants tested.

In summary, the analysis of cytokines secreted in vitro by the spleens of mice infected with a high dose of L. monocytogenes revealed that IL-1, IL-6, CSFs, TNF, and IFN-γ can all be induced in both, naive as well as previously immunized animals. TNF and IFN-γ, known to play a decisive role in protection against Listeria (2, 17, 18, 44), are specifically produced by both the $CD4^+$ and the $CD8^+$ T cell subsets. Whereas Il-1 could only be induced by viable bacteria present during in-vitro culture, IL-6, CSFs, TNF, and IFN-γ in addition were elicited from spleen cells when co-cultured with heat killed bacteria. The Listeria culture filtrate used as a soluble antigen preparation selectively stimulated T cells from immune mice. IL-4 could not be detected in either of the supernatants tested which points to a preferentially $Th_1$-type cellular immune response.

The question remains whether the state of immunity and the differences in the histopathological appearance merely depend on differences in the kinetics, the amount, or the location of TNF and IFN-γ production, or whether there are yet non-identified T cell-derived cytokines necessarily involved in protection and especially in granuloma formation.

## The brucellosis model

### General features of Brucella infection

Brucella abortus, a lipopolysaccharid containing, Gram-negative rod, does not produce exotoxins but can inhibit the oxidative burst associated with phagocytosis as well as phagosome-lysosome-fusion in macrophages.

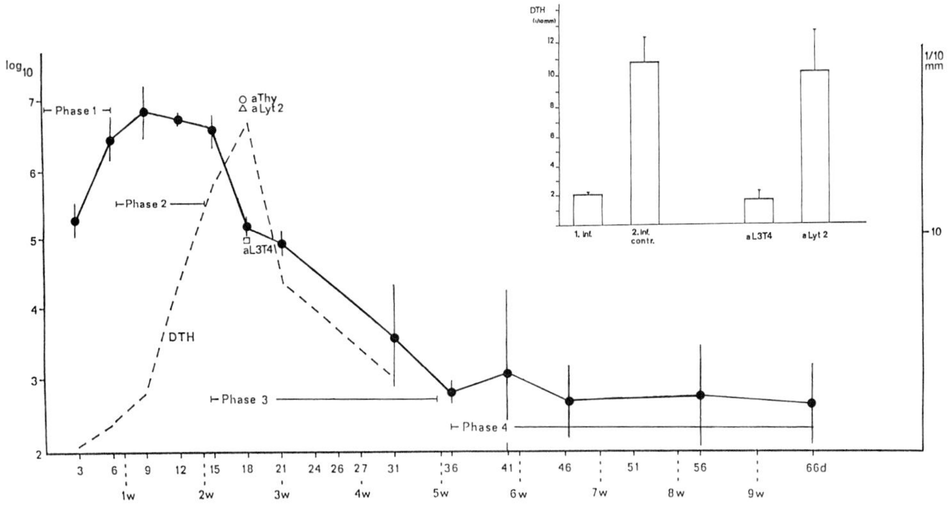


**Figure 1:** Course of Brucella abortus infection in mice. Male BALB/c mice were infected i.v. by $1 \times 10^6$ B. abortus, strain 19 and numbers of bacteria per spleen ($\log_{10}$) were determined at various intervals after infection. In parallel mice were challenged for DTH reactivity. 50 µl of an appropriate antigen dilution was injected into the footpads of mice sacrificed for the enumeration of bacteria/spleen 24 h later. Skin reactivity was measured as specific footpad swelling (in 1/10 mm). Three additional groups of five mice each were infected in parallel but treated with 500 µg of anti-Thy-1.2, anti-Lyt-2, or anti-L3T4 monoclonal antibody respectively on day −3 and +10 of infection. On day 18 after infection, which represents the maximum of DTH reactivity and splenomegaly, these mice were sacrificed and the numbers of B. abortus per spleen as well as DTH reactivity and efficiency of T cell-subset-depletion were determined. Whereas mice depleted from L3T4$^+$ T cells (□) were able to eradicate the bacteria as well as the controls, mice treated with anti-Thy-1.2 (○) or anti-Lyt-2 (△) monoclonal antibodies did not progress to phase 3 of an infection in normal mice. DTH reactivity was suppressed by anti-L3T4 monoclonal antibody treated in a primary as well as in a secondary response whereas the depletion of Lyt-2$^+$ T cells did not influence skin reactivity

The course of Brucella infection in genetically resistant mice which is highly reproducible is shown in Figure 1. On the basis of bacterial numbers in spleens, murine brucellosis can be divided into four phases:

1. an increase in bacterial numbers from day 0 to day 6
2. a steady state of bacterial multiplication during day 7 and day 14
3. the decline of bacterial load from day 15 to about day 36
4. and subsequent bacterial persistence lasting for at least 10 weeks after infection.

Whereas in the Listeria-model, T cell-dependent functions can best be studied during secondary infection. Immunity to re-infection in murine brucellosis is mediated in part by specific antibodies (38), making the recovery from a primary infection a more suitable experimental approach. Like in the Listeria-model the eradication of bacteria (phase 2–3 in brucellosis) is timely correlated to the expression of DTH to soluble antigen as tested by skin reaction.

## T cell depletion studies

However, in spite of the co-expression of DTH and the elimination of bacteria, the depletion of L3T4$^+$ T cells although resulting in the failure to express DTH allows normal recovery from infection. In the contrary, the depletion of Lyt-2$^+$ T cells prohibited the eradication of bacteria as did treatment with anti-Thy-1.2 monoclonal antibodies but did not influence the expression of DTH (Fig. 1). Even on the histological level the effects of a T cell-subset-depletion in murine brucellosis resembled that in Listeriosis. No focal accumulation of Thy-1.2$^+$, Lyt-2$^+$, or Mac-1$^+$-cells occurs in the livers of L3T4$^+$ T cell-depleted Brucella-infected mice. Resident F4/80$^+$ macrophages as well as Ia$^+$ cells are evenly distributed in the tissue. On the other hand Lyt-2$^+$ T cell-depleted mice express a marked granulomatous inflammation constituted of L3T4$^+$ T cells and Mac-1$^+$ monocytes/macrophages.

Most impressive were the effects of a T cell-subset-depletion on splenomegaly, a leading symptom of many infections by facultative intracellular bacteria. The development of splenomegaly due to an increase in marginal zone macrophages was shown to be totally dependent on L3T4$^+$ T cells and could even be enhanced by the depletion of Lyt-2$^+$ cells. As could be shown by anti-Thy-1.2 monoclonal antibody treatment, spleen weight, i.e. cellularity, was not correlated with bacterial load in as much as the small spleens of anti-Thy-1.2 monoclonal antibody treated mice contained high numbers of Brucella (unpublished data).

### Cytokines in brucellosis

With the exception of studies about colony stimulating activity in the serum of Brucella infected mice, no data about the cytokine response to B. abortus are available. *Cheers* and *Young* (8) have shown that the level of CSFs in the serum was elevated transiently at the time of peak infection two to three weeks after injection of the bacteria. The level of colony stimulating activity in serum correlated with an increase in the proportion of colony forming cells (CFC) in the spleens of infected animals which in turn paralleled the degree of splenomegaly. However, neither the levels of CSF in serum nor the CFC response can explain differences in the ability of various mouse strains to control bacterial numbers. In a recent publication by *Street* and co-workers (45) it was found that immunization with fixed B. abortus favours a Th1-type of T cell response like it was demonstrated by us in the Listeria-model.

## Conclusions

In conclusion, as shown in two different murine models using an acute and a more chronic infection, CD4$^+$ bacteria-induced T cells mediate the inflammatory phenomena accompanying infections by facultative intracellular bacteria, i.e. DTH, splenomegaly, and granulomatous inflammation. In both systems CD8$^+$ T cells seem to be able to mediate protective mechanisms in the absence of any granulomatous monocyte accumulation. However, in spite of these similarities, differences in the ultimately protective mechanisms are most impressively demonstrated by distinct susceptibilities of infected animals to CR3-blocking antibodies (40). Whereas mice infected with L. monocytogenes are highly susceptible to monoclonal antibody 5C6 (32, 42), there is no effect of such treatment on brucellosis (*Mielke* and *Rosen*, unpublished data) or BCG infection (*Rosen*, unpublished data).

## References

1. **Armstrong, A. S., C. P. Sword.** 1964. Cellular Resistance in Listeriosis. J. Infec. Dis. 114: 258–264.
2. **Bancroft, G. J., K. C. F. Sheehan, R. D. Schreiber, E. R. Unanue.** 1989. Tumor Necrosis Factor is Involved in the T-cell-Independent Pathway of Macrophage Activation in SCID Mice. J. Immunol. 143: 127–130.

3. **Blanden, R. V., G. B. Mackaness, F. M. Collins.** 1966. Mechanisms of Acquired Resistance in Mouse Typhoid. J. Exp. Med. 124: 585–600.
4. **Blanden, R. V., R. E. Langman.** 1972. Cell-mediated Immunity to Bacterial Infection in the Mouse. Thymus-derived Cells as Effectors of Acquired Resistance to Listeria monocytogenes. Scand. J. Immunol. 1: 379–391.
5. **Cantor, H., E. A. Boyse.** 1975a. Functional Subclasses of T Lymphocytes Bearing Different Ly Antigens. I. The Generation of Functionally Distinct T Cell Subclasses is a Differentiative Process Independent of Antigen. J. Exp. Med. 141: 1376–1389.
6. **Cantor, H., E. A. Boyse.** 1975b. Functional Subclasses of T Lymphocytes Bearing Different Ly Antigens. II. Cooperation Between Subclasses of Lyt Cells in the Generation of Killer Activity. J. Exp. Med. 141: 1390–1399.
7. **Cheers, C., R. Waller.** 1975. Activated Macrophages in Congenitally Athymic Nude Mice and Lethally-Irradiated Mice. J. Immunol. 115: 844–847.
8. **Cheers, C., A. M. Young.** 1987. Serum Colony Stimulating Activity and Colony Forming Cells in Murine Brucellosis: Relationship to Immunopathology. Microb. Pathogen. 3: 185–194.
9. **Chen-Woan, M., D. H. Sajewski, D. D. McGregor.** 1985. T-cell Cooperation in the Mediation of Acquired Resistance to Listeria monocytogenes. Immunology 56: 33.
10. **Chen-Woan, M., D. D. McGregor, S. K. Noonan.** 1986. Isolation and Characterization of Protective T Cells Induced by Listeria monocytogenes. Infect. Immun. 52: 401–407.
11. **Cobbold, S. P., A. Jayasuriya, A. Nash, T. D. Prospero, H. Waldmann.** 1984. Therapy with Monoclonal Antibodies by Elimination of T-cells Subsets In Vivo. Nature 312: 548–551.
12. **Dialynas, D. P., D. B. Wilde, P. Marrack, A. Pierres, K. A. Wall, W. Havran, G. Otten, M. R. Loken, M. Pierres, H. Kappler, F. W. Fitch.** 1983. Characterization of the Murine Antigenic Determinant, Designated L3T4a, Recognized by Monoclonal Antibody GK1.5: Expression of L3T4a by Functional T Cell Clones Appears to Correlate Primarily with Class II MHC Antigen-Reactivity. Immunol. Rev. 74: 29–56.
13. **Emmerling, P., H. Finger, J. Bockemühl.** 1975. Listeria monocytogenes Infection in Nude Mice. Infect. Immun. 12: 437–439.
14. **Hahn, H.** 1974. Effects of Dextran Sulfate 500 on Cell-Mediated Resistance to Infection with Listeria monocytogenes in Mice. Infect. Immun. 10: 1105–1109.
15. **Hahn, H.** 1975. Requirements for a Bone Marrow-derived Component in the Expression of Cell-Mediated Antibacterial Immunity. Infect. Immun. 11: 949–954.
16. **Hahn, H., S. H. E. Kaufmann.** 1981. The Role of Cell-Mediated Immunity in Bacterial Infections. Rev. Infec. Dis. 3: 1221–1250.
17. **Havell, E. A.** 1987. Production of Tumor Necrosis Factor During Murine Listeriosis. J. Immunol. 139: 4225–4231.
18. **Havell, E. A.** 1989. Evidence that Tumor Necrosis Factor Has an Important Role in Antibacterial Resistance. J. Immunol. 143: 2894–2899.
19. **Kaufmann, S. H. E., E. Hug., U. Väth, U. Müller.** 1985. Effective Protection Against Listeria monocytogenes and Delayed-Type Hypersensitivity to Listerial Antigens Depend on Cooperation Between Specific $L3T4^+$ and $Lyt2^+$ T Cells. Infect. Immun. 48: 263–266.
20. **Kaufmann, S. H. E., E. Hug, U. Väth, G. de Libero.** 1987. Specific Lysis of Listeria monocytogenes-Infected Macrophages by Class II-Restricted $L3T4^+$ T Cells. Eur. J. Immunol. 17: 237–246.
21. **Kaufmann, S. H. E.** 1988. Immunity Against Intracellular Bacteria: Biological Effector Functions and Antigen Specifity of T-Lymphocytes. Curr. Top. Microbiol. Immunol. 138: 141.
22. **Lane, F. C., E. R. Unanue.** 1972. Requirement of Thymus (T) Lymphocytes for Resistance to Listeriosis J. Exp. Med. 135: 1104–1112.
23. **Lukacs, K., R. Kurlander.** 1989. $Lyt\text{-}2^+$ T Cell-Mediated Protection Against Listeriosis. Protection Correlates with Phagocyte Depletion but not with IFN-γ Production. J. Immunol. 142: 2879–2886.
24. **Lurie, M. B.** 1942. Studies on the Mechanisms of Immunity in Tuberculosis: The Fate of Tubercle Bacilli Ingested by Mononuclear Phagocytes Derived from Normal and Immunized Animals. J. Exp. Med. 130: 247–267.
25. **Mackaness, G. B.** 1962. Cellular Resistance to Infection. J. Exp. Med. 116: 381–406.
26. **Mackaness, G. B.** 1964. The Immunological Basis of Acquired Cellular Resistance. J. Exp. Med. 120: 105–120.
27. **Mackaness, G. B.** 1969. The Influence of Immunologically Committed Lymphoid Cells on Macrophage Activity In Vivo. J. Exp. Med. 129: 973–992.
28. **Mackaness, G. B., W. C. Hill.** 1969. The Effect of Anti-Lymphocyte Globulin on Cell-Mediated Resistance to Infection. J. Exp. Med. 129: 993–1012.
29. **McGregor, D. D., F. T. Koster.** 1971. The Mediator of Cellular Immunity. IV. Cooperation Between Lymphocytes and Mononuclear Phagocytes. Cell. Immunol. 2: 317–325.
30. **Mielke, M. E. A., S. Ehlers, H. Hahn.** 1988. T Cell Subsets in Delayed-Type Hypersensitivity, Protection, and Granuloma Formation in Primary and Secondary Listeria Infection in Mice; Superior Role of $Lyt2^+$ Cells in Acquired Immunity. Infect. Immun. 56: 1920–1925.
31. **Mielke, M. E. A., G. Niedobitek, H. Stein, H. Hahn.** 1989. Acquired Resistance to Listeria monocytogenes is Mediated by $Lyt2^+$ T Cells Independently of the Influx of Monocytes into Granulomatous Lesions. J. Exp. Med. 170: 589–594.
32. **Mielke, M. E. A., H. Rosen, S. Broche, C. Peters,**

**H. Hahn.** 1991. Listeria-Induced T Cell-Monocyte Interactions in Protective Immunity and Granuloma Formation Depend on two Distinct but TNF- and γ-IFN-Mediated Mechanisms. Dissociation on the Basis of CD11b-dependency. Submitted.

33. **Näher, H., U. Sperling, L. Takacs, H. Hahn.** 1985. Dynamics of T Cells of L3T4 and Lyt2 Phenotype Within Granulomas in Murine Listeriosis. Clin. Exp. Immunol. 60: 559–564.
34. **Newberg, M. F., R. J. North.** 1980. On the Mechanisms of T Cell-Independent Anti-Listeria Resistance in Nude Mice. J. Immunol. 124: 571.
35. **North, R. J.** 1973. Importance of Thymus-Derived Lymphocytes in Cell-Mediated Immunity to Infection. Cell. Immunol. 7: 166–176.
36. **North, R. J., J. F. Deissler.** 1975. Nature of Memory in T Cell-Mediated Immunity: Cellular Parameters that Distinguish Between the Active Immune Response and a State of Memory. Infect. Immun. 12: 761–767.
37. **North, R. J.** 1981. Immunity of Listeria monocytogenes. Pp. 201. In A. J. Nahmias, R. J. O'Reilly. (eds.) Immunology of Human Infection. Part 1. Plenum Press, New York.
38. **Plommet, M., A.-M. Plommet.** 1983. Immune Serum-Mediated Effects on Brucellosis Evolution in Mice. Infect. Immun. 41: 97–105.
39. **Raff, M. C.** 1969. Theta Isoantigens as a Marker of Thymus-Derived Lymphocytes in Mice. Nature 224: 378–379.
40. **Rosen, H., S. Gordon.** 1987. Monoclonal Antibody to the Murine Type 3 Complement Receptor Inhibits Adhesion of Myelomonocytic Cells and Inflammatory Cell Recruitment In Vivo. J. Exp. Med. 166: 1685–1701.
41. **Rosen, H., G. Milon, S. Gordon.** 1989. Antibody to the Murine Type 3 Complement Receptor Inhibits T Lymphocyte-Dependent Recruitment of Myelomonocytic Cells In Vivo. J. Exp. Med. 169: 535–548.
42. **Rosen, H., S. Gordon, R. J. North.** 1989. Exacerbation of Murine Listeriosis by a Monoclonal Antibody Specific for the Type 3 Complement Receptor of Myelomonocytic Cells. J. Exp. Med. 170: 27–37.
43. **Ruskin, J., H. McIntosh, J. S. Remington.** 1969. Studies on the Mechanisms of Resistance to Phylogenetically Diverse Intracellular Organisms. Immunol. 103: 252–259.
44. **Schreiber, R. D.** 1988. Validation of a Role for Endogenously Produced IFN-γ in Resolution of Listeria monocytogenes Infection in Mice. Adv. Exp. Med. Biol. 239: 185–192.
45. **Street, N. E., J. H. Schumacher, T. A. Fong, H. Bass, D. F. Fiorentino, J. A. Leverah, T. R. Mosmann.** 1990. Heterogeneity of Mouse Helper T Cells: Evidence from Bulk Cultures and Limiting Dilution Cloning for Precursors of Th1 and Th2 Cells. J. Immunol. 144: 1629–1639.
46. **Swain, S.** 1983. T Cells Subsets and the Recognition of MHC Class. Immunol. Rev. 74: 129–142.
47. **Youdim, S., O. Stutman, R. A. Good.** 1973. Thymus Dependency of Cells Involved in Transfer of Delayed Hypersensitivity to Listeria monocytogenes in Mice. Cell. Immunol. 8: 395–402.

**FAC** Fortschritte der antimikrobiellen u. antineoplastischen Chemotherapie Band 11-1, 1992 S. 35-38 35
ISSN 0722-7566 ISBN 3-923599-67-6

# Einfluß von SDD auf klinisch relevante Erreger in der operativen Intensivmedizin

W. RITZERFELD

*Institut für Medizinische Mikrobiologie der Westfälischen Wilhelms-Universität Münster, Domagkstraße 10, D-4400 Münster*

Die Intensivstationen der verschiedenen medizinischen Fachdisziplinen bieten dem Mikrobiologen ein breites Spektrum pathogener bakterieller Mikroorganismen. Schon seit geraumer Zeit versuchen wir, durch Erfassung der Erreger und ihrer Resistenzsituation über längere Zeiträume hinweg dem klinisch tätigen Arzt Anhaltspunkte für eine gezielte Antibiotikatherapie zu geben. Dabei besteht die Intention, die aktuelle Situation im Vergleich zu früheren Erhebungszeiträumen darzustellen.

Abbildung 1 zeigt die Erregerverteilung der Klinik für Anästhesiologie und Operative Intensivmedizin der WWU Münster im gesamten Zeitraum des Jahres 1989. Mit EDV wurden 4744 Stämme additiv erfaßt, d. h. jeder bakteriologische Befund u. U. wiederholt vom gleichen Patienten. Deutlich ist das Überwiegen der grampositiven Kokken S. aureus, Koagulase-negative Staphylokokken und Enterokokken zu erkennen. Gramnegative Stäbchen treten demgegenüber in den Hintergrund. Diese Befunde bestätigen

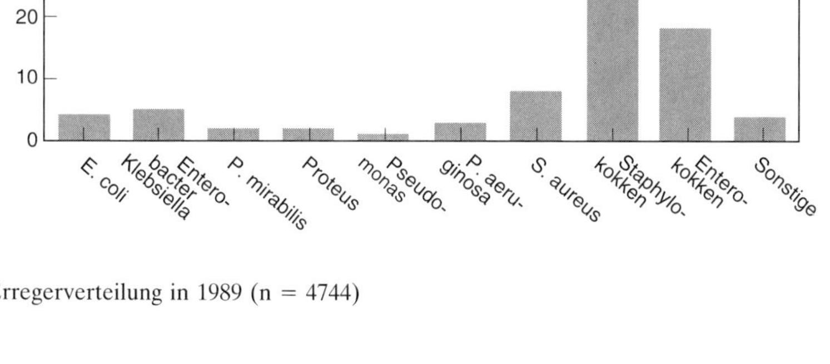


**Abbildung 1:** Erregerverteilung in 1989 (n = 4744)

***Keywords:*** *SDD – Intensivmedizin – Polymyxin E – Tobramycin – Amphotericin B – Cefotaxim*

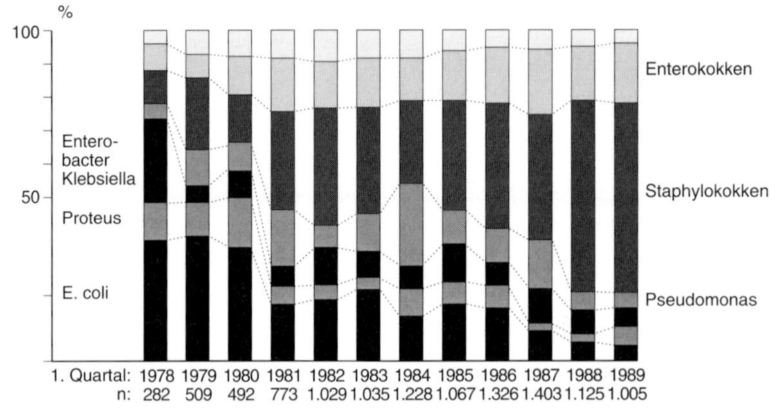


**Abbildung 2:** Erregerverteilung in 1978–1990 (jeweils I. Quartal) Anteil Koagulase-negativer Staphylokokken: 70,7% 1987, 80,4% 1988, 86,5% 1989

die allgemeine Beobachtung des stärkeren Hervortretens der Kokken in den letzten Jahren. Die Ursachen hierfür liegen neben verändertem Krankengut einmal in den guten Therapiemöglichkeiten von Infektionen durch gramnegative Stäbchen mit hochpotenten Antibiotika, zum anderen aber auch am vermehrten Einsatz von Kunststoffimplantaten auf dem Gebiet der Intensivmedizin und der daraus sich ableitenden Bedeutung Koagulase-negativer Staphylokokken. Ist die krankmachende Relevanz dieser Keime auch nicht in jedem Fall gesichert, so ist doch die Prüfung jedes isolierten Stammes auf seine Antibiotikaempfindlichkeit angebracht.

Schon seit 1978 werden unter gleichen Laborbedingungen jeweils die bakteriologischen Befunde der ersten Jahresquartale der Klinik für Anästhesiologie und Operative Intensivmedizin bis einschließlich 1990 statistisch erfaßt und ausgewertet (Abb. 2). Berücksichtigt wurde dabei der Gesichtspunkt einer möglichen klinischen Bedeutung der Stämme und die Notwendigkeit einer Resistenzbestimmung. Der obere Teil der Graphik wird von klinisch wichtigen Kokkenbakterien geprägt, der untere durch die häufigsten gramnegativen Stäbchen; weiße Abschnitte der Säulen geben die Prozentwerte für sonstige Keime wieder. Unter den einzelnen Jahresangaben finden sich die absoluten Stammzahlen der isolierten und auf ihre Empfindlichkeit geprüften Keime.

Es ist deutlich festzustellen, daß zunächst die Stäbchenbakterien den größeren Anteil lieferten, daß aber von kleineren Schwankungen abgesehen die Staphylokokken – in geringerem Maße auch die Enterokokken – im Laufe der Jahre stärker hervortreten. Für 1988 sind keine Werte angeführt – bedingt durch die damals laufende SDD-Studie (orale Gabe von Polymyxin E, Tobramycin und Amphotericin B sowie parenteral in den ersten Tagen Cefotaxim – sofern keine andere vergleichende Chemotherapie vorgenommen wurde) (1–3). Mit dem Jahr 1989 wurde SDD routinemäßig – jedoch in reduziertem Umfang – weitergeführt. So konnten die Ergebnisse der beiden letzten Jahrgänge in die graphische Darstellung miteinbezogen werden. Für die Jahre 1987, 1989 und 1990 sind die Anteile der Koagulase-negativen Staphylokokken gekennzeichnet, d. h. weit

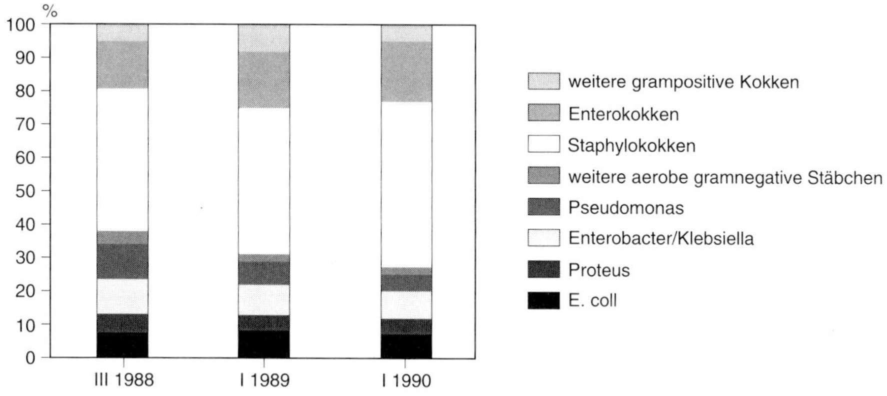


**Abbildung 3:** Patientenbezogene Keimhäufigkeit (1988: n = 580, 1989: n = 402, 1990: n = 353)

über die Hälfte der Staphylokokken sind als nur bedingt pathogen anzusehen.

Insgesamt beläuft sich der Anteil an Kokken 1989 wie 1990 bei additiver Auflistung auf rund 75%, so daß an einen ursächlichen Zusammenhang unter SDD-Bedingungen gedacht werden kann. Multiresistenzentwicklungen waren dabei nicht zu beobachten – ebenso kein ungünstiger Bezug zu den erhobenen klinischen Befunden.

Spezielle Beachtung verdienen die geringen Prozentsätze der gramnegativen Stäbchen – hier vor allem der scheinbar höhere Anteil von Proteusbakterien im ersten Quartal 1990. Bei den 63 hier unter Gattung Proteus gezählten Stämmen handelt es sich um Proteus mirabilis (16), Keime der Proteus-Gruppe (11), um Providencia stuartii (28) und um Morganella morganii (8). Diese Stämme verteilen sich auf 16 Patienten.

Abbildung 3 zeigt die patientenbezogene Keimhäufigkeit mit den Prozentanteilen verschiedener Gattungen. Dabei geben die Säulen die Prozentwerte des dritten Quartals 1988 (580 Stämme; nicht mehr unter Bedingungen der SDD-Studie) und die jeweils ersten Quartale 1989 (402 Stämme) und 1990 (353 Stämme) wieder. Es zeigt sich, daß unter Berücksichtigung einer patientenbezogenen Keimhäufigkeit wohl ein ähnliches Verteilungsmuster entsteht wie bei der vorher beschriebenen additiven Auswertung. Auch hier ergibt sich ein starkes Übergewicht der grampositiven Kokken gegenüber dem geringeren Anteil der gramnegativen Stäbchen, wobei die Proteusbakterien keine höhere Frequenz aufweisen.

Bei Berücksichtigung einer patientenbezogenen Auswertung der Keimhäufigkeit kann somit festgestellt werden, daß es unter SDD keine signifikante Veränderung im Bereich der Staphylokokken, der Enterokokken und auch von Pseudomonas gegeben hat. Dagegen ist die Abnahme des gramnegativen Anteils vom ersten Quartal 1990 gegenüber dem dritten Quartal 1988 signifikant. Abschließend sei betont, daß sich die generelle Keimhäufigkeit unter SDD-Bedingungen – patientenbezogen betrachtet – verringert hat.

## Literatur

1. **Hartenauer, U., B. Thülig, W. Diemer, P. Lawin, W. Fegeler, R. Kehre, W. Ritzerfeld.** 1991. Effect of Selective Flora Suppression on Colonization, Infection, and Mortality in Critically Ill Patients: A One-Year, Prospective Consecutive Study. Critical Care Medicine 19: 463–473.
2. **Ritzerfeld, W.** 1989. Selektive Darmdekontamination – ein Erfahrungsbericht aus mikrobiologischer Sicht. S. 81–94. In H. Werner, W. R. Heizmann (Hrsg.) Infektiologische Probleme bei Patienten auf Intensivstationen. Schattauer Verlag, Stuttgart.
3. **Thülig, B., U. Hartenauer, W. Diemer, P. Lawin, W. Fegeler, R. Kehrel, W. Ritzerfeld.** 1989. Selektive Florasuppression zur Infektionskontrolle in der operativen Intensivmedizin. Anästh. Intensivther. Notfallmed. 24: 345–354.

# II. Intensivmedizin

*Vorsitz: H. Lode, P. Lawin*

## Einführung

Schwerkranke Patienten haben ein hohes Risiko nosokomiale Infektionen zu erwerben; nach zwei Wochen Intensivtherapie sind bis zu 90% aller Intensivpatienten infiziert. Septikämien und Pneumonien sind auf Intensivstationen die Infektionen mit der größten klinischen Relevanz sowohl prognostisch (etwa ⅔ aller Patienten versterben im septischen Schock) als auch epidemiologisch (die häufigsten tödlich verlaufenden nosokomialen Infektionen sind Pneumonien).

Sowohl in der Pathogenese wie auch in der Behandlung von Septikämien und Pneumonien ist der Wissenszuwachs in den letzten 25 Jahren beträchtlich.

*Green* und *Kass* beschrieben 1964 die Rolle der Alveolarmakrophagen beim bakteriellen Selbstreinigungsmechanismus der Lunge. *Pierce, Sanford, Johanson* und *Huxley* entdeckten die pharyngeale Kolonisation von hospitalisierten Patienten mit gramnegativen Keimen und die Mikroaspiration von oropharyngealem Sekret in die tiefen Atemwege als den pathogenetischen Weg der Pneumonie des abwehrgeschwächten Intensivpatienten.

*Reynolds* und *Thompson* gelang der Funktionsnachweis der Immunglobuline A und G im Bronchialtrakt und *Du Moulin* wies als erster auf den Zusammenhang zwischen kolonisiertem Magensaft unter Antazida-Behandlung und sich anschließender Pneumonie hin.

Dieser pathogenetische Erkenntniszuwachs wurde für ein sich wandelndes Patientengut dringend benötigt. Immer mehr Patienten in extremen Altersgruppen – Junge wie Alte – mit immer aggressiveren invasiven diagnostischen und therapeutischen medizinischen Eingriffen, mit Störungen der humoralen und zellulären Abwehr, bedeuteten einen Anstieg von problematischen Pneumonien, die neuer Prophylaxe- und Therapiestrategien bedurften.

Die Hypothese, daß der Verdauungskanal (Oropharynx und Gastrointestinaltrakt) als wesentliche Quelle endogener Infektionen des Intensivpatienten dient, wurde – ex juvantibus – durch die Erfolge selektiver Darmdekontamination (SDD) untermauert. Mit SDD konnte in bisher 22 publizierten Studien die Pneumonieinzidenz signifikant gesenkt werden. Sieht man in der Translokation von aeroben gramnegativen Stäbchenbakterien bzw. in der Freisetzung bakterieller Endotoxine den pathogenetisch entscheidenden Schritt bei der Auslösung der zum septischen Schock führenden Reaktionskaskade, so scheint eine Prophylaxe dieser beiden Triggermechanismen durch SDD ein sinnvoller Schritt, septische Schockzustände zu vermeiden.

Die folgenden Beiträge werden uns zur Behandlung von Pneumonie und Sepsis, zur Anpassung der Antibiotikatherapie an eingeschränkte Nierenfunktion, zu SDD und zu neuen pathogenetischen Erkenntnissen der Sepsis aktuelle Daten vermitteln.

P. LAWIN

**FAC** Fortschritte der antimikrobiellen u. antineoplastischen Chemotherapie Band 11-1, 1992 S. 43-48 
ISSN 0722-7566 ISBN 3-923599-67-6

# Dosierungsprobleme bei Intensivpatienten mit eingeschränkter Organfunktion

D. HÖFFLER

*Medizinische Klinik III, Städtische Kliniken Darmstadt, Grafenstraße 9, D-6100 Darmstadt*

Die Pharmakokinetik der meisten antibakteriellen Substanzen wurde an gesunden, freiwilligen Probanden erarbeitet. Dies ist eine Gruppe von Menschen, die wir so gut wie nie behandeln: Der Durchschnittspatient, der Antibiotika erhält, ist alt und polymorbid. Insofern ist von einem pharmakokinetischen Paradoxon zu reden: Wir haben Informationen über Menschen, die wir nie behandeln, und uns fehlen Informationen über unsere Durchschnittspatienten.

Bei Intensivpatienten liegt ein Multiorganversagen vor, wobei das Versagen des Ausscheidungsorgans Niere aus pharmakokinetischer Sicht am wichtigsten ist. Bei all diesen polymorbiden Patienten ist aber auch die extrarenale Clearance verändert, wie wir an einer Reihe von Substanzen zeigen konnten. Wird nun noch die ganze Situation durch künstliche Elimination (Hämodialyse, Hämofiltration, Peritonealdialyse) verändert, so sind Dosierungsempfehlungen schwierig bis nahezu unmöglich.

Zur leichteren Handhabung unterscheidet man Antibiotika vom Chloramphenicol-Typ und vom Penicillin-Typ (8). Diese Einteilung erfolgte, da an den genannten Substanzen die betreffenden Verhaltensweisen zuerst beobachtet wurden. Der Chloramphenicol-Typ ist durch eine vorwiegend extrarenale Elimination gekennzeichnet. Es kommt also bei normaler Dosierung und Niereninsuffizienz nicht zu einer Anreicherung der Originalsubstanz, sondern allenfalls zur Anreicherung von Metaboliten. In diese Gruppe gehören: Chloramphenicol, Doxycyclin, Clinomycin, die Cephalosporine Cefoperazon, Ceftriaxon, Cefotaxim, die Chinolone Ciprofloxacin und Pefloxacin, Clindamycin, Erythromycin und Sulfamethoxazol (der Kombinationspartner des Trimethoprims im Cotrimoxazol).

Die Substanzen vom Chloramphenicol-Typ müssen bei Niereninsuffizienz – auch beim Dialysepatienten – normal dosiert werden. Da bei einigen Substanzen normalerweise noch eine geringe renale Ausscheidung vorhanden ist, sollte die Dosierung dieser Substanzen bei extremer Nierenfunktionseinschränkung (Hämodialysepatienten) halbiert werden. Hierzu gehört Cefoperazon, Ceftriaxon, Cefotaxim, Ciprofloxacin, Pefloxacin und Erythromycin. Da sowohl bei diesen Substanzen wie bei den übrigen des Chloramphenicol-Typs eine Kumulation der Abbauprodukte teils beschrieben, teils zu vermuten ist, sollte die Therapie auf drei Wochen begrenzt sein. Dies läßt sich bei der antibakteriellen Therapie in aller Regel durchführen, bei der tuberkulostatischen Therapie stößt dies naturgemäß auf Schwierigkeiten. Besondere Beachtung ist bei der Verwendung dieser Substanzgruppe auf die substanzspezifischen Nebenwirkungen zu richten.

***Keywords:*** *Cefotaxim – Hämodialysepatienten – Chloramphenicol-Typ – Penicillin-Typ – Dosierung*

**Tabelle 1:** Maximale Dosierung von Mezlocillin bei Niereninsuffizienz

| Nierenfunktion GFR/Kreatinin | Dosis (g) | Dosisintervall (h) |
|---|---|---|
| 120/ 0,8 | 5 | 6 |
| 45/ 2,0 | 5 | 8 |
| 18/ 3,5 | 4 | 12 |
| 8/ 6,0 | 3 | 12 |
| 2/15,5 | 4 | 24 |
| 0,5/– | 2 | 24 |

Die Substanzen vom Penicillin-Typ werden (wie Penicillin G) vorwiegend nicht metabolisiert renal ausgeschieden. In diese Gruppe gehören alle Penicilline und Cephalosporine (Ausnahmen: Cefoperazon, Cefotaxim, Ceftriaxon), die Aminoglykoside, die Chinolone Ofloxacin, Norfloxacin, Enoxacin, Vancomycin, Teicoplanin und Trimethoprim (der Kombinationspartner des Sulfamethoxazols im Cotrimoxazol).

Zwischen der renalen Ausscheidung dieser Substanzen und der glomerulären Filtrationsrate besteht keine lineare Beziehung. Vielmehr folgt diese Beziehung einer Potenzfunktion. Das bedeutet, daß in Bereichen einer relativ guten glomerulären Filtrationsrate (GFR = glomeruläre Filtrationsrate, etwa 120–60 ml/min) große Schritte auf der X-Achse gegen Null nur eine minimale Veränderung der Ausscheidung bedingen. In unteren Bereichen der glomerulären Filtrationsrate (etwa ab 20 ml/min) führen jedoch kleine Schritte gegen Null zu einer erheblichen Steigerung der Halbwertszeit oder AUC. Auf dieser Gesetzmäßigkeit aufbauend haben wir in verschiedenen Publikationen sechs Nierenfälle angegeben (8), die mit Dosierungsanweisungen versehen sind (Tab. 1). Der behandelnde Arzt muß zunächst einmal entscheiden, welchem der sechs Nierenfälle sein individueller Fall am nächsten liegt: So entspricht beispielsweise der Fall 2 einem älteren Patienten, dem eine Niere entfernt werden mußte. Fall 5 entspricht einem Dialysepatienten mit geringgradiger Nierenrestfunktion bzw. einem Patienten, der gerade eben noch konservativ behandelt werden kann. Fall 6 entspricht einem Hämodialysepatienten ohne nennenswerte Restfunktion. Die Einordnung in die genannten sechs Nierenfälle muß also mit einigen minimalen nephrologischen Kenntnissen getroffen werden. So muß beispielsweise bekannt sein, daß ein Plasma-Kreatininwert von 2,0 mg/dl bei einer muskelschwachen 82jährigen Frau von 42 kg Körpergewicht auf eine niedrigere glomeruläre Filtrationsrate hinweist als der gleiche Plasma-Kreatininwert bei einem 22jährigen Mann von 1,92 m, 88 kg. Die Tabelle ist also nicht ohne minimale nephrologische Kenntnisse zu benutzen, die jedoch heute bei jedem jüngeren Arzt vorausgesetzt werden können. Entsprechende Tabellen sind an verschiedenen leicht zugänglichen Stellen veröffentlicht (3, 12, 13, 16).

In Tabelle 2 sind die renale und totale Clearance von Cefotaxim bei verschiedenen Graden der Nierenfunktion dargestellt. Der Tabelle ist zu entnehmen, daß Cefotaxim normalerweise etwa zur Hälfte renal, zur anderen Hälfte extrarenal ausgeschieden wird. Bei terminaler Niereninsuffizienz bleibt nur der extrarenale Teil der Ausscheidung erhalten. Das bedeutet, daß bei Cefotaxim nur eine geringe Anpassung der Dosis erforderlich ist.

Wir stellten uns die Frage, was denn geschehen würde, wenn wir Cefotaxim bei Nierenpatienten »normal« dosieren würden. Da wir mit Auftreten spezifischer Nebenwirkungen rechneten, stellten wir ein Programm auf, nach dem wir die spezifische Toxizität der Betalaktamantibiotika (Blutgerinnungsstörungen, cerebrale Toxizität) erfassen wollten (Abb. 1). Insgesamt untersuchten wir 11 Hämodialysepatienten (6, 7) mit verschieden-

**Tabelle 2:** Renale und totale Clearance von Cefotaxim bei verschiedenen Graden der Nierenfunktion

| Autor | renale Funktion GFR ml/min | Cefotaxim-Clearance (ml/min) total | renal |
|---|---|---|---|
| *Kampf* et al. (10) | normal | 266 | 139 |
| *Ohkawa, Kuroda* (14) | normal | 273 | 165 |
| *Ohkawa, Kuroda* (14) | 61–95 | 286 | 182 |
| *Ohkawa, Kuroda* (14) | 38–58 | 194 | 52 |
| *Ings* et al. (9) | 30–60 | 170 | 46 |
| *Ohkawa, Kuroda* (14) | 12–30 | 135 | 21 |
| *Fillastre* et al. (4, 5) | 8–30 | 146 | 21 |
| *Kampf* et al. (10) | 10–20 | 107 | |
| *Fillastre* et al. (4, 5) | <8 | 125 | 5 |
| *Kampf* et al. (10) | <5 | 71 | |
| *Ohkawa, Kuroda* (14) | 4 | 130 | 7 |

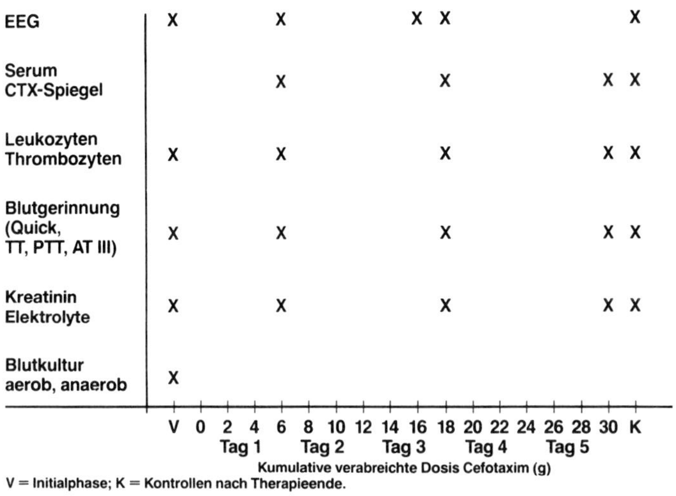


**Abbildung 1:** Behandlungsschema und Kontrollen

sten Indikationen zur Behandlung mit Cefotaxim (Tab. 3). Cefotaxim wird nur geringgradig durch die Dialyse eliminiert (Tab. 4). Wir berücksichtigten daher die Dialysen nicht besonders in unserem Dosierungsschema. Abbildung 2 zeigt, daß im Verlauf der Behandlung die Leukozytenzahl abfiel, während die verschiedensten Gerinnungsparameter (Abb. 3) sich nicht veränderten. Auch bei den Prüfungen des Elektroencephalogramms fanden sich in keinem Fall auch nur geringgradige Veränderungen. Dennoch soll nicht verschwiegen werden, daß *Pascual* et al. (15) einen Fall von Neurotoxizität unter Cefotaxim beobachteten. Der Hämodialysepatient hatte zunächst zweimal

**Tabelle 3:** Klinische Daten aller Patienten

| Patient Nr. | Dialysepflichtige terminale Niereninsuffizienz infolge | Indikation für Therapie | Blutkultur Aerobier/Anaerobier* |
|---|---|---|---|
| 1 | Membranoproliferative Glomerulonephritis | Septikämie bei Pneumonie | – |
| 2 | Chronische Glomerulonephritis | Kryptogene Sepsis | Streptokokken Gr. D aus Blut |
| 3 | Verkäsende Nierentuberkulose | Urosepsis | – |
| 4 | Pyelonephritische Nierenatrophie, Phenazetin-Abusus | Urosepsis | Klebsiella pneumoniae |
| 5 | Bilaterale vaskuläre Nierenatrophie Verdacht auf chronisch membranöse Glomerulonephritis | Urosepsis | Pseudomonas aeruginosa |
| 6 | Chronische Pyelonephritis | Kryptogene Sepsis | – |
| 7 | Vaskuläre Nierenatrophie | Septikämie bei Pneumonie | – |
| 8 | Chronische Glomerulonephritis | Septikämie, später als Virusinfektion diagnostiziert | – |
| 9 | Chronische Glomerulonephritis | Septikämie bei Pneumonie | – |
| 10 | Mesangioproliferative Glomerulonephritis | Septikämie bei akuter Pankreatitis | – |
| 11 | Zystenniere | Septikämie bei akuter Pankreatitis | – |

* Uricult®, *Boehringer Mannheim*

**Tabelle 4:** Cefotaxim-Elimination bei Dialysepatienten

| Autor | Dialyseform | Halbwertszeit (h) | Clearance (ml/min) |
|---|---|---|---|
| | *Peritonealdialyse* | | |
| *Wright, Wise* (17) | on-Dialyse | 1,8 | 102 |
| | off-Dialyse | 2,2 | 95 |
| | *Hämodialyse* | | |
| *Wright, Wise* (17) | on | 2,1 | 91 |
| *Ohkawa, Kuroda* (14) | on | 2,4 | 130 |
| *Chodos* et al. (2) | on | 2,5 | |
| *Baier* et al. (1) | on | 1,7–2,5 | |
| *Wright, Wise* (17) | off | 2,9 | 88 |
| *Chodos* et al. (2) | off | 2,4 | |
| *Baier* et al. (1) | off | 6,9 | |

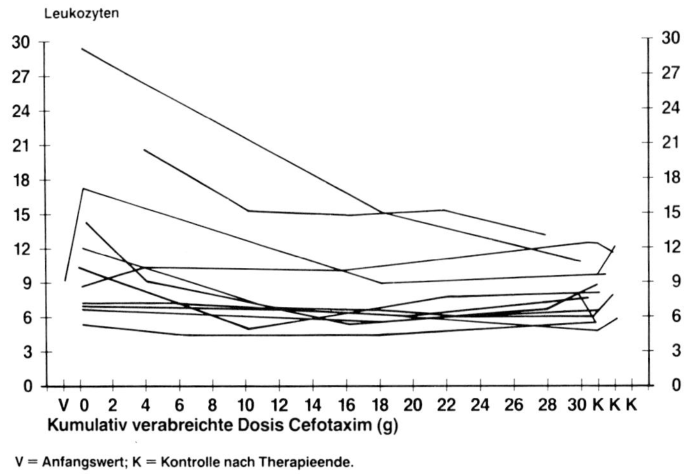


**Abbildung 2:** Verhalten der Leukozytenzahlen unter der Behandlung mit Cefotaxim bei 11 hämodialysierten Patienten

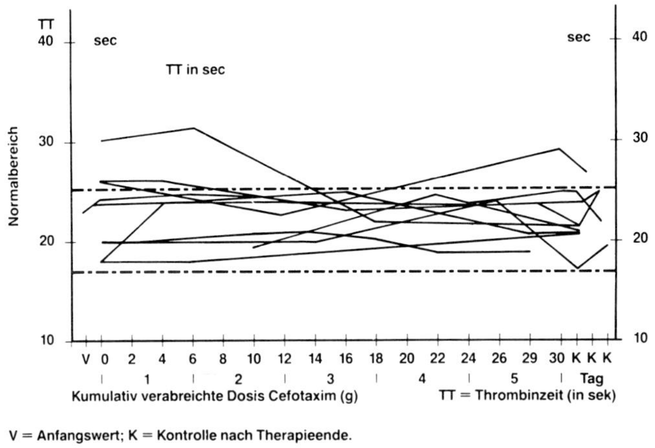


**Abbildung 3:** Verhalten der Thrombinzeit unter der Behandlung mit Cefotaxim bei 11 hämodialysierten Patienten

täglich 2 g Cefotaxim erhalten. Die neurotoxischen Zeichen verschwanden, sobald die Dosis auf 1 g alle 24 Stunden reduziert wurde.

Eine immer wieder gestellte und schwer zu beantwortende Frage ist die Dosierung von Antibiotika bei kontinuierlicher Hämofiltration. Hierzu gibt es eine ausführliche Darstellung von *Kroh* et al (11). Wem es zu umständlich ist, an dieser Stelle nachzulesen, kann bei einiger Vereinfachung davon ausgehen, daß in der Regel Nierenfall Nr. 3 aus Tabelle 4 für diese Patienten zutreffend ist. Tatsächlich wird ja durch die kontinuierliche Hämofiltration eine Nierenleistung erreicht, die etwa einer GFR von 20 ml/min entspricht.

Nun ist die Frage, was geschieht, wenn die Dosierungseinschränkung nicht berücksichtigt wird. Dann tritt die spezifische Toxizität der betreffenden Antibiotika zutage: Bei den Betalaktamantibiotika (Cephalosporine und Penicilline) sind in erster Linie Blutgerinnungsstörungen zu erwarten. Diese sind nur zum Teil durch Vitamin K reversibel. Zu einem Teil handelt es sich auch um thrombozytäre Gerinnungsstörungen. Weiter muß mit Neurotoxizität gerechnet werden. Ein erstes Zeichen hierzu ist ein »flapping tremor« der Hände und eine Reflexsteigerung. Später kommt es dann zu Verwirrtheit, zu Bildern, die an eine Schizophrenie erinnern. Nicht selten werden solche Bilder als Durchgangssyndrom oder Delir fehlgedeutet, zumal es vorkommt, daß die Patienten kleine Tiere sehen. Eine relative Überdosierung der Chinolone dürfte ebenfalls zu neurotoxischen Zeichen führen, doch ist hier die Dosisabhängigkeit nicht so gut untersucht wie bei Penicillinen und Cephalosporinen. Daß Aminoglykoside zu einer Schädigung des Innenohres, des Gleichgewichtsapparates und des Tubulusepithels führen, sei nur der Vollständigkeit halber erwähnt.

Abschließend sei darauf hingewiesen, daß der entscheidende Punkt darin liegt, das Problembewußtsein zu wecken. Der behandelnde Arzt muß daran denken, in diesen Krankheitsfällen anders zu dosieren als im Beipackzettel angegeben ist. Weiterhin muß der Arzt die wichtigsten Nebenwirkungen der Substanzen kennen und geeignete Tabellen und Nachschlagewerke zur Dosisreduzierung zur Hand haben.

## Literatur


1. **Baier, R., D. Furkert, M. Frei, D. Dapper, H. Lange.** 1983. Pharmakokinetik von Cefotaxim bei Patienten unter chronischer Hämodialysebehandlung. Nieren- und Hochdruckkrankheiten, 12: 114–118.
2. **Chodos, J., E. L. Francke, M. Saltzman, H. C. Neu.** 1981. Pharmacokinetics of Intravenous Cefotaxime in Patients Undergoing Chronic Hemodialysis. Ther. Drug Monit.: 71–74.
3. **Daschner, F.** 1990. Antibiotikatherapie am Krankenbett. 5. Auflage, Springer-Verlag, Heidelberg.
4. **Fillastre, J. P., A. Leroy, G. Humbert, M. Godin.** 1980. Pharmacokinetics of Cefotaxime in Subjects with Normal and Impaired Renal Function. J. Antimicrob. Chemother. 6, Suppl. A: 103–111.
5. **Fillastre, J. P., R. M. J. Ings, A. Leroy, M. Godin, G. Humbert.** 1982. Pharmacocinétique de Céfotaxime et de ses Métabolites chez les Malades Insuffisants Rénaux. Néphrologie, 3: 12–18.
6. **Höffler, D.** 1989. Dosierung von Cefotaxim bei eingeschränkter Nierenfunktion. S. 377–383. In Paul-Ehrlich-Gesellschaft/K. Peter, H. Knothe (Hrsg.) Bedeutung der Cephalosporine in der Intensivmedizin. FAC 8–2. Fortschr. antimikr. antineoplast. Chemother. Futuramed Verlag, München.
7. **Höffler, D. T. Wittgens, C. Piper.** 1985. Verträglichkeit hoher Cefotaxim-Dosen bei terminaler Niereninsuffizienz. Diagnostik und Intensivmedizin 10: 16–18.
8. **Höffler, D.** 1984. Pharmakotherapie bei chronischer Niereninsuffizienz. Therapiewoche 34: 6583–6588.
9. **Ings, R. M. J., J. P. Fillastre, M. Godin, A. Leroy, G. Humbert.** 1982. The Pharmacokinetics of Cefotaxime and its Metabolites in Subjects with Normal and Impaired Renal Function. Rev. Infec. Dis. 4, Suppl.: 379.
10. **Kampf, D., K. Borner, M. Möller, M. Kessel.** 1984. Kinetic Interactions Between Azlocillin, Cefotaxime, and Cefotaxime Metabolites in Normal and Impaired Renal Function. Clin. Pharmacol. Ther.: 214–220.
11. **Kroh, U., W. Hofmann, M. Dehne, K. El Abed, H. Lennartz.** 1989. Dosisanpassung von Pharmaka während kontinuierlicher Hämofiltration. Anaesthesist 38: 225–232.
12. **Krück, F. W. Kaufmann, H. Bünte.** 1989. Therapiehandbuch. 3. Auflage. Urban & Schwarzenberg Verlag, München–Wien–Baltimore.
13. **Lang, E.** 1981. Antibiotikatabellen, 5. Auflage. Verlag Medizin-Information, Wien.
14. **Ohkawa, M., K. Kuroda.** 1981. Doses of Antibiotic in Patients with Renal Insufficiency. Clin. Ther. 4, Suppl. A: 124–132.
15. **Pascual, J., F. Liaño, J. Ortuño.** 1990. Cefotaxime-induced Encephalopathy in an Uremic Patient. Nephron 54: 92.
16. **Wolff, H. P., T. R. Weihrauch.** 1990. Internistische Therapie. 8. Auflage. Urban & Schwarzenberg Verlag, München–Wien–Baltimore.
17. **Wright, N., R. Wise.** 1981. Pharmacokinetics and Metabolism of Cefotaxime. Pp. 59–68. In R. P. Mouton (Ed.) Antibacterial Treatment of Infection in the Hospital. Excerpta Medica, Amsterdam.

**FAC** Fortschritte der antimikrobiellen u. antineoplastischen Chemotherapie Band 11–1, 1992 S. 49-60 49
ISSN 0722-7566 ISBN 3-923599-67-6

# Selektive Darmdekontamination – Pro und Contra

B. THÜLIG, U. HARTENAUER

*Westfälische Wilhelms-Universität Münster, Klinik und Poliklinik für Anästhesiologie und Operative Intensivmedizin, Albert-Schweitzer-Straße 33, D-4400 Münster*

Die selektive Darmdekontamination (SDD) ist eine Methode zur Infektionsprophylaxe bei Intensivpatienten und wurde erstmals 1984 durch *STOUTENBEEK* et al. bei dieser Patientengruppe angewendet und beschrieben (24). Einhergehend mit der zunehmenden Verbreitung von SDD in der operativen Intensivmedizin hat sich unter Intensivmedizinern, Mikrobiologen und Krankenhaushygienikern eine lebhafte Diskussion über das Pro und Contra von SDD entwickelt.

Im folgenden werden zunächst das Prinzip von SDD sowie die verwendeten Antibiotika beschrieben und anschließend anhand der vorliegenden Studien die Aspekte bakterielle Trägerschaft und Kolonisation, Infektion, Mortalität, Resistenzentwicklung, Kosten-Nutzen-Analysen und Indikationen kritisch beleuchtet.

## Was ist selektive Darmdekontamination?

SDD stellt eine Methode zur Infektionsprophylaxe bei Intensivpatienten durch Applikation nicht resorbierbarer Antibiotika in den Verdauungskanal dar (24). Auf diese Weise wird eine selektive Elimination von aeroben gramnegativen Stäbchenbakterien (AGNS) wie Enterobacteriaceae und Pseudomonadaceae sowie von Staphylococcus aureus und Pilzen angestrebt. Diese Mikroorganismen gelten als die klinisch bedeutsamsten Erreger hospitalogener Infektionen auf Intensivstationen (8). Die körpereigene, überwiegend anaerobe Mikroflora soll unter SDD weitestgehend geschont werden. Nach tierexperimentellen Untersuchungen von *VAN DER WAAIJ* et al. wird der anaeroben Mikroflora eine bedeutende Rolle bei der Abwehr einer intestinalen Besiedlung durch aerobe gramnegative Stäbchen zugeschrieben (33).

Der Ausdruck »selektive Darmdekontamination« ist aus mehreren Gründen nicht unwidersprochen geblieben. Erstens entfalten die Antibiotika ihre Wirkung nicht nur im Darm, sondern auch im Oropharynx. Zweitens bezieht sich der Begriff Dekontamination im üblichen Sprachgebrauch nur auf die unbelebte Umgebung. Aus diesem Grunde entwickelten sich weitere Bezeichnungen für diese Methode (Tabelle 1) (5, 29, 32). Die genaueste Beschreibung stammt von *LEDINGHAM* et al. (15) und lautet »selective parenteral and enteral antisepsis regimen« (SPEAR). SPEAR beeinhaltet mit »parenteral« als einzigem der aufgeführten Synonyme ein parenteral appliziertes Antibiotikum als essentiellen Bestandteil von SDD. Trotzdem wird im folgenden die Bezeichnung SDD verwandt, da sie am weitesten verbreitet ist.

***Keywords:*** *Selektive Darmdekontamination – Kolonisation – Infektion – Mortalität – Resistenzentwicklung*

**Tabelle 1:** Selektive Darmdekontamination: Synonyme

| | |
|---|---|
| SDD: | *S*elektive *D*arm*d*ekontamination |
| SFS: | *S*elektive *F*lora*s*uppression |
| SBD: | *S*elective *B*owel *D*econtamination |
| SID: | *S*elective *I*ntestinal *D*econtamination |
| SGD: | *S*elective *G*ut *D*econtamination |
| NOGD: | *N*aso-*O*ropharyngeo-*G*astric-*D*ecolonisation |
| SPEAR: | *S*elective *P*arenteral and *E*nteral *A*ntisepsis *R*egimen |

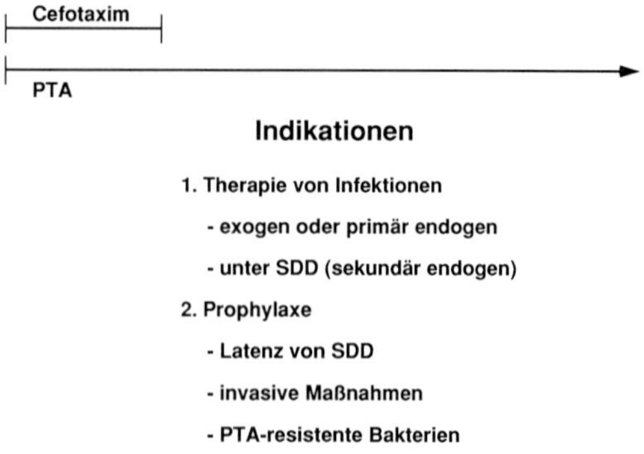


**Abbildung 1:** Theorie der systemischen Kurzzeitprophylaxe

Für SDD sind mittlerweile verschiedene Antibiotikaregime im Einsatz. Die meisten Erfahrungen bestehen mit dem sog. PTA-Regime, auf das im folgenden näher eingegangen wird. PTA steht für Polymyxin E, Tobramycin und Amphotericin B. Diese Antibiotika werden auf zwei verschiedene Weisen appliziert. Eine gut haftende Paste (Carboxymethylcellulose) mit 2% igem PTA wird viermal täglich mit dem behandschuhten Finger oropharyngeal in einer dünnen Schicht aufgetragen. Gleichzeitig wird PTA als Suspension über die Magensonde verabreicht oder dem Patienten zu trinken gegeben. Diese Suspension enthält in 9 ml 100 mg Polymyxin E, 80 mg Tobramycin und 500 mg Amphotericin B. Danach wird die Magensonde für eine Stunde hochgehängt, um ein sofortiges Zurückfließen der Suspension zu verhindern. Diese Behandlung wird bis zur Verlegung des Patienten von der Intensivstation fortgesetzt.

Die überwiegende Anzahl der zum Thema SDD durchgeführten Untersuchungen verwenden für die ersten zwei bis vier Behandlungstage ein parenterales Antibiotikum, die meisten davon Cefotaxim. Die wesentlichen Gründe für dieses Vorgehen sind in Abbildung 1 dargestellt und werden im folgenden erläutert.

*Therapie von Infektionen:* Häufig werden Patienten mit exogenen oder primär endogenen Infektionen auf die Intensivstation aufgenommen. Unter exogener Infektion versteht man eine Infektion durch Bakterien, die direkt, d. h. unter Umgehung des Verdauungskanals, in ein Organ (z. B. die Lunge) eingebracht werden und dort eine Infektion verursachen. Ein Beispiel für einen derartigen Infektionsweg stellt die Bronchopneumonie durch Benutzung eines unsachgemäß aufbereiteten und bakteriell kontaminierten Bronchoskops dar. An einer primär endogenen Infektion sind solche Bakterien beteiligt, die im Verdauungskanal des Patienten primär, d. h. bereits bei Aufnahme auf die Intensivstation, vorhanden sind und in den ersten zwei bis vier Tagen zur Infektion führen. Ein typisches Beispiel für eine primär endogene Infektion bietet der polytraumatisierte Patient: Mikroorganismen im Oropharynx des vormals Gesunden werden durch Aspiration oder bei der endotrachealen Intubation in die tiefen Atemwege verschleppt. Zu diesen Bakterien gehören Staphylococcus aureus, Streptococcus pneumoniae, Haemophilus influenzae und Branhamella catarrhalis (9). Derartige klinisch latente oder manifeste exogene bzw. primär endogene Frühinfektionen werden durch Cefotaxim therapiert, welches die beteiligten

**Tabelle 2:** Effekt der systemischen Kurzzeitprophylaxe mit Cefotaxim in Kombination mit dem PTA-Regime auf die Rate (%) der primären und sekundären Bronchopneumonien (BPI) bei polytraumatisierten Patienten (nach 23)

| | Kontrolle | intestinale Dekontamination | intestinale und oropharyngeale Dekontamination | |
|---|---|---|---|---|
| | | | allein | + Cefotaxim |
| | (n = 59) | (n = 17) | (n = 25) | (n = 63) |
| primäre BPI | 44 | 59 | 52 | 8 |
| sekundäre BPI | 20 | 18 | 0 | 0 |
| Gesamt-BPI | 52 | 59 | 52 | 8 |

Erreger sicher erfaßt (35). Cefotaxim dient außerdem der Therapie sekundär endogener Infektionen. Diese werden durch Bakterien verursacht, die sekundär, d. h. nach Aufnahme auf die Intensivstation, über die Hände von Schwestern, Pflegern und Ärzten in den Verdauungskanal des Patienten gelangen, sich dort vermehren und in der Folgezeit zur Kolonisation und Infektion von Organen führen. In diesen Fällen wird Cefotaxim mit einem Aminoglykosid kombiniert (35).

*Prophylaxe von Infektionen:* Cefotaxim erfüllt im SDD-Konzept außerdem prophylaktische Aufgaben. Es soll initial die nicht resorbierbaren Antibiotika unterstützen, die erst nach zwei bis vier Tagen ihre vollständige Wirkung entfalten. Außerdem ist z. B. bei polytraumatisierten Patienten sofort nach Aufnahme eine Reihe invasiver Maßnahmen wie endotracheale Intubation, Legen von Blasen- und intravaskulären Kathetern sowie Operationen notwendig. Diese Eingriffe werden vor Etablierung des SDD-Effekts durchgeführt und beinhalten ein Infektionsrisiko. Die Gabe von Cefotaxim in dieser Situation entspricht prinzipiell einer systemischen perioperativen Antibiotikaprophylaxe und erfordert in dieser Indikation eine Dauer von nur 24 Stunden. SDD richtet sich überwiegend gegen aerobe gramnegative Stäbchen. Gerade in der Anfangsphase der Intensivtherapie spielen z. B. beim polytraumatisierten Patienten auch grampositive Bakterien wie Staphylokokken und Streptokokken eine wichtige Rolle. Cefotaxim ergänzt somit das gramnegative Spektrum des PTA-Regimes.

Die zwei- bis viertätige systemische Prophylaxe mit Cefotaxim wird kontrovers diskutiert. Viele Experten bezweifeln die Notwendigkeit eines derartigen Vorgehens, zumal hier ein üblicherweise therapeutisch eingesetztes Antibiotikum gewählt wurde. Die Untersuchungen von STOUTENBEEK et al. (23) weisen jedoch – zumindest bei Polytraumatisierten – Cefotaxim als essentiellen Bestandteil von SDD aus (Tabelle 2): In einer Kontrollgruppe mit 59 Patienten betrug die Rate primärer Bronchopneumonien 44%, sekundärer Bronchopneumonien 20% und die Rate der Gesamtpneumonien 52%. Die alleinige intestinale Dekontamination vermochte weder primäre noch sekundäre Pneumonien zu verhindern. Die zusätzliche oropharyngeale Dekontamination führte zur eindeutigen Prophylaxe sekundärer Bronchopneumonien, ließ jedoch die primären Pneumonien unbeeinflußt. Erst die Kombination der intestinalen und oropharyngealen

**Tabelle 3:** Übersicht über Erstautor, Erscheinungsjahr und Studiendesign von 22 SDD-Studien bei Intensivpatienten

| Autor | Jahr | Kontrollgruppe | rando-misiert | doppel-blind |
|---|---|---|---|---|
| STOUTENBEEK | 1984 | retrospektiv | | |
| VAN UFFELEN | 1987 | nein | | |
| UNERTL | 1987 | prospektiv | ja | nein |
| KERVER | 1988 | prospektiv | ja | nein |
| LEDINGHAM | 1988 | prospektiv | nein | nein |
| AERDTS | 1989 | prospektiv | ja | nein |
| BRUN-BUISSON | 1989 | prospektiv | ja | nein |
| COCKERILL | 1989 | prospektiv | ja | nein |
| HÜNEFELD | 1989 | prospektiv | ja | nein |
| KONRAD | 1989 | prospektiv | nein | nein |
| KRAUS | 1989 | nein | | |
| SCHARDEY | 1989 | retrospektiv | | |
| THÜLIG | 1989 | prospektiv | nein | nein |
| ULRICH | 1989 | prospektiv | ja | nein |
| ARENDS | 1990 | prospektiv | ja | nein |
| FLAHERTY | 1990 | prospektiv | ja | nein |
| GODARD | 1990 | prospektiv | nein | ja |
| MCCLELLAND | 1990 | retrospektiv | | |
| RODRIGUEZ | 1990 | prospektiv | ja | nein |
| SYDOW | 1990 | retrospektiv | | |
| TETTEROO | 1990 | prospektiv | ja | nein |
| WIESNER | 1990 | nein | | |

Dekontamination mit der viertägigen Cefotaxim-Gabe senkte die Pneumonierate von über 50% auf 8%.

## Übersicht über SDD-Studien

Inzwischen wurden 22 Studien mit insgesamt 2445 Patienten zum Thema SDD durchgeführt (1–7, 10, 11, 13–16, 20, 21, 24, 27–29, 31, 32, 37, 38). In Tabelle 3 sind die Publikationen zunächst chronologisch nach dem Jahr ihrer Veröffentlichung und dann alphabetisch geordnet. Das Studiendesign ist ebenfalls aufgeführt.

Die meisten Arbeitsgruppen verwendeten das PTA-Regime (14 von 22). In anderen Studien wurde Tobramycin durch Gentamicin ersetzt (PGA-Regime) und außerdem das Amphotericin B durch Nystatin (PGN-Regime). Das PGN-Schema erklärt sich aus der Tatsache, daß Tobramycin und Amphotericin B als orale Applikationsformen in den USA nicht erhältlich sind. Weitere Varianten des ursprünglichen PTA-Regimes sind der Ersatz von Tobramycin durch Norfloxacin bzw. Aztreonam (PNA- bzw. PAA-Regime). Als exotisch sind das PNN-Regime (Polymyxin, Neomycin und Nalidixinsäure) sowie das PTANB-Regime als Kombination des PTA-Schemas mit Neomycin und Bacitracin zu werten. Die Bestandteile der beiden letztgenannten Kombinationstherapien beeinträchtigen auch die körpereigene, überwiegend anaerobe Mikroflora und erfüllen damit nicht die Bedingungen der selektiven Darmdekontamination.

In 12 der 22 SDD-Studien wurde die systemische Kurzzeitprophylaxe mit Cefotaxim durchgeführt, in einer Studie mit Cefotaxim plus Tobramycin und in einer weiteren Studie mit Trimethoprim. In acht der 22 Studien wurde auf eine systemische Antibiotikaprophylaxe verzichtet.

Angesichts der differierenden lokalen und systemischen Antibiotikaregime und Applikationsarten in den SDD-Studien erweist sich eine kritische Würdigung der einzelnen Komponenten als schwierig. So konnte z. B. in der Studie von *Rodriguez-Roldan* durch die ausschließlich oropharyngeal applizierte PTA-Paste eine wirksame Pneumonieprophylaxe erzielt werden (20). Dieses Resultat spricht für die pathogenetische Bedeutung der oropharyngealen mikrobiellen Trägerschaft bzw. für die Notwendigkeit einer effektiven oropharyngealen Dekontamination. Andererseits ist nicht auszuschließen, daß die Vernachlässigung der gastrointestinalen Florasuppression das Risiko von ungehemmtem Bakterienwachstum, Selektion und Resistenzentwicklung im Magen-Darm-Trakt in sich birgt. Außerdem entfällt bei der ausschließlich oropharyngealen Prophylaxe die Möglichkeit einer Verminderung des intestinalen Endotoxinpools, die bei Probanden bereits nachgewiesen wurde (36). Falls sich die Hypothese vom Gastrointestinaltrakt als »Motor« des Multiorganversagens (17) bestätigt, wäre mit SDD eine Prophylaxe bzw. Therapie dieses lebensbedrohlichen Krankheitsbildes zu erwarten. Dieser SDD-Effekt wurde jedoch klinisch bisher nicht nachgewiesen, was möglicherweise mit der protrahiert verlaufenden und inkompletten Darmdekontamination bei paralytischem Ileus zusammenhängt.

Wie die zitierten SDD-Studien zeigen, ist die Notwendigkeit der begleitenden systemischen Kurzzeitprophylaxe nicht eindeutig bewiesen, da auch SDD-Regime ohne parenterales Antibiotikum infektionsprophylaktisch wirksam sind. Die theoretischen Argumente für eine systemische Cefotaxim-Prophylaxe (Abb. 1), die in einigen Publikationen beschriebenen hohen Raten primärer Infektionen sowie die Ergebnisse (Tab. 2) der Groninger Arbeiten über polytraumatisierte Patienten (23) lassen die systemische Prophylaxe zumindest bei polytraumatisierten Patienten als sinnvoll erscheinen, zumal die begleitende lokale Prophylaxe (SDD) das Risiko von Cefotaxim-bedingten Resistenzentwicklungen minimiert.

Zusammenfassend gibt es bisher trotz der außerordentlich heterogenen Studienbedingungen keine eindeutigen klinischen oder mikrobiologischen Unterschiede zwischen den verschiedenen SDD-Konzepten. Dieses mag darin begründet liegen, daß bis heute in nur einer Studie zwei Kombinationstherapien direkt verglichen wurden (12). Das von den Erstautoren beschriebene PTA-Regime in Kombination mit Cefotaxim (24) gilt jedoch als am besten untersucht und als Standard.

## Mikrobielle Trägerschaft, Kolonisation und Infektion

Einer der wenigen Effekte von SDD, die nicht kontrovers diskutiert werden, ist die Verminderung von oropharyngealer und gastrointestinaler Trägerschaft sowie von Kolonisation (physiologischerweise steriler) Organe mit aeroben gramnegativen Stäbchen (AGNS). Bis auf eine Arbeit (3) wird in sämtlichen Studien, in denen mikrobielle Trägerschaft bzw. Kolonisation gemessen wurde, eine Reduktion der oropharyngealen und intestinalen Trägerschaft sowie der trachealen Kolonisation durch AGNS mitgeteilt. Dieser Effekt von SDD wird im folgenden anhand einer Studie (29) exemplarisch dargestellt.

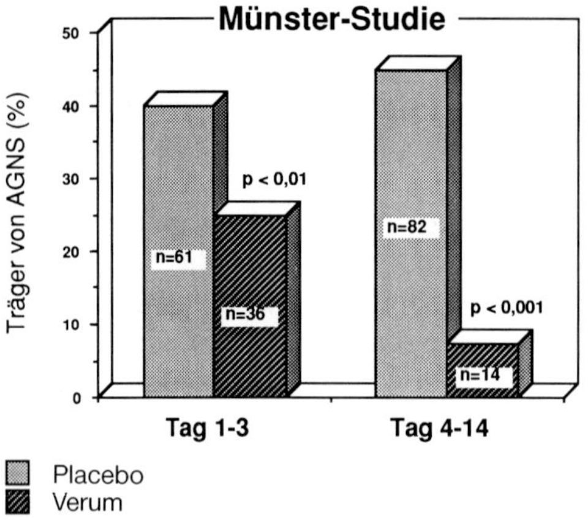


**Abbildung 2:** Signifikante Reduktion der oropharyngealen Trägerschaft von aeroben gramnegativen Stäbchenbakterien (AGNS) in der Verumgruppe an den Tagen 1–3 und 4–14

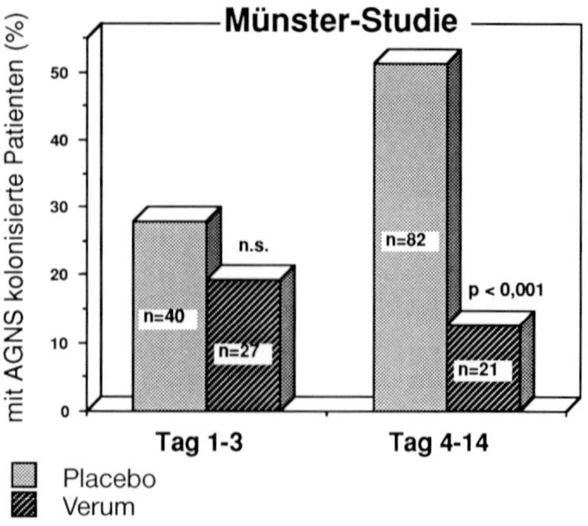


**Abbildung 3:** Signifikante Reduktion der tracheobronchialen Kolonisation mit aeroben gramnegativen Stäbchenbakterien (AGNS) in der Verumgruppe an den Tagen 4–14

Bei gleichen Ausgangswerten kam es in der Verumgruppe schon innerhalb der ersten drei Tage oropharyngeal zu einer signifikanten Reduktion der Trägerschaft von AGNS; an den Tagen 4–14 wurde dieser Unterschied hochsignifikant (Abb. 2). Als Folge der reduzierten bakteriellen Trägerschaft im Verdauungskanal nahm auch die Kolonisation des Tracheobronchialbaums mit AGNS ab. Diese Reduktion setzte im Vergleich zum Oropharynx etwas verzögert ein: Die Besiedlung der unteren Atemwege durch AGNS war in den ersten drei Tagen noch nicht signifikant vermindert, an den Tagen 4–14 jedoch hochsignifikant (Abb. 3).

In 20 der 22 Studien werden signifikant verminderte Infektionsraten beschrieben. Diese liegen unter SDD zwischen 6% (1, 13, 31) und 39% (11). Diese Differenzen müssen auf die unterschiedlichen Studienbedingungen zurückgeführt werden. Am eindrucksvollsten manifestiert sich der Effekt von SDD bei den nosokomialen Bronchopneumonien. In der Münsteraner Studie (29) wurden die Pneumonieraten sowohl auf der Intensivtherapiestation (ICU) I (kardio- und neurochirurgische Patienten) als auch auf der Intensivtherapiestation II (polytraumatisierte und allgemeinchirurgische Patienten) von 45% auf 10% reduziert (Abb. 4). Dieses Ergebnis entspricht dem anderer Studien. Die Reduktion von Harnwegs- und Wundinfektionen sowie Septikämien unter SDD ist weniger eindeutig und nur in einem Teil der Studien nachweisbar. Ursachen sind möglicherweise die geringe Inzidenz von Harnwegsinfektionen in den Kontrollgruppen oder das Vorherrschen von Septikämien durch Staphylococcus epidermidis, die naturgemäß durch SDD nicht beherrschbar sind.

Zusammenfassend stellt SDD eine mikrobiologisch und klinisch eindeutig wirksame Methode zur Prophylaxe schwerer nosokomialer Infektionen dar.

## SDD und Mortalität

Angesichts der signifikanten Reduktion schwerer Infektionen wie nosokomiale

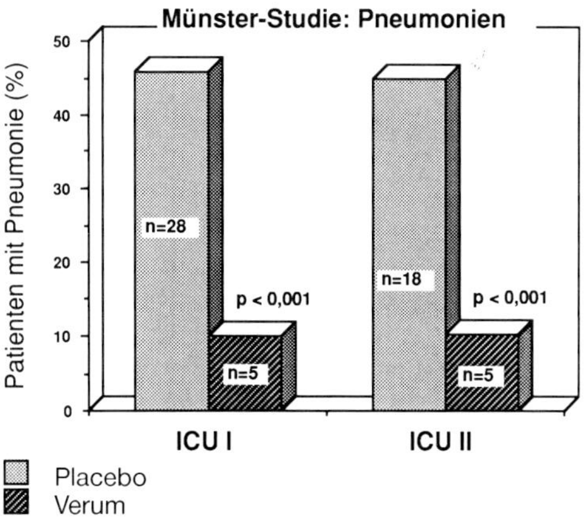


**Abbildung 4:** Signifikante Reduktion von Infektionsraten auf den Intensivtherapiestationen (ICU) I und II am Beispiel der nosokomialen Pneumonie

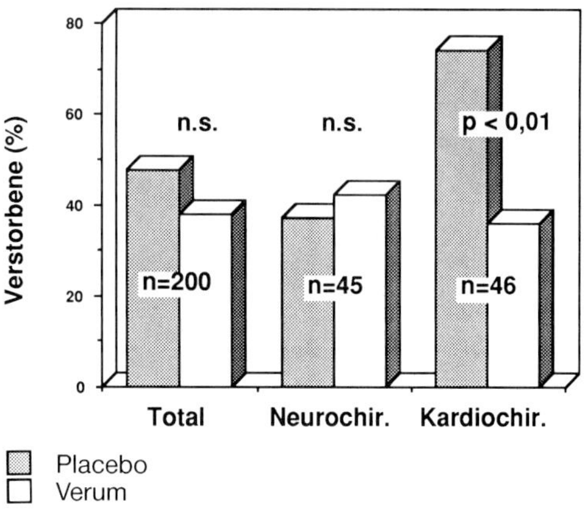


**Abbildung 5:** Mortalität unter SDD (Münster-Studie). Die Mortalität kardiochirurgischer Patienten mit postoperativen Komplikationen wird durch SDD signifikant reduziert

Bronchopneumonien ist prima vista eine Reduktion der Mortalität durch SDD zu erwarten. Dieser Annahme liegt die Vorstellung zugrunde, daß Infektionen per se häufige Todesursachen auf Intensivtherapiestationen sind. Von den 22 SDD-Studien gibt es in zehn Arbeiten Angaben zur Mortalität. In nur sechs dieser Untersuchungen wir jedoch über eine signifikante Abnahme der Sterblichkeit berichtet (10, 11, 15, 21, 30, 31).

Dabei handelt es sich in zwei Fällen um eine statistisch nicht zulässige post hoc-Stratifizierung (15, 30). In nur zwei Arbeiten wird eine Reduktion der infektionsbezogenen Mortalität registriert (11, 31). Es stellt sich die Frage, wie dieses Ergebnis zu beurteilen ist.

Zur Diskussion dieses Problems werden wiederum die Ergebnisse der Münsteraner Studie (29) herangezogen (Abb. 5). In der Gesamtgruppe (n = 200) war die Mortalität in Placebo- und Verumgruppe zwar leicht, jedoch nicht statistisch signifikant unterschiedlich. Betrachtet man jedoch die Untergruppen neurochirurgischer und kardiochirurgischer Patienten, dann erklärt sich die leichte Abnahme der Mortalität in der Gesamtgruppe aus der signifikanten Reduktion der allerdings sehr hohen Sterblichkeit in der Gruppe kardiochirurgischer Patienten (30). Die hohe Mortalität in der Placebogruppe kardiochirurgischer Patienten hat ihre Ursache in einer negativen Auslese, denn nur Patienten mit postoperativen Komplikationen, die mindestens drei Tage beatmet werden mußten und mindestens fünf Tage intensivtherapiepflichtig waren, wurden in die Studie aufgenommen.

Der Effekt von SDD auf die Mortalität scheint somit abhängig von der Prognose der Grundkrankheit zu sein. Wie das Beispiel neurochirurgischer Patienten mit schwerem Schädelhirntrauma aus der o.g. Studie (Abb. 5) zeigt, verstarben Patienten mit schlechter Prognose quoad vitam innerhalb von 14 Tagen an ihrer Grundkrankheit. Derartige Patienten profitieren von keiner Infektionsprophylaxe. Sterben jedoch Patienten mit guter Prognose quoad vitam (Beispiel: Patienten nach kardiochirurgischen Eingriffen), ist eine schwere nosokomiale Infektion häufige Todesursache. Diese Patienten würden wahrscheinlicher mit einer effektiven Infektionsprophylaxe überleben.

Keine der bisherigen SDD-Studien war als Studie mit dem Untersuchungskriterium Mortalität angelegt. Eine entsprechende Fragestellung erfordert eine multizentrische Studie mit homogenem Patientengut, welches durch eine Grundkrankheit mit guter Überlebenswahrscheinlichkeit charakterisiert ist. Erst eine derartige Studie wird Licht in den Zusammenhang von Infektion bzw. Infektionsprophylaxe und Mortalität bringen.

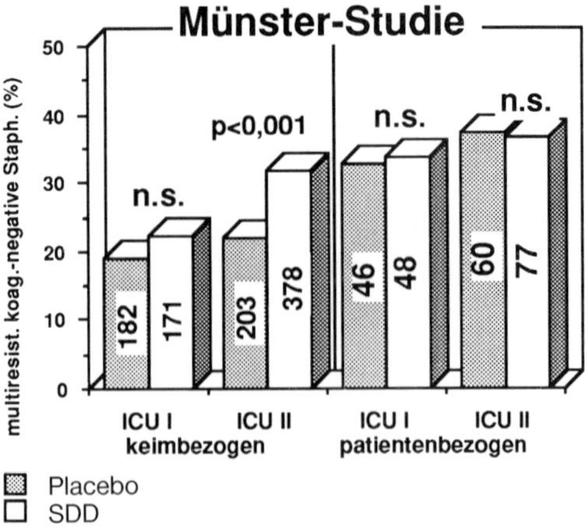


**Abbildung 6:** Abhängigkeit der Ergebnisse zur Resistenzsituation von der Analysenmethode am Beispiel der Koagulase-negativen Staphylokokken

## SDD und Resistenzentwicklung

Besondere Bedeutung bei der Anwendung von SDD kommt dem Problem der Resistenzentwicklung gegen die beteiligten Antibiotika zu. Negative Erfahrungen mit einem unkritischen prophylaktischen Einsatz von Antibiotika in den 70er Jahren mündeten in das noch heute allgemein akzeptierte Konzept der restriktiven Antibiotikapolitik. Danach ist wegen der Gefahr von Resistenzentwicklungen eine antimikrobielle Infektionsprophylaxe in der Intensivmedizin nicht indiziert. Der anachronistisch erscheinende Einsatz von in der Therapie verwendeten Antibiotika wie Cefotaxim und Tobramycin zur Infektionsprophylaxe bei Intensivpatienten weckt somit berechtigte Befürchtungen hinsichtlich einer Selektion resistenter Stämme.

Theoretisch muß immer dann mit Resistenzentwicklungen gerechnet werden, wenn aerobe gramnegative Stäbchen und Staphylococcus aureus durch SDD nicht vollständig eliminiert werden, denn nur durch die komplette oropharyngeale und gastrointestinale Dekontamination ist einer Selektion resistenter Stämme vorzubeugen. Ein weiteres theoretisches Risiko ist durch das Wirkungsspektrum von PTA gegeben, welches die grampositive Kokken nur unzureichend erfaßt.

Hinweise auf Resistenzentwicklungen unter SDD liefern jedoch nur drei Studien (2, 13, 19). Die vorläufigen Daten von *Arends* et al. sind bisher nur einem Abstract zu entnehmen (2). Die Resistenzanalyse der beiden anderen Studien (13, 19) wurde nicht optimal durchgeführt. In die Auswertung gingen z.B. die sog. »copy strains« mit ein. Das Problem der »copy strains« wird wiederum anhand der Münsteraner Studie (29) erläutert. Abbildung 6 veranschaulicht die vermeintliche Entwicklung Oxacillin-, Cefotaxim- und Tobramycin-resistenter Koagulase-negativer Staphylokokken. Wertet man die Daten keimbezogen aus – d.h. jeder Nachweis von multiresistenten Staphylokokken pro Patient wird gezählt – entsteht das falsche Bild einer Resistenzentwicklung auf der Intensivstation II. Im Gegensatz dazu wird bei der patientenbezogenen Auswertung jeder multiresistente Stamm pro Entnahmeort pro Patient nur einmal gezählt. Auf diese Weise werden die sog. »copy strains« eliminiert, und die Unterschiede zwischen Placebo- und Verumgruppe sind weder auf der

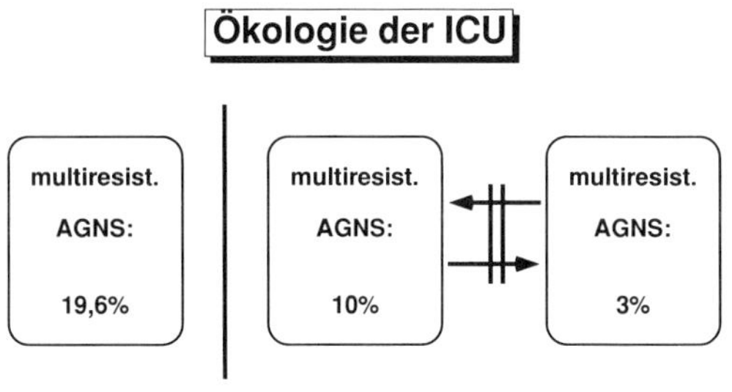


**Abbildung 7:** Einfluß der intestinalen Dekontamination auf die ökologische Situation der Intensivtherapiestation (ICU). In der Kontrollgruppe waren 19,6% der Patienten Träger von aeroben gramnegativen Stäbchenbakterien (AGNS). Unter intestinaler Dekontamination sank dieser Anteil sowohl in der behandelten Test- als auch in der nicht behandelten Kontrollgruppe signifikant auf 3 bzw. 10% (nach 3)

Intensivtherapiestation I noch auf der Intensivtherapiestation II signifikant.

Bisher konnte in keiner Studie die klinische Relevanz von Resistenzentwicklung unter SDD gezeigt werden (34). Aminoglykosid-resistente Enterokokken, Methicillin-resistente Staphylokokken oder Cefotaxim-resistente Pseudomonas spp. stellen z. B. therapeutisch kein Problem dar, solange sie gegenüber adäquaten Antibiotika wie Ampicillin, Vancomycin bzw. Anti-Pseudomonas-Antibiotika empfindlich bleiben.

*Stoutenbeek* et al., die über die längste Erfahrung mit SDD verfügen, haben über einen Zeitraum von 30 Monaten keine Zunahme Cefotaxim- bzw. Tobramycin-resistenter Stämme beobachtet (26). Dieses positive Ergebnis, welches in anderen SDD-Studien bestätigt wurde, erklärt sich aus der hochdosierten Gabe gegen AGNS Stäbchen synergistisch wirkender Antibiotika in Kombination mit einem grampositive Kokken und AGNS erfassenden systemischen Antibiotikum.

Eine interessante Untersuchung über die Kontrolle einer Endemie mit multiresistenten aeroben gramnegative Stäbchen – vorwiegend Klebsiella pneumoniae – auf einer internistischen Intensivtherapiestation wurde von *Brun-Buisson* et al. veröffentlicht (3). Vor Beginn der intestinalen Dekontamination waren 19,6% von 124 Patienten Träger multiresistenter aerober gramnegativer Stäbchen. Daraufhin wurden 36 Patienten für die Dauer ihres Aufenthaltes auf der Intensivstation intestinal mit einer Kombination aus Polymyxin E, Neomycin und Nalidixinsäure behandelt (PNN-Regime). Als Kontrollgruppe dienten 50 Patienten (Abb. 7). Durch dieses Antibiotikaregime konnten die multiresistenten Stämme in beiden Gruppen auf 3% bzw. auf 10% reduziert werden, obwohl nur eine Gruppe die Antibiotikaprophylaxe erhielt. Aus diesem Ergebnis können zwei Schlußfolgerungen gezogen werden: Erstens steht mit SDD der Intensivmedizin ein effektives Instrument zur Prophylaxe und Therapie von Resistenzentwicklungen zur Verfügung. Zweitens hat SDD einen positiven Effekt auf die Mikroökologie der Intensivstationen. Die Gefahr von Kreuzkolonisation und -infektion durch aerobe gramnegative Stäbchen wird minimiert.

## SDD: Kosten-Nutzen-Analyse

Bis heute liegt keine systematische Kosten-Nutzen-Analyse von SDD vor. Am Beispiel des PNA-Regimes (Polymyxin, Norfloxacin und Amphotericin B) wurden von *Aerdts* et al. (1) die Kosten von SDD ansatzweise berechnet (Tab. 4). Die finanziellen Aufwendungen für die systemische Antibiotikatherapie wurden unter SDD halbiert. Zu diesen Kosten müssen in der SDD-Gruppe die Aufwendungen für lokal applizierte Antibiotika sowie für Cefotaxim addiert werden. Die Summe von US $ 879 für alle Antibiotika lag unter derjenigen der Kontrollgruppe.

**Tabelle 4:** Mittlere Kosten von SDD pro Patient in US $ am Beispiel des PNA-Regimes (Polymyxin E, Norfloxacin, Amphotericin B) (nach 1)

| Kostenfaktoren | Kontrolle | PNA-Regime |
|---|---|---|
| – Systemische Antibiotikatherapie | 920 | 450 |
| – PNA + Cefotaxim | – | 429 |
| Antibiotika total | 920 | 879 |
| – Mikrobiologie | 288 | 210 |
| Total | 1208 | 1089 |
| – Krankenhauskosten | 29197 | 26903 |

Aufgrund der geringeren Häufigkeit positiver mikrobiologischer Befunde nahmen in der SDD-Gruppe auch die Kosten für mikrobiologische Untersuchungen ab. Damit lagen die Aufwendungen für Antibiotikatherapie und mikrobiologische Untersuchungen in der SDD-Gruppe um etwa 10% unter den Kosten der Kontrollgruppe. Da sich die mittlere Liegedauer in Kontroll- und PNA-Gruppe nicht signifikant unterschied, waren die Krankenhauskosten – berechnet nach den entsprechenden Tagessätzen – in beiden Gruppen etwa gleich hoch.

Eine signifikante Reduktion der systemischen Antibiotikatage wird auch in anderen Studien mitgeteilt (6, 11, 15, 25, 28). *Miranda* et al. schätzen die Kostenersparnis durch SDD auf US $ 485000 pro Jahr (18).

Der hauptsächliche Nutzen von SDD liegt in der Möglichkeit, eine abnorme Trägerschaft des Intensivpatienten mit aeroben gramnegativen Stäbchen, Staphylococcus aureus und Pilzen sicher zu verhindern. Dadurch werden klinisch relevante Komplikationen der Intensivtherapie wie schwere nosokomiale Infektionen weitestgehend verhindert. Selbst wenn sich in den geplanten multizentrischen SDD-Studien zeigen sollte, daß eine Reduktion der Mortalität durch SDD nicht möglich ist, hat eine effektive Infektionsprophylaxe ihren Stellenwert in der Intensivmedizin, da neben schweren Infektionen auch deren Folgeerscheinungen wie Organversagen bzw. deren Residuen verhindert werden können. Zusammenfassend bringt SDD einen Nutzen für die Patienten bei keinen – oder nur geringen – Extrakosten.

## Indikationen für SDD

Obwohl diejenigen Patientengruppen, die von SDD profitieren, noch nicht ausreichend definiert sind, kommen fünf Indikationen in Betracht:

1. Polytraumatisierte Patienten profitieren erwiesenermaßen hinsichtlich infektiöser Morbidität und Mortalität von SDD (15, 23).
2. Das Risiko nosokomialer Bronchopneumonien unter Langzeitbeatmung ist hinreichend bekannt. Letztendlich werden nur Patienten mit relativ guter Prognose quoad vitam von SDD profitieren (1, 4, 6, 7, 10, 11, 13–16, 20, 21, 27, 29, 31, 32, 37).
3. Die nicht kontrollierte Studie von *Wiesner* spricht für eine Indikation bei der Lebertransplantation (38).
4. Wie die Untersuchung von *Brun-Buisson* et al. zeigt, vermag SDD Resistenzprobleme auf Intensivstationen zu lösen (3).
5. Der präoperative Beginn von SDD bei

großen chirurgischen Eingriffen bzw. bei Patienten mit besonders hohem perioperativen Infektionsrisiko ist theoretisch sinnvoll (22). Die Untersuchung von *Tetteroo* et al. (28) über den präoperativen Beginn von SDD bei oesophaguschirurgischen Patienten erscheint erfolgversprechend, muß allerdings durch weitergehende Studien bestätigt werden.

Die endgültige Beschreibung von Indikationsgruppen für SDD erfordert jedoch weitere große, prospektive, multizentrisch durchzuführende Untersuchungen mit adäquatem Studiendesign. Auf der Basis derartiger Studien wird es möglich sein, Patientenkollektive zu definieren, die einer Langzeitbeatmung bedürfen, nicht ihrer Grundkrankheit erliegen und von einer effektiven Infektionsprophylaxe durch SDD hinsichtlich infektiöser Morbidität und Mortalität profitieren.

## Literatur

1. **Aerdts, S. J. A., R. van Dalen, H. A. L. Clasener, J. Festen, H. J. J. van Lier, E. J. Vollaard.** 1989. Prevention of Lower Respiratory Tract Infection in Mechanically Ventilated Patients. Habilitationsschrift Rijksuniversiteit Limburg te Maastricht.
2. **Arends, J. P., S. Nair, D. R. Miranda, D. van der Waaij.** 1990. Colonisation and Infection Rate in Patients on Selective Decontamination of the Digestive Tract (SDD) in a General Surgical Intensive Care: A Preliminary Evaluation (Abstract). Intensive Care Med. 16, Suppl. 1: 33.
3. **Brun-Buisson, C., P. Legrand, A. Rauss, C. Richard, F. Montravers, M. Besbes, J. L. Meakins, C. J. Soussy, F. Lemaire.** 1989. Intestinal Decontamination for Control of Nosocomial Multiresistant Gram-Negative Bacilli. Ann. Intern. Med. 110: 873–881.
4. **Cockerill, F. R., S. M. Muller, J. P. Anhalt, R. L. Thompson.** 1989. Reduction of Nosocomial Infections by Selective Digestive Tract Decontamination (SDD) in the ICU (Abstr.). 29th ICAAC: 232.
5. **Flaherty, J., S. A. Kabins, R. A. Weinstein.** 1989. New Approaches to the Prevention of Infection in Intensive Care Unit Patients. S. 184–188. In H. K. F. van Saene, C. P. Stoutenbeek, P. Lawin, I. M. Ledingham (Hrsg.) Infection Control by Selective Decontamination. Springer, Berlin–Heidelberg–New York–London–Paris–Tokyo.
6. **Flaherty, J., C. Nathan, S. A. Kabins, R. A. Weinstein.** 1990. Pilot Trial of Selective Decontamination for Prevention of Bacterial Infection in an Intensive Care Unit. J. Infec. Dis. 162: 1393–1397.
7. **Godard, J., C. Guillaume, M. E. Reverdy, P. Bachmann, B. Bui-Xuan, A. Nageotte, J. Motin.** 1990. Intestinal Decontamination in a Polyvalent ICU. A Double Blind Study. Intensive Care Med. 16: 307–311.
8. **Hartenauer, U., W. Diemer, R. Gähler, W. Ritzerfeld.** 1990. Nosokomiale Infektionen in der operativen Intensivmedizin – Ergebnisse einer 5jährigen prospektiven Erhebung. Anästh. Intensivther. Notfallmed. 25: 93–101.
9. **Hartenauer, U., H. K. F. van Saene, B. Thülig.** 1989. Kolonisation und Infektion. S. 7.01–7.20. In P. Lawin (Hrsg.) Praxis der Intensivbehandlung. Thieme, Stuttgart.
10. **Hünefeld, G.** 1989. Klinische Studie zur selektiven Darmdekontamination bei 204 langzeitbeatmeten abdominal- und unfallchirurgischen Intensivpatienten. Anaesthesiol. Reanimat. 14: 131–153.
11. **Kerver, A. J. H., J. H. Rommes, E. A. E. Mevissen-Verhage, P. F. Hulstaert, A. Vos, J. Verhoef, P. Wittebol.** 1988. Prevention of Colonization and Infection in Critically Ill Patients: A Prospective Randomized Study. Crit. Care Med. 16: 1087–1093.
12. **Konrad, F., A. Deller, K. Heeg, H. Graf, F. Ahnefeld.** 1989. Kolonisationsprophylaxe zur Reduzierung nosokomialer Pneumonien langzeitbeatmeter Patienten – Vergleich zweier Regime (Abstract). Anaesthesist 38: 350.
13. **Konrad, F., B. Schwalbe, K. Heeg, H. Wagner, H. Wiedeck, J. Kilian, F. W. Ahnefeld.** 1989. Kolonisations-, Pneumoniefrequenz und Resistenzentwicklung bei langzeitbeatmeten Intensivpatienten unter selektiver Dekontamination des Verdauungstraktes. Anaesthesist 38: 99–109.
14. **Kraus, B., A. Kimmel, E. Beyer, N. Bleese, G. Karlizek.** 1989. Selektive Darmdekontamination (SDD) bei langzeitbeatmeten herzchirurgischen Patienten. Anaesthesist 38, Suppl. 1: 87.
15. **Ledingham, I. M., S. R. Alcock, A. T. Eastaway, J. C. McDonald, I. C. McKay, G. Ramsay.** 1988. Triple Regimen of Selective Decontamination of the Digestive Tract, Systemic Cefotaxime, and Microbiological Surveillance for Prevention of Acquired Infection in Intensive Care. Lancet I: 785–790.
16. **McClelland, P., A. E. Murray, P. S. Williams, H. K. F. Van Saene, A. A. Gilbertson, S. M. Mostafa, J. M. Bone.** 1990. Reducing Sepsis in Severe Combined Acute Renal and Respiratory Failure by Selective Decontamination of the Digestive Tract. Crit. Care Med. 18: 935–939.
17. **Meakins, J. L., J. C. Marshall.** 1986. The Gastroin-

testinal Tract: The »Motor« of Multiple Organ Failure. Arch. Surg. 121: 197–201.

18. **Miranda, D. R., H. K. F. van Saene, C. P. Stoutenbeek, D. F. Zandstra.** 1983. Environment and Costs in Surgical Intensive Care Unit. The Implication of Selective Decontamination of the Digestive Tract (SDD). Acta Anaesthesiol. Belg. 3: 223–232.
19. **Nau, R., R. Rüchel, H. Mergerian, U. Wegener, T. Winkelmann, H. W. Prange.** 1990. Emergence of Antibiotic Resistant Bacteria During Selective Decontamination of the Digestive Tract. J. Antimicrob. Chemother. 25: 881–883.
20. **Rodriguez-Roldan, J., A. Altuna-Cuesta, A. Lopez, A. Carrillo, J. Garcia, J. Leon, A. Martinez-Pellus.** 1990. Prevention of Nosocomial Lung Infection in Ventilated Patients: Use of an Antimicrobial Pharyngeal Nonabsorbable Paste. Crit. Care Med. 18: 1239–1242.
21. **Schardey, M., G. Meyer, M. Kern, R. Marre, G. Hohlbach, F. W. Schildberg.** 1989. Die nosokomiale Lungeninfektion: Präventive Maßnahmen bei chirurgischen Intensivpatienten. Intensivmed. 26: 242-249.
22. **Stoutenbeek, C. P., H. K. F. van Saene.** 1990. How to Improve Infection Prevention by Selective Decontamination of the Digestive Tract (SDD). Infection 18, Suppl. 1: S10–S13.
23. **Stoutenbeek, C. P., H. K. F. van Saene, D. F. Miranda, D. F. Zandstra, D. Langrehr.** 1987. The Effect of Oropharyngeal Decontamination Using Topical Non-absorbable Antibiotics on the Incidence of Nosocomial Respiratory Tract Infections in Multiple Trauma Patients. J. Trauma 27: 357–364.
24. **Stoutenbeek, C. P., H. K. F. van Saene, D. R. Miranda, D. F. Zandstra.** 1984. The Effect of Selective Decontamination of the Digestive Tract on Colonization and Infection Rate in Multiple Trauma Patients. Intensive Care Med. 10: 185–192.
25. **Stoutenbeek, C. P., H. K. F. van Saene, D. R. Miranda, D. F. Zandstra, B. Binnendijk.** 1984. The Prevention of Superinfections in Multiple Trauma Patients. J. Antimicrob. Chemother. 14: 203–211.
26. **Stoutenbeek, C. P., H. K. F. van Saene, D. F. Zandstra.** 1987. The Effect of Oral Nonabsorbable Antibiotics on the Emergence of Resistant Bacteria in Patients in an Intensive Care Unit. J. Antimicrob. Chemother. 19: 513–520.
27. **Sydow, M., H. Burchardi, T. Crozier, R. Rüchel, C. Busse, W. Seyde.** 1990. Einfluß der selektiven Dekontamination auf nosokomiale Infektionen, Erregerspektrum und Antibiotikaresistenz bei langzeitbeatmeten Intensivpatienten. Anästh. Intensivther. Notfallmed. 25: 416–423.
28. **Tetteroo, G. W. M., J. H. T. Wagenvoort, A. Castelein, H. W. Tilanus, C. Ince, H. A. Bruining.** 1990. Selective Decontamination to Reduce Gram-negative Colonisation and Infections after Oesophageal Resection. Lancet 335: 704–707.
29. **Thülig, B., U. Hartenauer, W. Diemer, P. Lawin, W. Fegeler, R. Kehrel, W. Ritzerfeld.** 1989. Selektive Florasuppression zur Infektionskontrolle in der operativen Intensivmedizin. Anästh. Intensivther. Notfallmed. 24: 345–354.
30. **Thülig, B., U. Hartenauer, W. Fegeler, P. Lawin.** 1989. Effektive Infektionskontrolle durch selektive Darmdekontamination (SDD) bei thoraxchirurgischen Intensivpatienten. Anaesthesist 38, Suppl.: 352.
31. **Ulrich, C., J. E. Harinck-de Weerd, N. C. Bakker, K. Jacz, L. Doornbos, V. A. de Ridder.** 1989. Selective Decontamination of the Digestive Tract with Norfloxacin in the Prevention of ICU-Acquired Infections: A Prospective Randomized Study. Intensive Care Med. 15: 424–431.
32. **Unertl, K., G. Ruckdeschel, H. K. Selbmann, U. Jensen, H. Forst, F. P. Lenhart, K. Peter.** 1987. Prevention of Colonization and Respiratory Infections in Long-term Ventilated Patients by Local Antimicrobial Prophylaxis. Intensive Care Med. 13: 106–113.
33. **Van der Waaij, D., J. M. Berghuis-de Vries, J. E. C. Lekkerkerk-van der Wees.** 1971. Colonization Resistance of the Digestive Tract in Conventional and Antibiotic Treated Mice. J. Hyg. 69: 405–411.
34. **Van Saene, H. K. F., C. P. Stoutenbeek, D. F. Zandstra.** 1988. Cefotaxime Combined with Selective Decontamination in Longterm Intensive Care Unit Patients. Virtual Absence of Emergence of Resistance. Drugs 35, Suppl. 2: 29–34.
35. **Van Saene, H. K. F., B. Thülig, U. Hartenauer.** 1989. Antibiotikatherapie in der Intensivmedizin. S. 13.1–13.8. In P. Lawin (Hrsg.) Praxis der Intensivbehandlung. Thieme, Stuttgart.
36. **Van Saene, J. J. M., C. P. Stoutenbeek, H. K. F. van Saene.** 1989. Significant Reduction of Faecal Endotoxin Pool by Oral Polymyxin E and Tobramycin in Human Volunteers. S. 128–134. In H. K. F. van Saene, C. P. Stoutenbeek, P. Lawin, I. M. Ledingham (Hrsg.) Update in Intensive Care and Emergency Medicine. Infection Control by Selective Decontamination. Springer, Berlin–Heidelberg–New York–London–Paris–Tokyo.
37. **Van Uffelen, R., J. H. Rommes, H. K. F. van Saene.** 1987. Preventing Lower Airway Colonization and Infection in Mechanically Ventilated Patients. Crit. Care Med. 15: 99–102.
38. **Wiesner, R. H.** 1990. The Incidence of Gram-negative Bacterial and Fungal Infections in Liver Transplant Patients Treated with Selective Decontamination. Infection 18, Suppl. 1: S19–S21.

**FAC** Fortschritte der antimikrobiellen u. antineoplastischen Chemotherapie Band 11–1, 1992 S. 61-67 61
ISSN 0722-7566 ISBN 3-923599-67-6

# Neue Therapiestrategien bei Sepsis und septischem Schock

C. WIEGAND-LÖHNERT, K. REINHART

*Klinik für Anästhesiologie und operative Intensivmedizin, Universitätsklinikum Steglitz, Freie Universität Berlin, Hindenburgdamm 30, D-1000 Berlin 45*

Vor allem aus den USA wird berichtet, daß die Inzidenz der Sepsis in den letzten Jahren deutlich zugenommen hat; dort sind septischer Schock und Multiorganversagen inzwischen die häufigsten Todesursachen auf vielen Intensivstationen (22, 38).

Die Letalität durch Sepsis ließ sich in den letzten Jahrzehnten nicht entscheidend senken. Sie beträgt je nach untersuchtem Kollektiv und Ausprägung der das Sepsis-Syndrom bestimmenden Krankheitserscheinung zwischen 30 und 70%. Die Letalität ist bei den Patienten am höchsten, die einen septischen Schock entwickeln (5, 42, 43, 55).

## Therapiestrategien

### Etablierte Therapiestrategien

Etablierte kausale Therapiestrategien bei Sepsis sind antimikrobielle Therapie, chirurgische Fokussanierung und das Entfernen infizierten Fremdmaterials. Eine herausragende Bedeutung in der Therapie der Sepsis und des septischen Schocks hat außerdem die Schocktherapie, deren Zielgrößen die Optimierung des Sauerstofftransportes und die Verbesserung der Gewebeoxygenierung sind, sowie der vorübergehende partielle oder totale Organersatz (Beatmung, Hämofiltration, Dialyse, extrakorporale $CO_2$-Elimination etc.) bei Entwicklung eines Multiorganversagens.

Die Wirksamkeit dieser Maßnahmen ist durch tierexperimentelle und klinische Untersuchungen belegt (23, 38, 40). Allerdings sind klinische Studien nur schwer durchführbar, da die Notwendigkeit eines sofortigen Therapiebeginns es häufig unmöglich macht, Krankheitsphänomene von therapieinduzierten Veränderungen abzugrenzen (38). Mit all diesen Therapieansätzen gelingt es aber nur bei einem Teil der Patienten, die Progredienz der Erkrankung aufzuhalten – trotz immenser Fortschritte in der Intensivmedizin und der Entwicklung immer potenterer Chemotherapeutika.

### Mißerfolge »neuer« Therapiestrategien

Über Jahre gelang es trotz zahlreicher Bemühungen zunächst nicht, das therapeutische Instrumentarium um Prinzipien zu erweitern, die kausal in das pathophysiologische Geschehen bei der Sepsis eingreifen. Nach erfolgversprechenden Ergebnissen von Tier-

***Keywords:*** *Sepsis – gramnegative Bakterien – Endotoxin – Tumornekrosefaktor – Antikörpertherapie*

versuchen wurden mehrere Jahre beispielsweise große Hoffnungen in die Gabe hochdosierter Steroide gesetzt. Drei Placebokontrollierte, prospektive Studien (5, 20, 42) bei insgesamt über 650 Patienten führten aber zu einem ernüchternden Ergebnis: Es zeigten sich nicht nur keine Unterschiede bezüglich der Letalität zwischen Therapie- und Kontrollgruppen, sondern sogar eine höhere Mortalität in bestimmten Subkollektiven der mit Glukokortikoiden behandelten Patienten.

Die Diskrepanz zwischen tierexperimentellen Studien und den Interventionsstudien bei Patienten ist nach *Beutler* und *Cerami* (4) unter anderem darauf zurückzuführen, daß Glukokortikoide ihre Wirkung bei der Sepsis über die Hemmung der Synthese von Tumornekrosefaktor (TNF) entfalten. TNF gilt nach heutiger Auffassung als ein wichtiger, wenn nicht als der wichtigste endogene Mediator einer Sepsis (21, 31, 50).

Steroide können nur initial in dieses Geschehen eingreifen; hat die Translation begonnen, sind sie wirkungslos. Andererseits ist aus Tierversuchen (3, 26), aber auch Probandenstudien bekannt (10, 19, 30, 45), daß die Synthese von TNF sehr früh im Verlauf einer Sepsis induziert wird. Maximale Plasmaspiegel werden zum Zeitpunkt erster klinischer Prodromi, aber vor dem klinischen Vollbild des Sepsis-Syndroms gemessen. Der Mißerfolg der hochdosierten Glukokortikoid-Therapie beim Patienten beruht also möglicherweise nicht auf der Unwirksamkeit dieses Therapieprinzips, sondern auf einer für eine effektive TNF-Synthesehemmung zwangsläufig zu späten Applikation.

Auch andere Therapieansätze (Antihistaminika, Opiatantagonisten, Cyclooxygenase-Hemmer, Plasmapherese) erwiesen sich entweder bereits im Tierexperiment oder in klinischen Studien als wirkungslos (Übersicht bei 32, 38).

## Immuntherapie der gramnegativen Sepsis mit Anti-Endotoxin

Mehr als 50% aller Sepsis-Erkrankungen werden durch gramnegative Erreger verursacht (5, 43, 55). Neben den von einigen Species produzierten Exotoxinen entfalten alle gramnegativen Mikroorganismen ihre toxischen Wirkungen über Endotoxin. Dieses Lipopolysaccharid (LPS) der äußeren Bakterienwand ist ein exogener Mediator, der bei Abwesenheit intakter Erreger im Tierexperiment (26, 34, 53) und beim Probanden (10, 19, 30, 44, 45) alle Symptome der Sepsis auslösen kann und zur konsekutiven Freisetzung zahlreicher endogener Mediatoren führt. Die Höhe initialer Endotoxinspiegel beim Patienten korreliert mit der Schockinzidenz und der Letalität (6).

Während das O-Polysaccharid des Endotoxins für jeden Serotyp spezifisch ist, weist das Kernglykolipid des Endotoxins nur eine geringe genetische Variabilität auf. Über das Kernglykolipid des Endotoxins werden die toxischen Wirkungen vermittelt. Dies wird nicht nur durch Tierexperimente (53), sondern indirekt auch durch klinische Beobachtungen bei Patienten belegt, deren Sepsis durch rauhe Mutanten gramnegativer Erreger verursacht ist. Rauhe Mutanten sind Bakterien, denen aufgrund eines genetischen Defektes das O-Polysaccharid fehlt. *Kreger* et al. (22) berichteten, daß derartige Erreger dieselbe Virulenz haben wie Bakterien mit intaktem Endotoxin; betroffene Patienten haben eine ebenso hohe Letalität wie andere Sepsis-Patienten.

Antikörper gegen das Kernglykolipid sind ein wirksamer Schutz gegen die Toxizität verschiedenster gramnegativer Erreger. Schon 1972 wiesen *McCabe* et al. (27) nach, daß Patienten mit gramnegativer Sepsis, die hohe Antikörpertiter gegen das Kernantigen des Endotoxins aufweisen, eine geringere Schockinzidenz und eine niedrigere Letalität haben als Patienten, bei denen dies nicht der Fall ist. Eine Anzahl von Tierversuchen (7, 14, 25, 35, 54) bestätigte in den folgenden Jahren, daß Antikörper gegen das Kernglykolipid kreuzprotektiv sind, d. h. sie bewirken einen Schutz vor dem Endotoxin zahlreicher gramnegativer Mikroorganismen. Sowohl durch die passive Immunisierung mit Antiseren oder Antikörpern gegen das Kernglykolipid rauher Mutanten als auch durch die vorherige aktive Impfung mit derartigen hitzeinaktivierten Erregern gelang bei verschiedenen Tierspecies eine effektive Prophylaxe bzw. Therapie der durch unterschiedliche gramnegative Erreger bzw. deren Endotoxin ausgelösten Sepsis.

1982 publizierten *Ziegler* und Mitarbeiter (55) die erste Placebo-kontrollierte, prospektive Studie, in welcher der Einfluß einer passiven Immunisierung mit Antiseren gegen das Kernantigen auf das Überleben von Patienten mit gramnegativer Sepsis untersucht wurde. Dieses Antiserum wurde durch Impfung Hunderter von Freiwilligen mit hitzeinaktivierten rauhen Mutanten gewonnen. In der Therapiegruppe zeigte sich bei bakteriämischen Patienten eine signifikante Letalitätsreduktion – auch bei den Patienten, die bei Studienbeginn bereits im septischen Schock waren. *Baumgartner* und Mitarbeiter (1) setzten dieses polyklonale Antiserum auch prophylaktisch erfolgreich ein. Bei schwerkranken operativen Intensivpatienten erzielten sie eine signifikante Reduktion von septischem Schock durch gramnegative Bakterien sowie der Sepsis-assoziierten Letalität.

Zur gleichen Zeit gelang es der Arbeitsgruppe um *Teng* (46), einen menschlichen monoklonalen IgM-Antikörper gegen den Endotoxin-Core herzustellen. Neben allgemeinen immunologischen Erwägungen und klinischen Beobachtungen (39) sprechen auch Ergebnisse tierexperimenteller Studien eindeutig für einen IgM-Antikörper. *McCabe* et al. (28) konnten zeigen, daß das entscheidende protektive Prinzip von polyklonalen Endotoxin-Core-Antiseren fast ausschließlich auf deren IgM-Anteil beruht. Dagegen erwies sich ein IgG-Antikörper gegen das Endotoxin rauher Mutanten in einer Therapiestudie von *Calandra* et al. als unwirksam (8).

Kürzlich veröffentlichten *Ziegler* und Mitarbeiter (56) die Ergebnisse einer klinischen Prüfung des von *Teng* entwickelten monoklonalen Antikörpers, die in Form einer Placebo-kontrollierten, randomisierten Doppelblind-Studie an über 500 Patienten erfolgte. Für 200 Patienten, bei denen die Diagnose gramnegative Sepsis durch ein entsprechendes Blutkultur-Resultat bestätigt wurde, ließ sich eindeutig zeigen, daß die Immuntherapie zu einer signifikanten Letalitätsreduktion führte, auch bei Patienten mit septischem Schock, und daß dieser Unterschied nicht auf einer geringeren Erkrankungsschwere in der Therapiegruppe beruhte.

## Therapie der Sepsis mit Antikörpern gegen endogene Mediatoren (TNF)

Die Wirkung von Endotoxin im Organismus wird zum überwiegenden Teil durch endogene Mediatoren vermittelt, die entweder direkt unter Endotoxineinwirkung freigesetzt werden, oder indirekt über primär stimulierte Mediatoren.

Von allen Mediatoren ist die Freisetzung des Tumornekrosefaktors aus Makrophagen am wichtigsten. Nach dem heutigen Stand der Forschung ist davon auszugehen, daß dieses Zytokin die entscheidende Rolle im pathophysiologischen Ablauf des septischen Schocks spielt (21, 31, 50). Neben Tierexperimenten (3, 19, 26) belegen auch Probandenstudien (10, 19, 30, 45), daß Endotoxin zu einer TNF-Freisetzung führt. In verschiedenen klinischen Studien wurde zudem nachgewiesen, daß es bei der Sepsis nicht nur zu einer TNF-Ausschüttung kommt, sondern daß deren Ausmaß auch mit der Schockinzidenz und der Letalität korreliert (9–11, 13, 51).

Für keinen anderen endogenen Mediator außer TNF ist im Tierversuch nachgewiesen worden, daß durch dieses Peptid die gleichen Symptome ausgelöst werden können wie durch Endotoxin (16, 24, 34, 47, 49). Dies betrifft die Hämodynamik, metabolische und hormonelle Veränderungen, die Freisetzung weiterer endogener Mediatoren sowie den letztlich letalen Ausgang mit entsprechenden pathomorphologischen Befunden. Unter TNF-Infusion bestätigten *Michie* et al. (29) dies auch beim Menschen für die sepsistypischen klinischen Symptome und die hormonellen und metabolischen Veränderungen.

Endotoxin ist nicht der einzige Mediator, der die Synthese von TNF induziert. Auch grampositive Erreger, bakterielle Exotoxine, Pilze, Viren, Protozoen sowie verschiedene endogene Mediatoren wie C5a, Interleukin-1 und TNF selbst führen zur Freisetzung von TNF (Übersicht bei 50).

Antikörper gegen TNF sind bereits in verschiedenen Tiermodellen eingesetzt worden (2, 18, 26, 37, 41, 48). Die Wirksamkeit war aber nur nachweisbar, wenn die Applikation des Immunglobulins vor oder kurz nach einer experimentellen Sepsisinduktion erfolgte. Möglicherweise deuten sich hier Parallelen zu den Glukokortikoiden an.

Inzwischen stehen auch monoklonale Antikörper gegen TNF zum Einsatz beim Menschen zur Verfügung. *Exley* und Mitarbeiter berichteten 1990 (17) über erste Erfahrungen mit einem murinen TNF-Antikörper bei 14 Patienten mit therapierefraktärem septischen Schock. Es kam zunächst zu einer eindrucksvollen hämodynamischen Stabilisierung; ein wesentlicher Einfluß auf die Prognose behandelter Patienten deutet sich in dieser Studie allerdings nicht an.

## Ausblick

Die Immuntherapie der Sepsis erscheint vielversprechend. Es ist anzunehmen, daß sich durch diese Therapie die seit Jahrzehnten unveränderte Letalität bei Sepsis in Zukunft senken läßt. Mit Antikörpern gegen den Endotoxin-Core bei Patienten mit gramnegativer Sepsis ist ein Anfang gemacht. Mit Anti-TNF und weiteren Formen der Immunmodulation wird es wahrscheinlich möglich sein, auch Patienten mit einem septisch-toxischen Schock anderer Genese zu helfen.

*Wolff* (52) beschrieb kürzlich die mögliche künftige Sepsistherapie folgendermaßen: eine gegen die Erreger gerichtete Chemotherapie sowie eine differenzierte Immuntherapie, die auf einer Hemmung exogener (Endotoxin) und endogener (z. B. TNF) Mediatoren mit spezifischen Antikörpern basiert. Neben Anti-TNF und Antikörpern gegen andere Zytokine werden sich in Zukunft vielleicht weitere spezifische Ansatzpunkte etablieren, die teilweise bereits im Tierversuch erprobt wurden (12, 15, 33, 36). Dazu zählen der Einsatz kompetitiver Antagonisten von Endotoxin (Lipid X), die Blokkade von Lipopolysaccharid-Rezeptoren, die Bindung von TNF durch lösliche TNF-Rezeptoren und die Therapie mit Interleukin-1-Rezeptor-Antagonisten.

## Literatur

1. **Baumgartner, J.-D., M. P. Glauser, J. A. McCutchan, E. J. Ziegler, G. van Melle, M. R. Klauber, M. Vogt, E. Muehlen, R. Luethy, R. Chiolero,**

**S. Geroulanos.** 1985. Prevention of Gram-Negative Shock and Death in Surgical Patients by Antibody to Endotoxin Core Glycolipid. Lancet II: 59–63.

2. **Beutler, B., I. W. Milsark, A. C. Cerami.** 1985. Passive Immunization Against Cachetin/Tumor Necrosis Factor Protects Mice from Lethal Effect of Endotoxin. Sciene 229: 869–871.
3. **Beutler, B. A., I. W. Milsark, A. Cerami.** 1985. Cachectin/Tumor Necrosis Faktor: Production, Distribution, and Metabolic Fate in Vivo. J. Immunol. 135: 3972–3977.
4. **Beutler, B., A. Cerami.** 1986. Cachectin and Tumour Necrosis Factor as Two Sides of the Same Biological Coin. Nature 320: 584–588.
5. **Bone, R. C., C. J. Fisher, T. P. Clemmer, G. J. Slotman, C. A. Metz, R. A. Balk.** 1987. A Controlled Clinical Trial of High-Dose Methylprednisolone in the Treatment of Severe Sepsis and Septic Shock. New. Engl. J. Med. 317: 653–658.
6. **Brandtzaeg, P., P. Kierulf, P. Gaustad, A. Skulberg, J. N. Bruun, S. Halvorsen, E. Sørensen.** 1989. Plasma Endotoxin as a Predictor of Multiple Organ Failure and Death in Systemic Meningococcal Disease. J. Infec. Dis. 159: 195–204.
7. **Braude, A. I., E. J. Ziegler, H. Douglas, J. A. McCutchan.** 1977. Antibody to Cell Wall Glycolipid of Gram-Negative Bacteria: Induction of Immunity to Bacteremia and Endotoxemia. J. Infec. Dis. 136: S167–S173.
8. **Calandra, T., M. P. Glauser, J. Schellekens, J. Verhoef.** 1988. Treatment of Gram-Negative Septic Shock with Human IgG Antibody to Escherichia coli J5: A Prospective, Double-Blind, Randomized Trial. J. Infec. Dis. 158: 312–319.
9. **Calandra, T., J.-D. Baumgartner, G. E. Grau, M.-M. Wu, P.-H. Lambert, J. Schellekens, J. Verhoef, M. P. Glauser.** 1990. Prognostic Values of Tumor Necrosis Factor/Cachectin, Interleukin-1, Interferon-α, and Interferon-γ in the Serum of Patients with Septic Shock. J. Infec. Dis.: 982–987.
10. **Cannon, J. G., R. G. Tompkins, J. A. Gelfand, H. R. Michie, G. G. Stanford, J. W. M. van der Meer, S. Endres. G. Lonnemann, J. Corsetti, B. Chernow, D. W. Wilmore, S. M. Wolff, J. F. Burke, C. A. Dinarello.** 1990. Circulating Interleukin-1 and Tumor Necrosis Factor in Septic Shock and Experimental Endotoxin Fever. J. Infec. Dis. 161: 79–84.
11. **Damas, P., A. Reuter, P. Gysen, J. Demonty, M. Lamy, P. Franchimont.** 1989. Tumor Necrosis Factor and Interleukin-1 Serum Levels During Severe Sepsis in Humans. Crit. Care Med. 17: 975–978.
12. **Danner, R. L., K. A. Joiner, J. E. Parillo.** 1987. Inhibition of Endotoxin-Induced Priming of Human Neutrophilis by Lipid X and 3-Aza-Lipid X. J. Clin. Invest. 80: 605–612.
13. **Debets, J. M. H., R. Kampmeijer, M. P. M. H. van der Linden, W. A. Buurman, C. J. van der Linden.** 1989. Plasma Tumor Necrosis Factor and Mortality in Critically Ill Septic Patients. Crit. Care Med. 17: 489–494.
14. **DeMaria, A., M. A. Johns, H. Berberich, W. R. McCabe.** 1988. Immunization with Rough Mutants of Salmonella minnesota: Initial Studies in Human Subjects. J. Infec. Dis. 158: 301–311.
15. **Engelmann, H., D. Aderka, M. Rubinstein, D. Rotman, D. Wallach.** 1989. A Tumor Necrosis Factor-Binding Protein Purified to Homogeneity from Human Urine Protects Cells from Tumor Necrosis Factor Toxicity. J. Biol. Chem. 264: 11974–11980.
16. **Evans, D. A., D. O. Jacobs, A. Revhaug, D. W. Wilmore.** 1989. The Effects of Tumor Necrosis Factor and Their Selective Inhibition by Ibuprofen. Ann. Surg. 209: 312–321.
17. **Exley, A. R., J. Cohen, W. Buurman, R. Owen, G. Hanson, J. Lumley, J. M. Aulakh, M. Bodmer, A. Riddell, S. Stephens, M. Perry.** 1990. Monoclonal Antibody to TNF in Severe Septic Shock. Lancet I: 1275–1277.
18. **Fong, Y., K. J. Tracey, L. L. Moldawer, D. G. Hesse, K. B. Manogue, J. S. Kenney, A. T. Lee, G. C. Kuo, A. C. Allison, S. F. Lowry, A. Cerami.** 1989. Antibodies to Cachectin/Tumor Necrosis Factor Reduce Interleukin 1β and Interleukin 6 Appearance During Lethal Bacteremia. J. Exp. Med. 170: 1627–1633.
19. **Hesse, D. G., K. J. Tracey, Y. Fong, K. R. Manogue, M. A. Palladino, A. Cerami, G. T. Shires, S. F. Lowry.** 1988. Cytokine Appearance in Human Endotoxemia and Primate Bacteremia. Surg. Gynecol. Obstet. 166: 147–153.
20. **Hinshaw, L., P. Peduzzi, E. Young, C. Sprung, C. Shatney, J. Sheagren, M. Wilson, C. Haakenson.** 1987. Effect of High-Dose Glucocorticoid Therapy on Mortality in Patients with Clinical Signs of Systemic Sepsis. N. Engl. J. Med. 317: 659–665.
21. **Hinshaw, L. B., T. E. Emerson.** 1991. Significance of Tumor Necrosis Factor-α in Sepsis: Progress in Anti-TNF Antibody Therapy. Intens. Crit. Care Digest. 10: 7–9.
22. **Kreger, B. E., D. E. Craven, P. C. Carling, W. R. McCabe.** 1980. Gram-Negative Bacteremia. III. Reassessment of Etiology, Epidemiology and Ecology in 612 Patients. Amer. J. Med. 68: 332–343.
23. **Kreger, B. E., D. E. Carven, W. R. McCabe.** 1980. Gram-Negative Bacteremia. IV. Re-Evaluation of Clinical Features and Treatment in 612 Patients. Amer. J. Med. 68: 344–355.
24. **Lehmann, V., M. A. Freudenberg, C. Galanos.** 1987. Lethal Toxicity of Lipopolysaccharide and Tumor Necrosis Factor in Normal and D-Galactosamine-Treated Mice. J. Exp. Med. 165: 657–663.
25. **Marks, M. I., E. J. Ziegler, H. Douglas, L. B. Corbeil, A. I. Braude.** 1982. Induction of Immunity Against Lethal Haemophilus influenzae Type b by Infection by Escherichia coli Core Lipopolysaccharide. J. Clin. Invest. 69: 742–749.
26. **Mathison, J. C., E. Wolfson, R. J. Ulevitch.** 1988. Participation of Tumor Necrosis Factor in the Mediation of Gram-Negative Bacterial Lipopolysac-

charide-Induced Injury in Rabbits, J. Clin. Invest. 81: 1925–1937.

27. **McCabe, W. R., B. E. Kreger, M. Johns.** 1972. Type-Specific and Cross-Reactive Antibodies in Gram-Negative Bacteremia. N. Engl. J. Med. 287: 261–267.

28. **McCabe, W. R., A. DeMaria, H. Berberich, M. A. Johns.** 1988. Immunization with Rough Mutants of Salmonella minnesota: Protective Activity of IgM and IgG Antibody to the R595 (Re Chemotype) Mutant. J. Infec. Dis 158: 291–300.

29. **Michie, H. R., D. R. Spriggs, K. R. Manogue, M. L. Sherman, A. Revhaug, S. T. O'Dwyer, K. Arthur, C. A. Dinarello, A. Cerami, S. M. Wolff, D. W. Kufe, D. W. Wilmore.** 1988. Tumor Necrosis Factor and Endotoxin Induce Similar Metabolic Responses in Human Beings. Surgery 104: 280–286.

30. **Michie, H. R., K. R. Manogue, D. R. Spriggs, A. Revhaug, S. O'Dwyer, C. A. Dinarello, A. Cerami, S. M. Wolff, D. W. Wilmore.** 1988. Detection of Circulating Tumor Necrosis Factor After Endotoxin Administration. N. Engl. J. Med. 318: 1481–1486.

31. **Michie, H. R., D. W. Wilmore.** 1990. Sepsis, Signals, and Surgical Sequelae (A Hypothesis). Arch. Surg. 125: 531–536.

32. **Morrison, D. C., J. L. Ryan.** 1987. Endotoxins and Disease Mechanisms. Ann. Rev. Med. 38: 417–432.

33. **Morrison, D. C., R. Silverstein, S. W. Bright, T.-Y. Chen, L. M. Flebbe, M.-G. Lei.** 1990. Monoclonal Antibody to Mouse Lipopolysachcharide Receptor Protects Mice Against Lethal Effects of Endotoxin. J. Infec. Dis 162: 1063–1068.

34. **Natanson, C., P. W. Eichenholz, R. L. Danner, P. Q. Eichacker, W. D. Hoffman, G. C. Kuo, S. M. Banks, T. J. MacVittie, J. E. Parillo.** 1989. Endotoxin and Tumor Necrosis Factor Challenges in Dogs Simulate the Cardiovascular Profile of Human Septic Shock. J. Exp. Med. 169: 823–832.

35. **Nys, M., J. M. Cloes, J. Demonty, L. Joassin.** 1990. Protective Effects of Polyclonal Sera and of Monoclonal Antibodies Active to Salmonella minnesota Re595 Lipopolysaccharide During Experimental Endotoxemia. J. Infec. Dis. 162: 1087–1095.

36. **Ohlsson, K., P. Björk, M. Bergenfeldt, R. Hageman, R. C. Thompson.** 1990. Interleukin-1 Receptor Antagonist Reduces Mortality from Endotoxin Shock. Nature 348: 550–552.

37. **Opal, S. M., A. S. Cross, N. M. Kelly, J. C. Sadoff, M. W. Bodmer, J. E. Palardy, G. H. Victor.** 1990. Efficacy of a Monoclonal Antibody Directed against Tumor Necrosis Factor in Protecting Neutropenic Rats from Lethal Infection with Pseudomonas aeruginosa. J. Infec. Dis. 161: 1148–1152.

38. **Parillo, J. E., M. M. Parker, C. Natanson, A. F. Suffredini, R. L. Danner, R. E. Cunnion, F. P. Ognibene.** 1990. Septic Shock in Humans. Advances in the Understanding of Pathogenesis, Cardiovascular Dysfunction, and Therapy. Ann. Intern. Med. 113: 227–242.

39. **Pollack, M., A. I. Huang, R. K. Prescott, L. S. Young, K. W. Hunter, D. F. Cruess, C.-M. Tsai.** 1983. Enhanced Survival in Pseudomonas aeruginosa Septicemia Associated with High Levels of Circulating Antibody to Escherichia coli Endotoxin Core. J. Clin. Invest. 72: 1874–1881.

40. **Reinhart, K., L. Hannemann, B. Kuss.** 1990. Optimal Oxygen Delivery in Critically Ill Patients. Intens. Care Med. 16: S149–S155.

41. **Silva, A. T., K. F. Bayston, J. Cohen.** 1990. Prophylactic and Therapeutic Effects of a Monoclonal Antibody to Tumor Necrosis Factor-α in Experimental Gram-Negative Shock. J. Infec. Dis. 162: 421–427.

42. **Sprung, C. L., P. V. Caralis, E. H. Marcial, M. Pierce, M. A. Gelbard, W. M. Long, R. C. Duncan, M. D. Tendler, M. Karpf.** 1984. The Effects of High-Dose Corticosteroids in Patients with Septic Shock. N. Engl. J. Med. 311: 1137–1143.

43. **Sprung, C. L., P. N. Peduzzi, C. H. Shatney, R. M. H. Schein, M. F. Wilson, J. N. Sheagren, L. B. Hinshaw.** 1990. Impact of Encephalopathy on Mortality in the Sepsis Syndrome. Crit. Care Med. 18: 801–806.

44. **Suffredini, A. F., P. C. Harpel, J. E. Parillo.** 1989. Promotion and Subsequent Inhibition of Plasminogen Activation after Administration of Intravenous Endotoxin to Normal Subjects. N. Engl. J. Med. 320: 1165–1172.

45. **Suffredini, A. F., R. E. Fromm, M. M. Parker, M. Brenner, J. A. Kovacs, R. A. Wesley, J. E. Parillo.** 1989. The Cardiovascular Response of Normal Humans to the Administration of Endotoxin. N. Engl. J. Med. 321: 280–287.

46. **Teng, N. N. H., H. S. Kaplan, J. M. Hebert, C. Moore, H. Douglas, A. Wunderlich, A. I. Braude.** 1985. Protection Against Gram-Negative Bacteremia and Endotoxemia with Human Monoclonal IgM Antibodies. Proc. Nat. Acad. Sci. USA 82: 1790–1794.

47. **Tracey, K. J., B. Beutler, S. F. Lowry, J. Merryweather, S. Wolpe, I. W. Milsark, R. J. Hariri, T. J. Fahey, A. Zentella, J. D. Albert, G. T. Shires, A. Cerami.** 1986. Shock and Tissue Injury Induced by Recombinant Human Cachectin. Science 234: 470–474.

48. **Tracey, K. J., Y. Fong, D. G. Hesse, K. R. Manogue, A. T. Lee, G. C. Kuo, S. F. Lowry, A. Cerami.** 1987. Anti-Cachectin/TNF Monoclonal Antibodies Prevent Septic Shock during Lethal Bacteremia. Nature 330: 662–664.

49. **Tracey, K. J., S. F. Lowry, T. F. Fahey, J. D. Albert, Y. Fong, D. Hesse, B. Beutler, K. R. Manogue, S. Calvano, H. Wei, A. Cerami, G. T. Shires.** 1987. Cachectin/Tumor Necrosis Factor Induces Lethal Shock and Stress Hormone Responses in the Dog. Surg. Gynecol. Obstet. 164: 415–422.

50. **Tracey, K. J., H. Vlassara, A. Cerami.** 1989. Cachectin/Tumor Necrosis Factor. Lancet I: 1122–1126.

51. **Waage, A., A. Halstensen, T. Espevik.** 1987. As-

sociation Between Tumour Necrosis Factor in Serum and Fatal Outcome in Patients with Meningococcal Disease. Lancet I: 355–357.

52. **Wolff, S. M.** 1991. Monoclonal Antibodies and the Treatment of Gram-Negative Bacteremia and Shock. N. Engl. J. Med. 324: 486–488.

53. **Young, L. S., P. Stevens, J. Ingram.** 1975. Functional Role of Antibody Against »Core« Glycolipid of Enterobacteriaceae. J. Clin. Invest. 56: 850–861.

54. **Ziegler, E. J., H. Douglas, J. E. Sherman, C. E. Davis, A. I. Braude.** 1973. Treatment of E. coli and Klebsiella Bacteremia in Agranulocytic Animals with Antiserum to a UPD-GAL Epimerase-Deficient Mutant. J. Immunol. 111: 433–438.

55. **Ziegler, E. J., J. A. McCutchan, J. Fierer, M. P. Glauser, J. C. Sadoff, H. Douglas, A. I. Braude.** 1982. Treatment of Gram-Negative Bacteremia and Shock with Human Antiserum to a Mutant Escherichia coli. N. Engl. J. Med. 307: 1225–1230.

56. **Ziegler, E. J., C. J. Fisher, C. L. Sprung, R. C. Straube, J. C. Sadoff, G. E. Foulke, C. H. Wortel, M. P. Fink, P. Dellinger, N. N. H. Teng, I. E. Allen, H. J. Berger, G. L. Knatterud, A. F. LoBuglio, C. R. Smith.** 1991. Treatment of Gram-Negative Bacteremia and Septic Shock with HA-1A Human Monoclonal Antibody against Endotoxin. N. Engl. J. Med. 324: 429–436.

# III. Chirurgie

*Vorsitz: H. Lode, P. Lawin*

**FAC** Fortschritte der antimikrobiellen u. antineoplastischen Chemotherapie Band 11–1, 1992 S. 71-77 71
ISSN 0722-7566 ISBN 3-923599-67-6

# Haben Cephalosporine der dritten Generation eine Bedeutung in der perioperativen Prophylaxe?

H. WACHA

*Hospital zum Heiligen Geist, Akademisches Lehrkrankenhaus der J.-W.-Goethe-Universität, Lange Straße 4–6, D-6000 Frankfurt 1*

## Einleitung

Unzählige klinische Studien beweisen die Wirksamkeit nahezu aller Substanzen zur Wundinfektionsprophylaxe (5). Aufgrund des breiten Spektrums, der günstigen Pharmakokinetik, der geringen derzeitigen Resistenzrate und der geringen Wirkung auf die körpereigene Flora ist der Einsatz von Cefotaxim auch in der Prophylaxe durch zahlreiche Studien belegt (3, 4, 10, 15, 18, 20, 23, 30, 31, 37, 48). Schon vor Jahren hatten wir Gelegenheit, in unserer Arbeitsgruppe diese wertvolle Substanz tierexperimentell und klinisch auf ihre Wirksamkeit in Galle zu untersuchen. Unsere Erfahrungen waren hervorragend (42).

Für den Kliniker ist jedoch von viel größerer Bedeutung, welche Substanzen bei dem großen Angebot, vor allem an Cephalosporinen, tatsächlich für die Prophylaxe in Frage kommen. Gerade die Cephalosporine der zweiten Generation zeichnen sich durch ihre Wirksamkeit gegenüber E. coli und Staphylokokken, einige sogar gegenüber Bacteroides fragilis, den drei häufigsten Keimen in postoperativen Wundinfektionen, aus.

Es erhebt sich die Frage, ob Cephalosporine der dritten Generation bei der bekannt guten Wirksamkeit der Zweitgenerations-Cephalosporine in der Prophylaxe favorisiert werden sollen. Vergibt man sich dadurch nicht die Chance der Wirksamkeit dieser wertvollen Substanzen zu einer späteren, lebensbedrohlicheren Phase? Um dieser Frage nachzugehen, ist es notwendig, zunächst die unzähligen Studien auf ihre Aussagekräftigkeit hin zu überprüfen.

## Studien zur Prophylaxe

Die anfängliche Zurückhaltung und Kritik einer Antibiotikaprophylaxe in der frühen Antibiotikaära (12) ist heute durch den Trend zur generellen Prophylaxe unter Einschluß aseptischer Eingriffe abgelöst worden (33). Während in früheren Jahren eine mehrtägige Antibiotikavorbereitung von oralen Substanzen, z. B. in der Colonchirurgie, üblich war, und eine mehrtägige postoperative Gabe keine Seltenheit, wird heute eine One-Shot-Prophylaxe unmittelbar präoperativ als Mittel der Wahl propagiert (10). Sie soll vergleichbar sicher und kostengünstiger sein (1, 9, 14, 16). Als Maß des Erfolges der Antibiotikaprophylaxe gilt die Rate des postoperativen Wundinfektes (7). Nur in wenigen Studien werden noch andere postoperative bakterielle Komplikationen gegen die Vergleichsgruppe gewertet. Der Aufbau der

***Keywords:*** *Perioperative Prophylaxe – Chirurgie – Drittgenerations-Cephalosporine*

meisten klinischen Studien zeigt in den letzten Jahren immer weniger kritikwürdige, offensichtliche Fehler (46).

Dennoch ist der Erfolg fast jeder Substanz, in fast jeder Körperregion als Prophylaktikum eingesetzt, bewiesen. Die überwiegende Mehrzahl der Studien befaßt sich mit der Wirksamkeit von Cephalosporinen. Trotz dieses überwältigenden Plädoyers für die Prophylaxe und für zahlreiche Cephalosporine der zweiten, aber auch der dritten Generation, fallen nach wie vor hohe Komplikationsraten der Kontrollgruppen auf.

Der individuelle Sicherheitsfaktor, mit dem ein Wundinfekt verhindert wird, beträgt nach *Polk* (34) nur etwa 60–80%, d. h. nicht einmal die sehr guten Ergebnisse garantieren die absolute Sicherheit, eine Wundinfektion postoperativ zu verhindern. Andere Komplikationen, wie Peritonitiden, Abszeßbildungen, Bakteriämien, Pneumonien, Harnwegsinfekte und dergleichen, werden nicht immer erfaßt und nicht signifikant gesenkt (28). Es ist also trotz effektiver Prophylaxe auch bei den neueren Substanzen mit bakteriellen Komplikationen anderer Art als dem Wundinfekt zu rechnen.

## Ist der Einsatz des modernsten Antibiotikums zur Prophylaxe gerechtfertigt?

Anhand von Ergebnissen der Magen-, Gallenwegs- und Colonchirurgie soll diese Frage beleuchtet werden.

**Magen**
(13, 18, 22, 32, 39, 40)

Zahlreiche Studien in der Magenchirurgie beweisen die Effektivität einer routinemäßigen Prophylaxe. Alle Studien zeichnen sich jedoch durch geringe Fallzahlen aus. Cefotaxim wurde z. B. von *Pazur* 1983 an 74 Patienten gegen ein Patientenkollektiv mit Gentamicin und Clindamycin getestet (18). Unterschiede in der postoperativen Wundinfektionsrate von 10% gab es nicht.

Bei genauer Betrachtung der Wundinfektionsrate in der Weltliteratur fällt die große Schwankungsbreite der Ergebnisse auf. Während bei einer Pilotstudie der Deutschen Gesellschaft für Chirurgie (35) eine den aseptischen Eingriffen vergleichbare Wundinfektionsrate zu finden ist, geben andere Autoren extrem hohe Raten an (13). Dies kann theoretisch zum einen an der unterschiedlich starken Besiedlung der Magenschleimhaut mit Keimen in Abhängigkeit des pH-Werts liegen (32), zum anderen aber auch an der unterschiedlichen Immunabwehr der Patienten, die zwischen einem Ulcuspatienten und einem Karzinompatienten erheblich differiert.

Die Empfehlung, in der Magenchirurgie nur bei sogenannten High-risk-Patienten eine Antibiotikaprophylaxe mit Cephalosporinen der zweiten Generation oder bei Betalaktam-Allergie mit Gentamicin-Clindamycin durchzuführen, hat allgemeine Gültigkeit (25).

Nach *Cruse* (7) ist die Wundinfektionsrate nach aseptischen Eingriffen ein Maß für die chirurgische Technik. Sollte dies den Tatsachen entsprechen, ist eine niedrige Wundinfektionsrate bis zu 5% sicher keine dringliche Indikation zur Prophylaxe, andererseits sind enorme Wundinfektionsraten über 30% zu reduzieren. Die Antibiotikaprophylaxe hat bisher in allen Studien eine signifikante Reduktion unter 10% erreicht (17, 18). Es erhebt sich die Frage, ob Cephalosporine der dritten Generation eine weitere Senkung hervorrufen können. Die bisher veröffentlichten Studien lassen keine definitive Aussage zu. Es wird jedoch schwierig sein,

Wundinfektionsraten, die bereits zwischen 5 und 10% liegen, noch weiter zu senken. Allein bei einer 10%igen Wundinfektionsrate benötigte man 570 bzw. 960 Patienten, um auf einem Signifikanzniveau von 1 bzw. 5% eine Reduktion zu erreichen (46).

Zusammenfassend müssen folgende Punkte für die Magenchirurgie überprüft werden:

1. Welche chirurgische Technik wurde angewandt?
2. Welche individuellen Infektionsrisiken lagen vor?
3. Eine durchschnittliche Wundinfektionsrate von 5–10%, die mit zahlreichen Substanzen, insbesondere Cephalosporinen der zweiten Generation, darunter auch Cefuroxim, erreicht werden kann (49), gilt es zu verbessern.

**Gallenwegschirurgie**
(1, 4, 11, 17, 19, 20, 26, 36, 37, 42, 44)

Das Spektrum der Substanzen, die in der Gallenwegschirurgie zur Prophylaxe des postoperativen Wundinfektes angewandt wurden, ist bei weitem noch nicht viel größer. Sie umfaßt neben den Cephalosporinen der zweiten und dritten Generation auch zahlreiche Penicilline wegen ihrer bekannten Gallegängigkeit und Enterokokken-Wirksamkeit (1, 17, 18, 26).

Die Reduktion der Wundinfektionsraten war immer signifikant möglich, wobei es hier offensichtlich gleichgültig war, ob die Substanzen gallegängig waren oder nicht und in der Galle wirksam waren oder nicht. Besonders eindrucksvoll kam es bei Patienten mit erhöhtem Wundinfektionsrisiko durch eine Antibiotikaprophylaxe zur Senkung der Infektionsraten. Die Anzahl der subphrenischen Abszesse und der Septikämien konnte jedoch durch eine Antibiotikagabe nicht reduziert werden. Patienten mit Verschlußikterus, rezidivierenden Eingriffen an den Gallenwegen, akuter Cholezystitis und Keimbefall in den Gallenwegen, hatten ein signifikant höheres Wundinfektionsrisiko als Patienten mit chronischer Cholezystitis (26). Einer dieser Risikofaktoren genügt, um die Wundinfektionsrate in der Kontrollgruppe zu erhöhen.

Während eine Vielzahl von Risikofaktoren die Wundinfektionsrate weiterhin nicht steigen ließ, stieg jedoch die Anzahl der Septikämien und der postoperativen anderen bakteriellen Komplikationen. Es ist daher von großem Interesse, gerade bei diesen Patienten eine Wundinfektionsprophylaxe durchzuführen und es erhebt sich sogar die Frage, ob nicht durch die Gabe einer neuen Substanz die postoperative Septikämierate zu senken wäre. Die Studie von *Ambrose* et al. scheint dennoch die generelle Prophylaxe gegenüber der gezielten zu favorisieren (1).

Patienten mit besonders hohen Risiken findet man meist in den Kollektiven von Patienten, die endoskopisch retrograd cholangiographiert und papillotomiert werden. In etwa 16% der unbehandelten Fälle kommt es durch die Manipulationen am Gallengang nachweislich zu einer Bakteriämie.

Die Antibiotikaprophylaxe von *Sauter* et al. konnte jedoch trotz Gabe von 2 g Cefotaxim i.v. 15 Minuten vor dem Eingriff nicht zu einer signifikanten Reduktion führen (37). Eigene Untersuchungen bei retrograder endoskopischer Papillotomie im Vergleich zur transduodenalen Papillotomie führten zu ähnlichen Ergebnissen (43). Hier muß der Zusammenhang zwischen den klinischen Zeichen der Cholangitis, der Bakteriämie sowie der bekannt hohen Endotoxinausschüttung diskutiert werden.

Bei Gallenwegseingriffen ist damit zumindest bei Risikofällen (Verschlußikterus, rezidivierende Cholangitiden, Reeingriffen an den Gallenwegen, Stauungszeichen, akute Cholecystitis, Gallengangstein etc.) eine Antibiotikaprophylaxe indiziert.

Aufgrund neuerer Untersuchungen muß auch an eine generelle Prophylaxe in der Gallenwegschirurgie gedacht werden, zumal die Wundinfektionsrate zahlreicher Kontrollgruppen sehr hoch erscheint. Die Wahl der Substanz ist bei der Betrachtung des Zielkriteriums Wundinfektion von sekundärer Bedeutung. Experimentelle und klinische Untersuchungen haben jedoch gezeigt, daß die Cephalosporine, auch die der dritten Generation, zur Selektion von Enterokokken führen (42). Bei der Betrachtung der postoperativen bakteriellen Komplikationen muß die Indikation und Substanzwahl in der Gallenwegschirurgie unter diesem Aspekt die Penicilline berücksichtigen.

Die postoperative Cholangitis kann durch eine Antibiotikaprophylaxe bei Eingriffen am Gallengang nicht verhindert werden. Der Zusammenhang mit den Endotoxinen scheint offensichtlich. Eine generelle Prophylaxe soll einer gezielten überlegen sein, dies gilt es zu überprüfen.

**Colonchirurgie und Appendektomie**

Die häufigsten Studien zur Antibiotikaprophylaxe und -therapie sind bei der Appendektomie veröffentlicht worden. Hier sind auch genügend Fallzahlen und deutliche Signifikanzen bei verschiedenen Substanzen zu erkennen. Eine Grundtendenz scheint auffällig zu sein: Vorwiegend anaerob wirkende Substanzen, wie Clindamycin und Metronidazol als Monosubstanz oder in Kombination sind am wirksamsten (17, 18). Dies scheint auch der Fall zu sein, wenn die verschiedenen Kollektive nach dem histologischen Erscheinungsbild von chronisch bis zu phlegmonös und perforiert unterschieden werden. Cephalosporine der zweiten Generation zeigen hier, einschließlich Cefuroxim, die schlechtesten Ergebnisse (49).

Nach neueren Studien scheint auch Cefotaxim ohne eine Kombination mit Metronidazol nicht zu dem gewünschten Erfolg zu führen (3).

Zusammenfassend bleibt festzustellen, daß bei der Chirurgie des Appendix eine sinnvolle Kombination mit Metronidazol oder Clindamycin wünschenswert ist. Beide Substanzen können sogar alleine zur Prophylaxe eingesetzt werden.

**Colonchirurgie**
(2, 6, 15, 21, 23, 29, 31, 38, 41, 43, 45, 47, 48)

In der Colonchirurgie gilt die Kombination von Neomycin-Erythromycin bzw. eines Tetracyclins oder Lincomycins mit Aminoglykosid als Gold-Standard (6). Als Monosubstanz sind die modernen Cephalosporine und Penicilline mit Tetracyclin und Lincomycin in ihrer Effektivität, was die Wundinfektionsrate von etwa 10% anbelangt, vergleichbar. Viele andere Substanzen, insbesondere die Aminoglykoside Neomycin und Kanamycin sowie die Cephalosporine der ersten und zweiten Generation haben eine erschreckend hohe Wundinfektionsrate nach Coloneingriffen (28).

An Überlegungen, die Wundinfektionsrate und postoperative bakterielle Komplikationsraten anderer Art in der Colonchirurgie zu senken, hat es nicht gefehlt. Beispielsweise wurden durch massive Dickdarmspülungen unter Antibiotikazusatz die Keimzahlen im Dickdarm reduziert und dadurch eine Reduktion der Wundinfektionsrate erhofft. Diese Hoffnung hat sich nicht bestätigt. In den Kontrollgruppen der Autoren, die diese Vorbereitungsweise durchführen, hat sich gezeigt, daß die Infektionsrate Werte über 20% erreicht.

Wie verhält es sich mit der Reduktion der intraabdominellen Abszesse und der Peritonitis sowie der Anastomoseninsuffizienz? Einige der Veröffentlichungen, insbesondere auch die über Cephalosporine der dritten Generation (23), haben gewisse Hoffnungen geweckt. Bis 1981 konnten *KUSCHE* und *STAHLKNECHT* eine Anzahl von Studien zusammenstellen (28), die diese postoperative Problematik mit berücksichtigten. Von 67 Studien geben nur wenige Hinweise auf die Häufigkeit von Anastomoseninsuffizienz, intraabdominalen Abszessen und Peritonitiden. Bei genauer Berechnung ergab sich, daß zur Klärung dieses Sachverhaltes 6700 Fälle notwendig wären.

Die Hoffnung, daß durch eine Antibiotikaprophylaxe die postoperative Komplikationsrate, wie z.B. die Anastomoseninsuffizienz, gesenkt werden könnte, scheint äusserst gering bis geradezu unmöglich. Die intraabdominelle Abszeßbildungsrate ist selbstverständlich ein Beurteilungskriterium. Sie ist substanzabhängig: Antimikrobielle Substanzen, die keine oder geringe Anaerobierwirksamkeit besitzen, führen leichter zu Abszeßbildung. Bei der Vielzahl der Substanzen und der in Kombination mit einem Anaerobiermittel gut wirksamen preiswerten Cephalosporine und Penicilline älterer Generationen erscheint mir derzeit der vermehrte Einsatz von Penicillinen der dritten Generation nicht ratsam. Empfehlungen von zahlreichen Klinikern, Wissenschaftlern und Fachgesellschaften weisen ebenfalls nicht in diese Richtung.

## Zusammenfassung

Die Antibiotikaprophylaxe wird an der Höhe der postoperativen Wundinfektionsrate gemessen. Andere Kriterien für die Wirksamkeit der Prophylaxe, wie z. B. bakterielle Komplikationen anderer Art (Harnwegsinfekte, Pneumonie, Bakteriämie, Sepsis, Anastomoseninsuffizienz, Abszeßbildungsraten u. a.), werden noch nicht generell zum Vergleich der Kollektive und Wirksamkeit einer Prophylaxe herangezogen.

Eine Vielzahl von älteren Substanzen, insbesondere Cephalosporine der zweiten Generation und in der Dickdarmchirurgie die Kombination mit Lincomycin und Metronidazol, haben über ein Jahrzehnt ihre Effektivität bewiesen. Sie stellen den Gold-Standard der Antibiotikaprophylaxe dar. Alle neuen Substanzen müssen sich an den Ergebnissen von zahlreichen, statistisch abgesicherten Studien messen. Die Einführung von neuen Substanzen zur Prophylaxe in der Abdominalchirurgie ist derzeit nicht absehbar. Die Einmalgabe einer Substanz mit besonders potenter Wirksamkeit und gleichwertiger Reduktion der Wundinfektionsraten muß nicht zwangsläufig für deren Einführung sprechen. Es bleibt jedoch zu diskutieren, ob Patienten mit erhöhtem Infektionsrisiko (vorbehandelte Patienten, Patienten auf der Intensivstation) zu einer besonderen Risikogruppe gehören, die durch moderne Cephalosporine in der Prophylaxe geschützt werden sollten.

Es ist auch nicht auszuschließen, daß die bisherige Einteilung der Wundkategorien in sauber, sauber-kontaminiert, kontaminiert und schmutzig, die Vergleichbarkeit der einzelnen Studien gewährleistet. In jeder dieser Wundkategorien können sich Kollektive von Patienten mit besonderen Infektionsrisiken befinden, die somit einer besonderen Prophylaxe zugeführt werden müssen.

Um künftig die Frage der generellen oder gezielten Prophylaxe zu klären, müssen jedoch die bisher bekannten Infektionsrisiken durch eine genaue Analyse auf ihre Wertigkeit hin, ebenso wie die Zielkriterien (Wundinfektionsrate, bakterielle Komplikationen anderer Art), überprüft werden. Der Stellenwert neuerer Antibiotika, die Einfach- oder Mehrfachgabe, deren Auswirkung auf den Gesamtorganismus (8, 24, 27), ganz abgesehen von der zu beachtenden Kosten-Nutzen-Relation, scheint nach den vorliegenden Studien und den aufgeworfenen Problemen nicht eindeutig beurteilbar.

## Literatur

1. **Ambrose, N. S., D. L. Morris, D. W. Burdon, J. Alexander-Williams, M. R. B. Keighley.** 1985. Comparison of Selective and Nonselective Single-Dose Antibiotic Cover in Biliary Surgery. Excerpta Medica, Amsterdam.
2. **Anders, A., G. Raetzel, R. Häring.** 1982. Antibiotikaprophylaxe in der Kolonchirurgie. Kurzzeitprophylaxe – Ultrakurzzeitprophylaxe. Krankenhausarzt 55: 959–962.
3. **Bourke, J. B., T. W. Balfour, J. Elliott, L. MacShane.** 1988. Cefotaxim, plus Metronidazole/Piperacillin in Prevention of Postappendicectomy Wound Sepsis. Drugs 35, Suppl. 2: 106–110.
4. **Castroldi, R., G. Ferrari, S. DiPalo.** 1988. Prophylactic Use of Cefotaxim in Biliary Surgery. Comparison of Single-Dose versus Multiple-Dose Schedule. Drugs 25, Suppl. 2: 151–153.
5. **Chodak, G. W., M. E. Plaut.** 1977. Use of Systemic Antibiotics for Prophylaxis in Surgery. Arch. Surg. 112: 326.
6. **Condon, R. E.** 1982. Intestinal Antisepsis: Rationale and Results. World J. Surg. 6: 182–187.
7. **Cruse, P. J. E., R. Foord.** 1980. The Epidemiology of Woundinfection. A 10-Year Prospective Study of 62939 Wounds. Surg. Clin. N. Amer. 60 (1): 27.
8. **Dalhoff, A.** 1988. Pharmakodynamik von Antibiotika. Klin. Anästhesie u. Intensivmed. 36: 27–37.
9. **Davidson, A. I. G., C. Clark, G. Smith.** 1971. Postoperative Wound Infection: A Computer Analysis. Brit. J. Surg. 58 (5): 333.
10. **Dipiro, J. T., R. P. F. Cheung, T. A. Bowden, J. A. Mansberger.** 1986. Single Dose Systemic Antibiotic Prophylaxis of Surgical Wound Infections. Amer. J. Surg. 152: 552.
11. **Fukunaga, F. H.** 1973. Gallbladder Bacteriology, Histology and Gallstones. Arch. Surg. 106: 169.
12. **Fullen, W. D., J. Hunt, W. A. Altemeier.** 1972. Prophylactic Antibiotics in Penetrating Wounds of the Abdomen. J. Trauma. 12 (4): 282.
13. **Gatehouse, D., F. Dimock, D. W. Burdon, J. Alexander-Williams, M. R. B. Keighley.** 1978. Prediction of Wound Sepsis: Following Gastric Operations. Brit. J. Surg. 65: 551.
14. **Gladen, H. E.** 1988. Computer Modelling Antibiotic Therapy Costs Impact of Therapeutic Range. Drugs 35, Suppl. 2: 208–213.
15. **Görtz, G., R. Häring, L. Boese-Landgraf, A. C. Rodloff, W. Hopfenmüller.** 1987. Is the Employment of New Broad Spectrum Antibiotic for Prophylactic Purpose in Colonic Surgery Justified? In B. Berkarda, H. P. Kuemmerle (Eds.) Antimicrob. Chem. Proceed. 15. ICC, Istanbul.
16. **Green, J. W., R. P. Wenzel.** 1977. A Controlled Study of the Increased Duration of Hospital Stay and Direct Costs of Hospitalization. Ann. Surg. 185 (3): 264.
17. **Gruber, U. F., R. Elke, M. Widmer.** 1982. Mezlocillin Prophylaxis in Biliary Tract Surgery. Results of a Retrospective and a Prospective Trial. Infection 10, Suppl. 3: 144.
18. **Gruber, U. F.** 1984. Indikation zur Einmaldosis-Antibiotikaprophylaxe in der Chirurgie und Gynäkologie. Hans Huber Verlag, Bern–Stuttgart–Wien.
19. **Gunn, A.** 1982. Antimicrobial Prophylaxis in Biliary Surgery. World J. Surg. 6: 301.
20. **Guyot, L.** 1988. Prophylactic Use of Cefotaxim in Biliary Surgery – A Prospective Multicenter Comparison of Two Dosage Regimens. Drugs 35, Suppl. 2: 158–160.
21. **Hares, M. M., J. Alexander-Williams.** 1982. The Effect of Bowel Preparation on Colonic Surgery. World J. Surg. 6: 175.
22. **Hurley, D. J., P. Howard, H. Hahn.** 1979. Perioperative Prophylactic Antibiotics in Abdominal Surgery – A Review of Recent Progress. Surg. Clin. N. Amer. 59 (5): 919.
23. **Jostarndt, L., A. Thiede, H. G. Sonntag, H. Hamelmann.** 1981. Die systemische Antibiotikaprophylaxe in der Kolonchirurgie. Chirurg 52: 398.
24. **Kager, L., A. S. Malmborg, C. E. Nord, S. Sjöstedt.** 1983. The Effect of Piperacillin Prophylaxis on the Colonic Microflora in Patients Undergoing Colorectal Surgery. Infection 11 (5): 251.
25. **Kaiser, A. B.** 1986. Antimicrobial Prophylaxis in Surgery. N. Engl. J. Med. 315 (18): 1129.
26. **Keighley, M. R. B., R. Flinn, J. Alexander-Williams.** 1976. Multivariante Analyses of Clinical and Operative Findings Associated with Biliary Sepsis. Brit. J. Surg. 63: 528.
27. **Knothe, H.** 1957. Über Veränderungen der Darmflora unter dem Einfluß einer Therapie mit Tetracyclinen. Dtsch. Med. Wochenschr. 82: 1685.
28. **Kusche, J., C. D. Stahlknecht.** 1981. Antibiotikaprophylaxe bei colorektalen Operationen. Gibt es ein Mittel der Wahl? Chirurg 52: 577.
29. **Linzenmeier, G., E. Haralambie.** 1979. Kurzfristige Oral-Chemoprophylaxe vor Operationen am Darm. Aussagemöglichkeiten bei der quantitativen Unter-

suchung der Stuhlflora auf Bakterien und Pilze. Zbl. Bakt. Hyg. I. Abt. Orig. A 243: 326–335.
30. **McAllister, T. A., A. H. B. Fyfe, D. G. Young.** 1988. Cefotaxim Lavage in Children Undergoing Appendectomy. Drug 35, Suppl. 2: 127–132.
31. **Meier zu Eissen P., J. Wedell, J. Meier zu Eissen.** 1984. Ergebnisse einer Single-Shot Prophylaxe mit Cefotaxim in Kolon-Rektum-Chirurgie bei 145 Patienten. Nymphenburg Verlag, München.
32. **Muscroft, T. J., S. A. Deane.** 1982. Prevention of Sepsis in Gastroesophageal Surgery. World J. Surg., 6: 293.
33. **Platt, R., C. C. Hopkins, E. P. Dellinger, J. F. Burke.** 1990. Perioperative Antibiotic Prophylaxis for Herniorrhaphy and Breast Surgery. N. Engl. J. Med. 322 (3): 153.
34. **Polk, B. F.** 1981. Antimicrobial Prophylaxis to Prevent Mixed Bacterial Infection. J. Antimicrob. Chemother. B, Suppl. D.: 115–129.
35. **Qualitätssicherung in der Chirurgie.** 1979/1982. Qualitätsstudie d. Dtsch. Ges. f. Chir. Pilotstudie 1979. Statistik der Gallenwegserkrankungen. ISB, München.
36. **Robson, M. C., J. N. Bogart, J. P. Heggers.** 1970. An Endogeneous Source for Wound Infections Based on Quantitative Bacteriology of the Biliary Tract. Surg. 68: 471.
37. **Sauter, G., B. Grabein, G. Huber, G. A. Mannes, G. Ruckdeschel, T. Sauerbruch.** 1990. Antibiotic Prophylaxis of Infectious Complications with Endoscopic Retrograde Cholangiocreatography. A Randomized Controlled Study. Endoscopy 4, 22: 157–202.
38. **Stock, W., K. P. Schaal, H. J. Hirt, H. Pichlmaier.** 1977. Die präoperative Darmkeimverminderung durch orthograde Dickdarmspülung. Chirurg 48: 161.
39. **Stone, H. H., C. A. Hooper, L. D. Kolb, C. E. Geheber, E. J. Dawkins.** 1976. Antibiotic Prophylaxis in Gastric, Biliary and Colonic Surgery. Ann. Surg. 184: 443.
40. **Stone, H. H.** 1977. Gastric Surgery. South. Med. J. 70 (1): 35.
41. **Vargish, T., L. C. Crawford et al.** 1978. A Randomized Prospective Evaluation of Orally Administered Antibiotics in Operations on the Colon. Surg. Gynec. Obstet. 146: 193.
42. **Wacha, H., W. Rieber, J. Schuhmann, E. B. Helm.** 1979. Kinetik der Keimelimination nach chirurgischen Eingriffen am Choledochus. Langenbecks Arch. Chir. 350: 59–63.
43. **Wacha, H., M. Probst.** 1984. Die Heilung der sacralen Wundhöhle nach abdomino-perinealer Rektumexstirpation. Eine prospektiv randomisierte Studie mit Metronidazol. Chirurg 55: 29.
44. **Wacha, H., G. Kiel, E. Ungeheuer.** 1986. Mezlocillin bei Gallenwegserkrankungen und in der Gallenwegschirurgie. S. 611–620. In Paul-Ehrlich-Gesellschaft/B. Wiedemann, K. G. Naber, W. Stille, D. Adam (Hrsg.) Mezlocillin. FAC 5–3. Fortschr. antimikr. antineoplast. Chemother. Futuramed Verlag, München.
45. **Wacha, H., W. Busch.** 1990. On Single Dose Therapy with Ciprofloxacin in Colon Surgery. (Poster). III. Annual Meeting of the SIS-E, Brüssel.
46. **Watts, J. McK., P. McDonald, P. J. Woods.** 1982. Clinical Trials of Antimicrobials in Surgery. World J. Surg. 6: 321–326.
47. **Wenzel, M., M. Walden, M. Heinrich, B. Neuhaus.** 1982. Die systemische Mezlocillin-Prophylaxe in der elektiven Kolonchirurgie. Infection 11: 148.
48. **Wenzel, M., H. Loch.** 1988. Perioperative Single-Shot-Prophylaxe bei Kolonoperationen Vergl. zweier Cephalosporin-Regime. Colo-proctology X/88 (5): 278–282.
49. **Würmell, W.** 1989. Cefuroxim – Ergebnisse einer Multicenter-Studie. S. 431–436. In Paul-Ehrlich-Gesellschaft/A. Encke, H. Knothe (Hrsg.) Perioperative Antibiotikaprophylaxe unter besonderer Berücksichtigung von Cephalosporinen. FAC 8–3. Fortschr. antimikr. antineoplast. Chemother. Futuramed Verlag, München.

FAC Fortschritte der antimikrobiellen u. antineoplastischen Chemotherapie Band 11-1, 1992 S. 79-84 79
ISSN 0722-7566 ISBN 3-923599-67-6

# Besonderheiten der Cefotaxim-Kinetik nach Lebertransplantation

P. VOGT[1], E. KUSE[1], B. ROSENKRANZ[2], B. RINGE[1]

[1] *Medizinische Hochschule Hannover, Klinik für Abdominal- und Transplantationschirurgie, D-3000 Hannover 61*
[2] *Hoechst AG, Klinische Forschung, D-6230 Frankfurt 80*

## Einleitung

Patienten nach Lebertransplantationen sind außer durch Virusinfektionen insbesondere durch Infektionen gramnegativer Bakterien und Candida bedroht (4). Daher erhalten diese Patienten neben einer selektiven Darmdekontamination eine systemische Antibiotikaapplikation, entweder als Prophylaxe (6, 9, 10) oder zur spezifischen Therapie einer Infektion. Bei nicht hospitalisierten Transplantatempfängern besteht die systemische Prophylaxe z. Zt. aus der systemischen Gabe eines Cephalosporins der neueren Generation, Cefotaxim (Claforan®, *Hoechst AG*) (3 × 2 g i.v.) in Kombination mit Metronidazol (3 × 0,5 g i.v.) ab dem Zeitpunkt der Narkoseeinleitung für 24 Stunden.

Die Pharmakokinetik der Substanz ist charakterisiert durch eine Lebermetabolisierung, in erster Linie zu dem aktiven Metaboliten Desacetyl-Cefotaxim, und durch die renale Exkretion sowohl der Muttersubstanz Cefotaxim als auch seiner Metaboliten (1). Somit können Funktionsstörungen sowohl der Leber (5) als auch der Niere (2) zu einer verminderten Elimination von Cefotaxim und in stärkerem Maße auch von Desacetyl-Cefotaxim führen, woraus dann eine Erhöhung der terminalen Halbwertszeit und der Serumkonzentrationen resultiert.

Bei Leberfunktionsstörungen kommt es, durch eine beeinträchtigte hepatische Desacetylierung zu erhöhten Serumkonzentrationen von Cefotaxim und zu einer verlängerten Eliminationshalbwertszeit des Metaboliten (6). Letzteres ist möglicherweise auch auf renale Funktionsstörungen zurückzuführen, wie sie oft im Rahmen eines hepatorenalen Syndroms auftreten. Die in den bisherigen Studien gewonnenen Erkenntnisse mündeten in Empfehlungen zu einer Dosisanpassung bei schwerer Nierenfunktionseinschränkung, während eine solche bei alleiniger Leberfunktionseinschränkung nicht für notwendig erachtet wurde. Daten zur Lebertransplantation liegen bisher nicht vor. Es wurde daher eine Pharmakokinetikstudie von Cefotaxim sowie seines aktiven Metaboliten Desacetyl-Cefotaxim in den drei klinisch bedeutsamen Situationen nach Lebertransplantation (Erholungsphase, Transplantat-Nichtfunktion, Transplantatabstoßung) durchgeführt.

***Keywords:*** *Pharmakokinetik – Cefotaxim – Lebertransplantation – Abstoßung – Nichtfunktion – Erholungsphase*

**Tabelle 1:** Leber- und Nierenfunktionsparameter bei Patienten (n = 12) nach Lebertransplantation (Mittelwert ± Standardabweichung)

| | Erholungsphase (n = 4) | Nichtfunktion (n = 4) | Abstoßung (n = 4) |
|---|---|---|---|
| Quick-Wert (%) | 68,8 ± 11,9 | 21 ± 4,9 | 54 ± 29,5 |
| Bilirubin (µmol/l) | 62,2 ± 46,6 | 147,8 ± 98,2 | 191 ± 117 |
| Kreatinin-Clearance (ml/min) | 82,7 ± 31,7 | 43,2 ± 7,8 | 72,5 ± 35,6 |
| Grunderkrankung | Hepatitis B (n = 2)<br>Gallengangkarzinom (n = 1)<br>*Budd-Chiari*-Syndrom (n = 1) | HCC (n = 2)<br>PBC (n = 1)<br>PSC (n = 1) | Zirrhose unbekannter Genese (n = 2)<br>PBC (n = 1)<br>PSC (n = 1) |

Grunderkrankungen: HCC = Hepatozelluläres Karzinom, PBC = Primär biliäre Zirrhose, PSC = Primär sklerosierende Cholangitis

Normalwerte: Quick-Wert 70–120%; Bilirubin (total) < 18 µmol/l
Kreatinin-Clearance 80–170 ml/min

## Patienten und Methode

12 Patienten (7 Männer, 5 Frauen, durchschnittliches Alter 38,3 Jahre, mittleres Körpergewicht 64,6 kg) wurden nach Lebertransplantation in Abhängigkeit vom Funktionszustand des Transplantates prospektiv einer der folgenden drei Untergruppen zugeordnet.

1. Erholungsphase: Faktor V > 60%, ohne Substitution durch Frischplasma; Serumlactat < 2,4 mmol/l.
2. Episode einer Transplantat-Nichtfunktion: Faktor V < 25% unter Substitution mit Frischplasma in einer Menge von > 750 ml pro 24 h.
3. Transplantatabstoßung: verifiziert durch Biopsie.

Die Begleitmedikation bestand aus der Basis-Immunsuppression (Cyclosporin A, Azathioprin und Glukokortikoiden) sowie herzwirksamen Pharmaka (Katecholamine o. ä.), $H_2$-Antagonisten, Diuretika (bei 11/12 Patienten), Antibiotika (bei 9/12 Patienten). In der Gruppe 3 wurden alle Patienten wegen einer Abstoßungsepisode behandelt. Sie erhielten 3 × 500 mg Methylprednisolon i. v. als Bolusinjektion oder OKT 3, einen monoklonalen Antikörper.

### Bolus-Studie

Alle Patienten erhielten 1 g Cefotaxim (Claforan®, *Hoechst AG*) über 5 min i.v. infundiert. Zu Beginn des ersten Studientages wurde Urin gesammelt sowie Körpertemperatur, Gewicht, Körpergröße, Blutdruck, Herzfrequenz, EKG und Atemfrequenz wurden registriert und klinisch chemische Untersuchungen (incl. Quick-Test, PPT, Antithrombin-III-Bestimmungen und Osmolalität) durchgeführt. Blutproben wurden 5, 10, 15, 30 min sowie 1, 1,5, 2, 4, 6, 12, 24, 32, 56 und 72 Stunden nach Cefotaxim-Injektion entnommen. Urin wurde in 12- und 24-Stunden-Intervallen bis zur 72. Stunde gesammelt.

Die Konzentrationen von Cefotaxim und Desacetyl-Cefotaxim wurden im Plasma und Urin mittels HPLC bestimmt (3) und die pharmakokinetische Charakteristik unter Zugrundelegung eines Zwei-Kompartiment-Modells ermittelt (8).

## Ergebnisse

Einzelheiten der wichtigsten Laborbefunde der Patienten sind in Tabelle 1 wiedergege-

**Tabelle 2:** Pharmakokinetik von Cefotaxim nach Lebertransplantation (Mittelwert ± Standardabweichung)

| | Erholungsphase (n = 4) | Nichtfunktion (n = 4) | Abstoßung (n = 4) |
|---|---|---|---|
| $t_{1/2}$ (h) | 3,12 ± 1,8 | 6,9 ± 3,9 | 4,9 ± 2,3 |
| AUC (mg · h/l) | 153 ± 61,2 | 472 ± 235 | 255 ± 165 |
| Cl (ml/min) | 123 ± 48,7 | 44,6 ± 26,3 | 97 ± 68,5 |
| $V_c$ (l) | 11,9 ± 2,7 | 11,7 ± 3,3 | 12,2 ± 1,9 |
| $V_{ss}$ (l) | 22,5 ± 7,5 | 20 ± 5,5 | 26,3 ± 5,9 |
| $C_{urin}$ (mg/l) (Cefotaxim) | 394 ± 273 | 93 ± 108[a] | 220 ± 254[b] |
| $C_{urin}$ (mg/l) (Desacetyl-Cefotaxim) | 104 ± 112[c] | – | 17,2 ± 34,5[d] |

| Abkürzung | | Normbereich (gesunde Kontrollen) |
|---|---|---|
| $t_{1/2}$ | = terminale Halbwertszeit | 0,6–1,4 (h) |
| AUC | = Fläche unter der Plasmakonzentrationskurve extrapoliert bis unendlich | 80 (mg · h/l) |
| Cl | = totale Cefotaxim-Clearance | 250–230 (ml/min) |
| $V_c$ | = initiales (zentrales) Verteilungsvolumen | 6–8 (l) |
| $V_{ss}$ | = Verteilungsvolumen während des Steady-State | 15 (l) |
| $C_{urin}$ | = Urin-Konzentration (0–12 h Fraktion) | |

[a] kein Nachweis bei n = 1
[b] kein Nachweis bei n = 2
[c] analytische Interferenz bei n = 1
[d] kein Nachweis bei n = 3

ben. In Tabelle 2 finden sich die pharmakokinetischen Charakteristika von Cefotaxim und Desacetyl-Cefotaxim bei den 12 Patienten. Die totale Cefotaxim-Clearance lag bei acht von 12 Patienten unter 100 ml/min, das betraf alle vier Patienten mit Nichtfunktion des Transplantates (Abb. 1). Die Cefotaxim-Clearance korrelierte dabei mit der individuell gemessenen Kreatinin-Clearance ($Cl_{ctx}$ = 1,57 $Cl_{cr}$-15,9, Abb. 2). Bei Transplantat-Nichtfunktion, ebenso wie bei Abstoßung fanden sich die höchsten Plasmakonzentrationen von Cefotaxim (AUC > 300 mg · h/l) (Abb. 3). Die terminale Plasmahalbwertszeit von Cefotaxim lag zwischen 1,6 und 11,3 h, wiederum mit den höchsten Werten in Gruppe 2 und 3 (Abb. 4).

In den Abbildungen 5 und 6 sind die $C_{max}$- und $t_{max}$-Werte für den Metaboliten wiedergegeben. Er erreichte bei der Hälfte der Patienten Maximalkonzentrationen bereits 5 min nach Injektion (Abb. 5), obgleich auch eine verzögerte Metabolisierung (n = 4) erst nach 1, 2 oder 24 h zu beobachten war. Bei zwei der vier Patienten in Gruppe 2 wurde kein Desacetyl-Cefotaxim nachgewiesen.

Die im Urin gemessene kumulative Exkretion war nicht für alle Patienten dokumentierbar. Für Cefotaxim lagen die Werte bei 61 bis 686 mg ohne eindeutige Unterschiede in den drei Gruppen. Desacetyl-Cefotaxim wurde mit 62 bis 506 mg bestimmt, wobei die Substanz bei keinem Patienten mit Nicht-

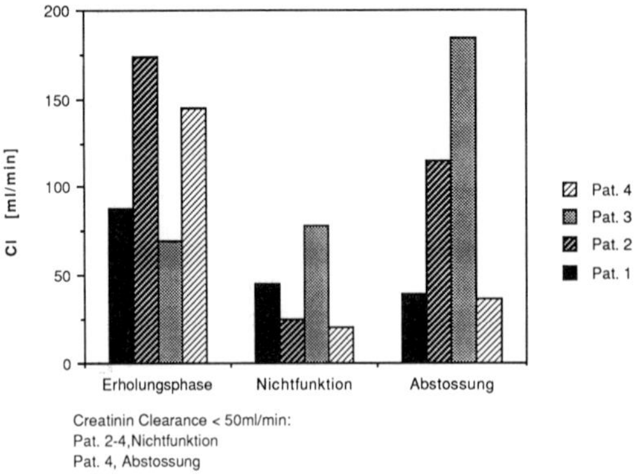


**Abbildung 1:** Cefotaxim-Clearance nach Lebertransplantation (n = 12)

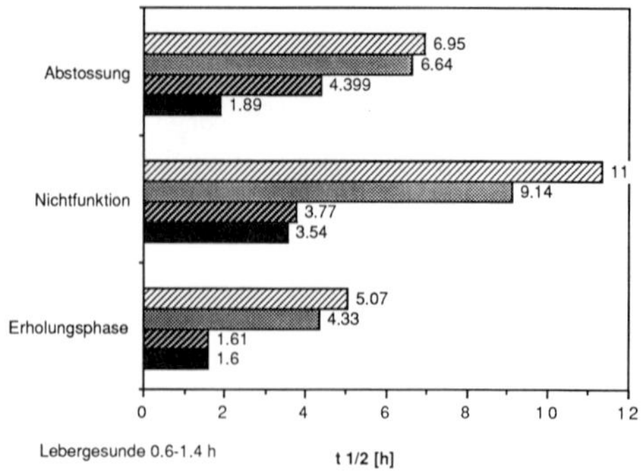


**Abbildung 4:** Terminale Plasmahalbwertszeit von Cefotaxim

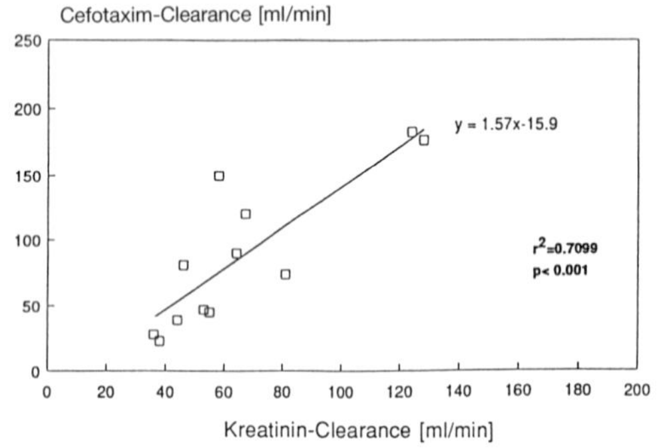


**Abbildung 2:** Korrelation zwischen Cefotaxim-Clearance und Nierenfunktion

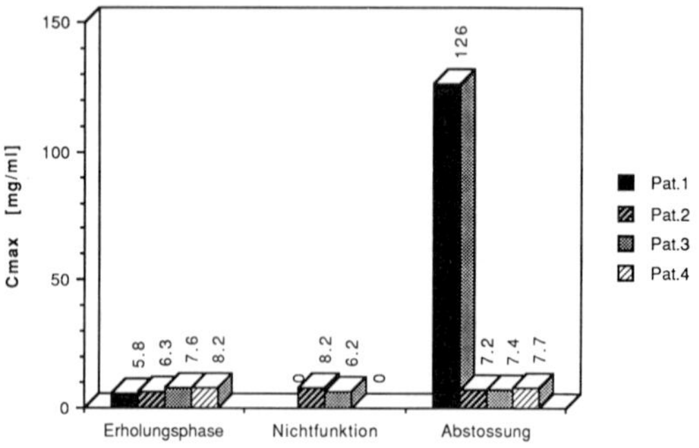


**Abbildung 5:** Maximale Plasmakonzentrationen ($C_{max}$) von Desacetyl-Cefotaxim nach Lebertransplantation

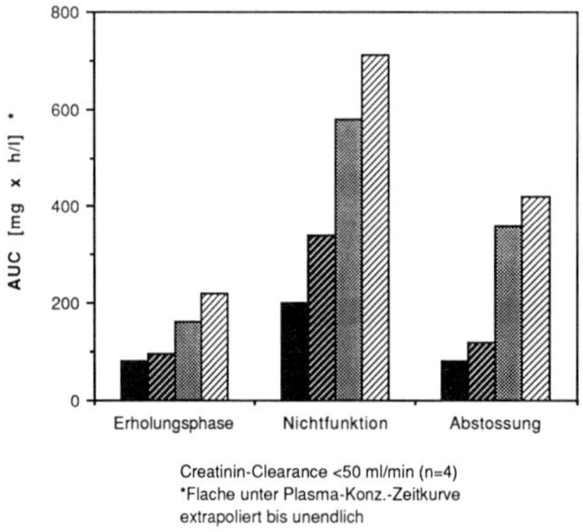


**Abbildung 3:** Plasmakonzentration von Cefotaxim (angegeben als Fläche (AUC) der Plasmakonzentrationszeitkurve)

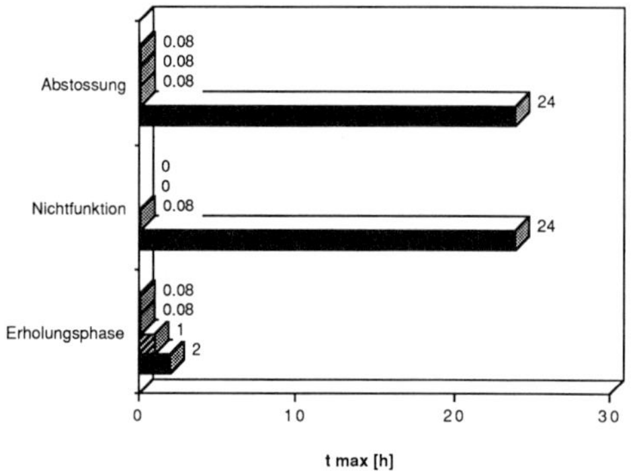


**Abbildung 6:** Zeitpunkt der maximalen Konzentration ($t_{max}$) von Desacetyl-Cefotaxim nach Lebertransplantation

funktion des Transplantates nachweisbar war. Nach der Einzelapplikation von Cefotaxim wurden keine Nebenwirkungen oder Interferenzen mit anderen Medikamenten oder analytischen Verfahren beobachtet.

## Diskussion

Die Elimination von Cefotaxim ist bei Patienten nach Lebertransplantation entsprechend dem Grad der Einschränkung der Leberfunktion und Nierenfunktion vermindert, wobei sich eine hohe Variabilität finden läßt. Die terminale Halbwertszeit von Cefotaxim war bei allen Patienten, insbesondere aber nach Abstoßung und bei Nichtfunktion deutlich (bis zu 11 h) verlängert. Im Vergleich dazu liegen diese Werte bei gesunden Probanden im Bereich von 0,6 bis max. 1,4 Stunden (1). Über verlängerte terminale Halbwertszeiten wurde ebenfalls bei Patienten mit Leberzirrhose berichtet (5).

Als weiterer wichtiger Parameter der Eliminations-Charakteristik nach Lebertransplantation wurde die totale Cefotaxim-Clearance bestimmt. Bei gesunden Probanden beträgt diese 250–350 ml/min, obgleich auch 140 bis 410 ml/min beschrieben wurden. In unseren Untersuchungen zeigten sieben der 12 Patienten eine deutliche Reduktion der Clearance unter 80 ml/min, darunter alle Patienten mit Nichtfunktion und die Hälfte der Patienten mit Transplantatabstoßung. Auch bei Patienten mit Leberzirrhose wurden Einschränkungen der Cefotaxim-Clearance gefunden (5). Die Menge des renal ausgeschiedenen Cefotaxims betrug 6–69% der gegebenen Gesamtdosis von 1 g, während bei Gesunden 40–60% im Urin ausgeschieden werden (7). Damit lagen vier von sieben Patienten mit dokumentierter kumulativer Cefotaxim-Urin-Exkretion unter den Normwerten.

Eine alleinige Einschränkung der Nierenfunktion erklärt jedoch die bei unseren Patienten gemessenen Veränderungen der Pharmakokinetik nicht, da selbst eine stark verminderte Nierenfunktion keine derart deutlichen Einschränkungen der Cefotaxim-Clearance bewirkt. Untersuchungen bei Patienten mit terminaler Niereninsuffizienz haben ergeben, daß die terminale Halbwertszeit von Cefotaxim auf Werte von etwa 2–4 Stunden verlängert ist und die Cefotaxim-Clearance einen Wert von 125 ml nicht unterschreitet, wenn die Kreatinin-Clearance mehr als 30 ml/min beträgt (2, 7). Bei unseren Patienten wurde eine Kreatinin-Clearance von 30 ml/min nicht unterschritten, so daß die Befunde durch eine zusätzliche verminderte Metabolisierungskapazität nach Lebertransplantation erklärbar sind. Dabei ist die Veränderung der Cefotaxim-Kinetik besonders auffällig in Phasen der Transplantatabstoßung und bei Lebertransplantat-Nichtfunktion. Dies wird auch bei dem desacetylierten Metaboliten deutlich. Zwar wurden für die meisten Patienten Normwerte für die Maximalkonzentrationen im Plasma dokumentiert, jedoch wurde bei zwei Patienten der Nichtfunktionsgruppe überhaupt kein Metabolit nachgewiesen. Die Metabolitbildung war bei der Mehrzahl der Patienten innerhalb von 5 Minuten nachweisbar. Jedoch bestand bei vier Patienten eine deutliche Verzögerung mit bis zu 24 Stunden. Bei diesen Patienten lag auch gleichzeitig eine deutlich verlängerte terminale Halbwertszeit von Cefotaxim vor. Somit wird das Plasmakonzentration-Zeit-Profil sowohl durch eine verlängerte Metabolisierung als auch durch eine beeinträchtigende renale Exkretion hervorgerufen.

Zusammenfassend läßt sich feststellen, daß es nach Lebertransplantation – bedingt durch eine reduzierte metabolische Kapazität des Transplantats – zu einer Verlängerung der terminalen Halbwertszeit von Cefotaxim kommt. Es empfiehlt sich somit nach Lebertransplantation eine Dosisreduktion auf die Hälfte der Normaldosis, insbesondere bei Nichtfunktion und Abstoßung.

## Literatur

1. **Balant, L., P. Dayer, R. Auckenthaler.** 1985. Clinical Pharmacokinetics of the Third Generation Cephalosporins. Clin. Pharmacokinet. 10: 101–143.
2. **Bergan, T., E. W. Larsen, E. K. Brodwall.** 1982. Pharmacokinetics of a New Cephalosporin, Cefotaxim (HR 756) in Patients with Different Renal Functions. Chemotherapy 28: 85–104.
3. **Dell, D., J. Chamberlain, F. Coppin.** 1981. Determination of Cefotaxime and Desacetyl-Cefotaxime in Plasma and Urine by High Performance Liquid Chromatography. J. Chromatogr. 226: 431–440.
4. **Dummer, J. S., A. Hardy, A. Poorsattar, M. Ho.** 1983. Early Infections in Kidney, Heart and Liver Transplant Recipients on Cyclosporin. Transplantation 36: 259–267.
5. **Höffken, G., H. Lode, P. Koeppe, M. Ruhnke, K. Borner.** 1984. Pharmacokinetics of Cefotaxime and Desacetyl-Cefotaxime in Cirrhosis of the Liver. Chemotherapy 30: 7–17.
6. **Hünefeld, G., C. Brölsch, P. Neuhaus, R. Pichlmayr.** 1984. Probleme der Antibiotika-Therapie bei großen leberchirurgischen Eingriffen. S. 181–190. In Paul-Ehrlich-Gesellschaft/E. Ungeheuer, H. Knothe (Hrsg.) Bedeutung der Cephalosporine in der Chirurgie. FAC 3–2. Fortschr. antimikr. antineopl. Chemother. Futuramed Verlag, München.
7. **Matzke, G. R., P. A. Abraham, C. E. Halstenson, W. F. Keane.** 1985. Cefotaxim and Desacetyl-Cefotaxim Kinetics in Renal Impairment. Clin. Pharmacol. Ther. 38: 31–36.
8. **Metzler, C. M., G. L. Elfring, A. J. McEwen.** 1974. A Package of Computer Programs for Pharmacokinetic Modeling. Biometrics 30: 562.
9. **Paya, C. V., P. E. Hermanes, J. A. Washington, T. F. Smith, J. P. Anhalt, R. H. Wiesner, R. A. F. Krom.** 1989. Incidence, Distribution, and Outcome of Episodes of Infection in 100 Orthotopic Liver Transplantations. Mayo. Clin. Proc. 64: 555–564.
10. **Wiesner, R. H., P. E. Hermans, J. Rakela, J. A. Washington, J. D. Perkins, S. DiCecco, R. Krom.** 1988. Selective Bowel Decontamination to Decrease Gramnegative Aerobic Bacterial and Candida Colonization and Prevent Infections after Orthotopic Liver Transplantation. Transplantation 45: 570–574.

**FAC** Fortschritte der antimikrobiellen u. antineoplastischen Chemotherapie Band 11-1, 1992 S. 85-92 85
ISSN 0722-7566 ISBN 3-923599-67-6

# Neuere Aspekte zur Pathophysiologie und Therapie der Peritonitis

D. INTHORN, A. BILLING

*Chirurgische Klinik und Poliklinik, Klinikum Großhadern der Ludwig-Maximilians-Universität, Marchioninistraße 15, D-8000 München 70*

Die Bauchfellentzündung stellt pathologisch-anatomisch nie eine Erkrankung sui generis dar, sie entsteht vielmehr immer reaktiv auf mechanische, chemische oder bakterielle Reize. So ist die regelmäßig zu beobachtende postoperative abakterielle Peritonitis im Gefolge des operativen Traumas ohne Zweifel die häufigste Form der Peritonitis überhaupt und gleichzeitig Voraussetzung für viele postoperative Heilungsvorgänge. Für den Kliniker stellt die Peritonitis dagegen ein eigenes Krankheitsbild dar, das im Gefolge einer intraabdominellen Infektion mit charakteristischen abdominellen und bei länger dauernder Erkrankung den Gesamtorganismus betreffenden systemischen Krankheitszeichen auftritt.

## Einteilung der Peritonitis

Klinisch wird die Peritonitis entsprechend ihrer Genese in eine primäre und sekundäre Form unterteilt (Tab. 1). Ein Defizit der spezifischen und/oder unspezifischen körpereigenen Abwehrmechanismen ist Voraussetzung für die Entstehung einer primären (spontanen) Peritonitis. Kleinkinder, Patienten im hohen Lebensalter und Kranke mit Leberzirrhose oder malignem Grundleiden sind als Risikopatienten in dieser Gruppe vertreten. Auch die tuberkulöse Peritonitis ist hier einzuordnen. Sekundäre Peritonitiden sind wesentlich häufiger als primäre. Sie treten als Komplikation einer Erkrankung des Gastrointestinaltrakts (Ulcusleiden, entzündliche Erkrankungen des Darmes, Ileus), als postoperative Komplikation (Nahtinsuffizienz, intraoperative Kontamination der Bauchhöhle) und nach stumpfen oder perforierenden Traumen des Abdomens auf.

**Tabelle 1:** Klinische Einteilung der Peritonitis

| |
|---|
| *Primäre Peritonitis* |
| Lymphogen/hämatogen |
| – Resistenzminderung |
| – Immunschwäche |
| *Sekundäre Peritonitis* |
| Perforation/Nahtinsuffizienz |
| – Gastrointestinaltrakt |
| – Bauchwand |
| Keimdurchwanderung |
| – Darmwandnekrose |
| – entzündliche Darmwand |
| Kontamination |
| – intraoperativ |
| – Peritonealdialyse |

***Keywords:*** *Peritonitis – Granulozytenfunktion – Opsonierungskapazität – Pathophysiologie*

**Tabelle 2:** Mikroskopische Einteilung der Peritonitis und Faktoren der körpereigenen Abwehr im Exsudat

| Stadium | Exsudation/Einwanderung |
|---|---|
| serös | Komplement, IgG, IgM, Fibronektin |
| fibrinös | Fibrinogen, lösliches Fibrinmonomer |
| putride | Granulozyten, Makrophagen, Lymphozyten, Erythrozyten |

Mikroskopisch lassen sich drei Stadien der Peritonitis nachweisen, die fließende Übergänge zeigen oder auch gleichzeitig nebeneinander vorliegen können: Bereits wenige Minuten nach bakterieller Kontamination des Peritoneums entsteht das serös-exsudative Stadium, das vom fibrinösen Stadium gefolgt wird. Innerhalb von wenigen Stunden entwickelt sich dann die putride Peritonitis. Mit dem entzündlichen Exsudat gelangen Faktoren der unspezifischen und spezifischen Abwehrmechanismen wie Opsonine, Immunglobuline, Gerinnungsfaktoren und phagozytierende Zellen auf die peritoneale Oberfläche (Tab. 2).

## Peritoneale Clearancemechanismen

Die nahezu zwei Quadratmeter große peritoneale Oberfläche verhält sich überwiegend wie eine semipermeable Membran. Der Flüssigkeitseinstrom in die Bauchhöhle kann aber innerhalb kurzer Zeit dadurch drastisch gesteigert werden, daß sich die Mesothelzellen auf bakterielle entzündliche Reize hin rasch zusammenziehen, so daß zwischen ihnen weite Lücken entstehen (Abb. 1). An der Zwerchfellunterseite und im kleinen Becken lassen sich zudem Stomata nachweisen, die einen Durchmesser von 8–12 μm haben (1). Sowohl durch diese Stomata als auch durch die interzellulären Spalten erfolgt

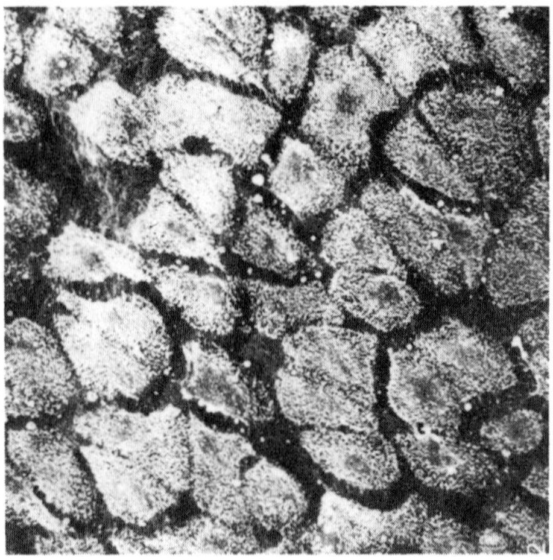

**Abbildung 1:** Lücken zwischen Mesothelzellen nach kurzzeitigem Reiz (nach *Lierse*, 1985)

ein rascher Abtransport von löslichen und korpuskulären Elementen in den Ductus thoracicus. Im Tierexperiment lassen sich nach intraperitonealer Injektion von Keimen die Bakterien bereits wenige Minuten später in der Lymphe des D. thoracicus nachweisen (5).

Durch die interzellulären Lücken gelangen andererseits sehr rasch wesentliche Komponenten der körpereigenen Abwehr nach intraabdominal. Von größter Bedeutung sind hier die Immunglobuline vom IgG- und IgM-Typ, Komplementfaktoren (C3) und polymorphkernige neutrophile Granulozyten. IgG und das durch proteolytische Spaltung aus C3 entstehende C3b sind die wichtigsten Opsonine, mit denen Bakterien und andere Fremdsubstanzen für die Phagozytose durch neutrophile Granulozyten und Makrophagen kenntlich gemacht werden.

Bakterielle Entzündungen aktivieren systemisch und lokal die drei humoralen Kaskadensysteme: das Gerinnungs-/Fibrinolyse-, das Komplement- und das Kallikrein/Kinin-System. Faktoren aus diesen Systemen aktivieren wiederum gewebeständige

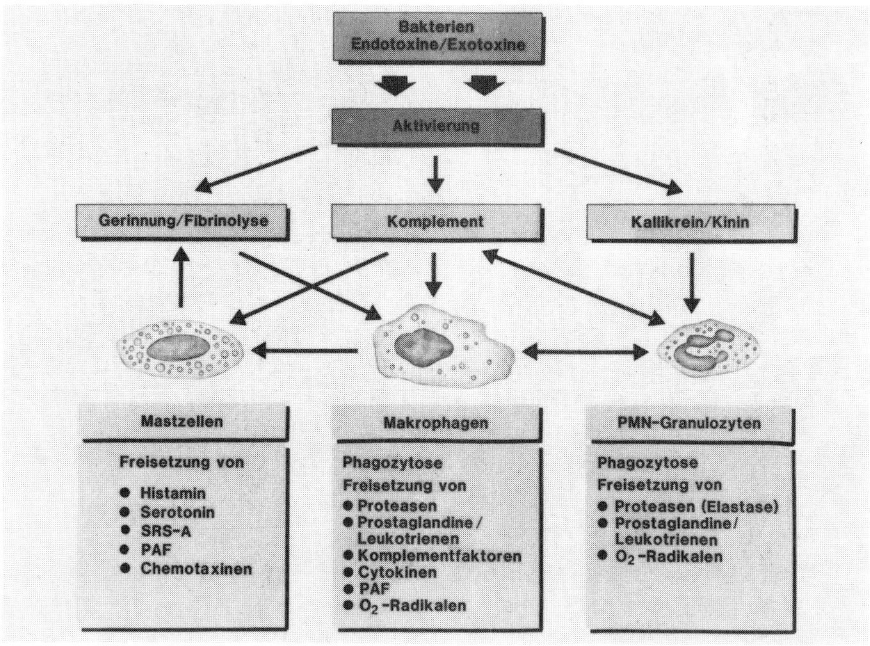


**Abbildung 2:** Entzündliche Aktivierung von humoralen Kaskadensystemen und Entzündungszellen sowie Freisetzung zellulärer Mediatoren

und zirkulierende Entzündungszellen. Diese Zellen sind in der Lage, eine Vielzahl von Faktoren in ihre Umgebung abzugeben, die das Entzündungsgeschehen begrenzen, aber auch perpetuieren oder sogar verstärken können (Abb. 2).

Ganz offensichtlich sind solche Mediatoren des Entzündungsgeschehens auch in der Lage, die für die Opsonierung wichtigsten Proteine (IgG, C3) durch Spaltung zu inaktivieren. So war die im Peritonitisexsudat nachweisbare Opsonierungskapazität deutlich niedriger, als nach den immunologisch gemessenen Konzentrationen von IgG und C3 zu erwarten war (2). In der Immunelektrophorese läßt sich im Exsudat ein Spaltprodukt sowohl von IgG als auch von C3 nachweisen. Interessanterweise nimmt die Konzentration dieser beiden Spaltprodukte im granulozytenreichen Exsudat unter gleichzeitiger Abnahme der Ursprungsproteine zu,

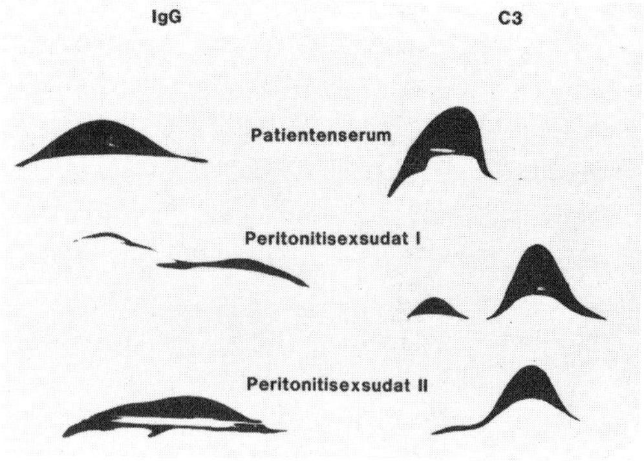


**Abbildung 3:** Spaltung von IgG und C3 im granulozytenärmeren (oben) und granulozytenreichen (unten) Peritonitisexsudat

so daß die Vermutung nahe liegt, daß aus neutrophilen Granulozyten frei werdende Proteasen oder Sauerstoffradikale zur Spaltung und Inaktivierung dieser Opsonine führen (Abb. 3).

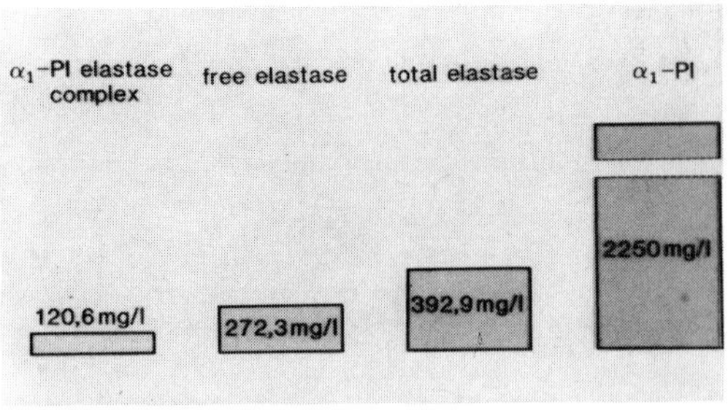


**Abbildung 4:** Konzentrationen von freier und komplexierter lysosomaler Elastase und des $\alpha_1$-Proteinaseinhibitors im Peritonitisexsudat eines Patienten mit purulenter Peritonitis

**Tabelle 3:** Einflüsse von Begleitstoffen im Exsudat auf peritoneale Clearancemechanismen

| Begleitstoff | Folgen |
|---|---|
| Blut | Bakterienvermehrung ↑<br>Chemotaxis ↓ |
| Fibrin | Einschluß von Bakterien |
| Galle | PMN-Funktionen ↓<br>Mesothelzellschädigung |
| Flüssigkeit | Verdünnung von Opsoninen<br>Abschwemmen von Phagozyten |

Daß es zu einer massiven Freisetzung von aktiven Proteasen aus den Lysosomen von neutrophilen Granulozyten in das Peritonitisexsudat kommt, läßt sich beispielhaft an der Elastase zeigen. Aus den Neutrophilen in ihre Umgebung freigesetzte Elastase wird sofort durch ihren natürlichen Inhibitor, den $\alpha_1$-Proteinaseinhibitor, gebunden und inaktiviert. Im Peritonitisexsudat fanden wir bei einem Patienten mit purulenter Peritonitis eine Konzentration von 120 mg/l von komplexierter Elastase. Dies entspricht etwa dem 1000fachen des Normalwerts im Plasma Gesunder. Daneben war aber auch freie Elastase in aktiver Form in hoher Konzentration nachweisbar, obwohl $\alpha_1$-Proteinaseinhibitor ebenfalls in großen Mengen im Exsudat vorhanden war (Abb. 4).

*Johnson* und Mitarbeiter konnten nachweisen, daß das reaktive Zentrum von $\alpha_1$-Proteinaseinhibitor oxidativ inaktiviert werden kann, ohne daß das Molekül seine immunologischen Eigenschaften verändert (11). Wahrscheinlich sind es hochreaktive Sauerstoffverbindungen aus den Phagozyten, die für diesen Inaktivierungsschritt im Peritonitisexsudat und auf der peritonealen Oberfläche verantwortlich sind. Die Fähigkeit der neutrophilen Granulozyten zur Freisetzung solcher Sauerstoffverbindungen kann mit Hilfe der Stimulierbarkeit zur Chemilumineszenz gemessen werden. Wir konnten zeigen, daß gerade bei Patienten mit schwersten Infektionen wie der Peritonitis die Fähigkeit der Granulozyten zur Freisetzung solcher Sauerstoffradikale exzessiv gesteigert ist (8).

Durch eine Vielzahl von Begleitstoffen, die mit den Bakterien bei der Peritonitis in die Abdominalhöhle gelangen, werden die lokalen Abwehrmechanismen auf der peritonealen Oberfläche und im Exsudat in ihrer Wirksamkeit beeinträchtigt (Tab. 3). *Hau* hat bereits 1983 ausführlich über solche Interferenzen berichtet (7). Die schwere Infektion verändert aber nicht nur die lokalen Abwehrmechanismen, es kommt vielmehr auch systemisch zur Beeinträchtigung von spezifischen und unspezifischen Faktoren der körpereigenen Abwehr (3).

Da den Neutrophilen eine hervorragende Bedeutung bei der primären Abwehr von invadierten Keimen zukommt, haben wir die Fähigkeit dieser Zellen zur Phagozytose und zum intrazellulären Abtöten von E. coli bei Patienten mit schwerster Peritonitis und Sepsis überprüft (10). Den Zellen wurden opsonierte E. coli zugesetzt. Es zeigte sich eine drastische Verringerung der Phagozytoseleistung und eine weniger stark ausgeprägte Einschränkung des intrazellulären Killing von E. coli. Die insgesamt daraus resultie-

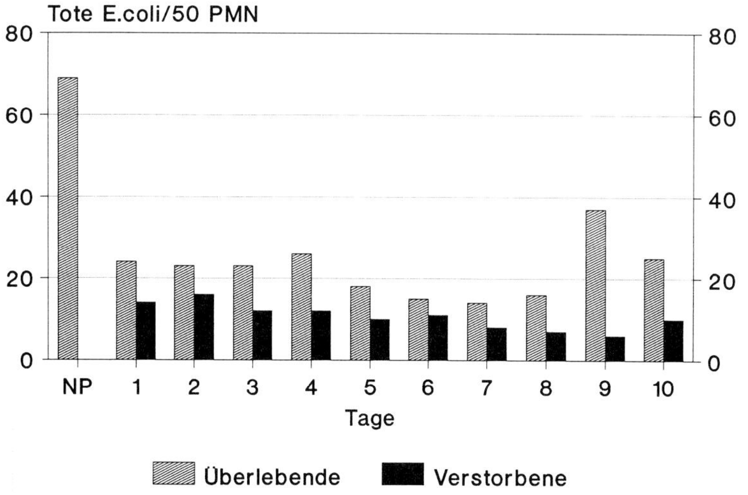


**Abbildung 5:** Zahl der von 50 Granulozyten intrazellulär abgetöteten E. coli bei Patienten mit Peritonitis/Sepsis im Krankheitsverlauf. NP = Wert von Normalprobanden

rende erhebliche Einschränkung der Bakterizidiepotenz dauerte bei den schweren Krankheitsbildern teilweise drei Wochen an und war gerade bei den im späteren Krankheitsverlauf versterbenden Patienten primär stärker ausgeprägt als bei den überlebenden (Abb. 5). Erstaunlicherweise ist die intrazelluläre Bakterizidie eingeschränkt, obwohl die Granulozyten von Patienten mit schwersten Infektionen in der Lage sind, auf einen definierten Stimulus wesentlich mehr Sauerstoffradikale zu bilden als die von gesunden Probanden (8).

**Tabelle 4:** Primäres Keimspektrum von 50 Peritonitisexsudaten (*Inthorn* et al., 1989)

| | |
|---|---|
| Aerobier | |
| E. coli | 28 |
| Streptokokken | 15 |
| Enterokokken | 10 |
| S. aureus | 9 |
| P. aeruginosa | 7 |
| Klebsiella | 7 |
| Proteus | 6 |
| andere | 10 |
| Anaerobier | |
| Bacteroides spp. | 13 |
| andere | 8 |
| Candida spp. | 3 |

## Bakteriologie

Der Intestinaltrakt ist normalerweise mit etwa 400 verschiedenen Bakterienstämmen besiedelt. In der freien Bauchhöhle können nach einem Perforationsereignis von dieser Vielzahl nur wenige überleben, so daß das Keimspektrum, welches üblicherweise bei der Peritonitis angetroffen wird, begrenzt ist (Tab. 4). Da es sich zumindest bei der sekundären Peritonitis primär fast immer um Mischinfektionen handelt, sind synergistische Wirkungen verschiedener Bakterienarten von Bedeutung. Solche synergistischen Effekte wurden deshalb tierexperimentell untersucht.

Bacteroides spp., den bei der Peritonitis vorherrschenden Anaerobiern, wurde nach solchen Untersuchungen eine Pathogenität nur dahingehend zuerkannt, daß sie in der Mischinfektion zusammen mit aeroben Keimen für die Abszeßbildung in der Spätphase der Peritonitis verantwortlich sind. Bei Monoinfektionen mit Bacteroides-Arten war weder eine Frühletalität noch eine spätere Abszeßbildung zu beobachten (14). Diese Ergebnisse führten eindeutig zu einer Unterschätzung der Pathogenität von Bacteroides-Arten. In weiterführenden Untersuchungen wurde gezeigt, daß bekapselte Bacteroides-Arten sehr wohl auch in der Monoinfektion Abszesse hervorrufen können. Verantwortlich für diese veränderte Pathogenität ist offensichtlich ein Polysaccharid der Kapselmembran (15).

Auch den Enterokokken wurde nach solchen Untersuchungen nur eine geringe Bedeutung zugesprochen. Bei Monoinfektionen mit diesem Keim war keine Letalität und Spätabszeßbildung zu beobachten und bei Mischinfektionen mit E. coli wurde die Letalität nicht erhöht. Ein synergistischer Effekt kam nur in einer Mischinfektion mit B. fragilis zustande. Bei diesen Tieren traten Spätabszesse auf, die weder bei einer Monoinfektion mit Enterokokken noch der mit B. fragilis auftraten (14).

*Dalhoff* zeigte in einem Peritonitismodell, daß bei einer Mischinfektion mit Enterokokken und einem E. coli, der Bacteriocin oder Microcin bildet, die Lebensbedingungen für die Enterokokken so verändert werden, daß diese Keime aus der Mischinfektion verschwinden. Ein solcher antagonistischer Effekt war jedoch nur bei einem Populationsverhältnis von E. coli zu S. faecalis von etwa 100:1 zu beobachten. Bei einer Verkleinerung dieses Populationsverhältnisses kam es dagegen zu einem synergistischen Effekt mit der Entwicklung einer Enterokokken-Sepsis (4).

# Therapie

## Operative Maßnahmen

Die Behandlungsergebnisse bei der eitrigen Peritonitis sind auch heute noch unbefriedigend. Ein bahnbrechender Fortschritt in der operativen Therapie der eitrigen Bauchfellentzündung waren die von *Kirschner* 1926 aufgestellten Behandlungsprinzipien (12):

1. Sanierung der Infektionsquelle
2. Säuberung der Bauchhöhle
3. Drainage des Abdominalraumes

Die konsequente Durchführung dieser operativen Therapiemaßnahmen senkte die Letalität des Krankheitsbildes von durchschnittlich 80 bis 90% auf 40 bis 50% (16).

Zu diesen rein operativen Behandlungstrategien kam als nächstes Prinzip das der Behandlung der bestehenden und der Verhütung weiterer intraabdomineller Infektionen. Dieses Ziel wird sowohl operativ als auch durch adjuvante Therapiemaßnahmen angestrebt.

Eine Vielzahl von operativen Strategien wurde bis heute entwickelt, um die genannten Behandlungsziele zu erreichen (6). Allein die Forderung nach Verschluß oder Ausschaltung der Peritonitisquelle als Ursache des weiteren pathogenetischen Geschehens bereitet jedoch oft größte Schwierigkeiten. So war die Todesursache bei neun von siebzehn verstorbenen Peritonitiskranken eine chirurgisch nicht sanierbare Perforation beziehungsweise Nahtinsuffizienz im Gastrointestinaltrakt (9). Hier gilt es neue operative Techniken zu entwickeln, die eine bessere Sanierung der Peritonitisquelle erlauben. Auch die intra- und postoperative Spülung der Abdominalhöhle mit und ohne Zusatz von Antibiotika oder Antiseptika, diskontinuierlich oder kontinuierlich durchgeführt, hat bis heute keinen weiteren signifikanten

Fortschritt in den Behandlungsergebnissen bei der Peritonitis erbracht.

### Antibiotika

Bis heute gibt es keine kontrollierte Studie, die eine Verbesserung der Therapieergebnisse durch den Einsatz von Antibiotika belegt. Bei der Schwere des Krankheitsbilds, das häufig alle Kriterien einer allgemeinen Infektion und Sepsis erfüllt, erscheint der Einsatz von Antibiotika jedoch sinnvoll. In Anbetracht des Keimspektrums und der geschilderten synergistischen Effekte muß eine solche Therapie neben der coliformen Flora prinzipiell auch die Enterokokken und die Anaerobier in ihrem Spektrum berücksichtigen. Bei der Initialtherapie kann dies bisher nur im Sinne einer kalkulierten Chemotherapie erfolgen. Es ist daher zu fordern, daß die Mikrobiologen Systeme zur Verfügung stellen, die eine wesentlich schnellere Keimidentifizierung und Bestimmung der Resistenzlage ermöglichen.

### Immunmodulation

Therapieansätze, die eine Verbesserung der Resistenz und der spezifischen körpereigenen Abwehr ermöglichen könnten, gibt es bisher nur wenige. Eine solche Immunmodulation kann die lokalen intraabdominellen (verbesserte Opsonierung, Steigerung von Phagozytose und intrazellulärer Bakterienabtötung durch Granulozyten und Makrophagen) als auch die systemischen Abwehrmechanismen (Verbesserung der T-Zellen vermittelten Immunität) betreffen. Wegen der außerordentlichen Vielfalt und zum großen Teil auch noch unbekannten Interaktionen zwischen zellulären und humoralen Systemen, erscheinen solche Therapieansätze für die Klinik noch lange nicht durchführbar. Neben einer Verbesserung der operativen Techniken bestünden aber gerade auf diesem Gebiet die größten Hoffnungen, die Letalität der Peritonitis weiter zu senken.

## Literatur


1. **Allen, L.** 1936. The Peritoneal Stomata. Anat. Rec. 67: 89–99.
2. **Billing, A., H. Kortmann, D. Fröhlich, M. Jochum.** 1989. Breakdown of C3 Complement and IgG in Peritonitis Exudate – Pathophysiological Aspects and Therapeutic Approach. Progr. Clin. Biol. Res. 308: 527–533.
3. **Christou, N. V.** 1990. Systemic and Peritoneal Host Defense in Peritonitis. World J. Surg. 14: 184–190.
4. **Dalhoff, A.** 1983. Experimentelle Peritonitis mit antagonistischen Mischinfektionen von Escherichia coli und Streptococcus faecalis. S. 459–465. In Paul-Ehrlich-Gesellschaft/D. H. Wittmann (Hrsg.). Intraabdominelle Infektionen. FAC 2–3. Fortschr. antimikr. antineoplast. Chemother. Futuramed Verlag, München.
5. **Dunn, D. L., R. A. Barke, D. C. Ewald, R. L. Simmons.** 1987. Macrophages and Translymphatic Absorption Represent the First Line of Host Defense of the Peritoneal Cavity. Arch. Surg. 122: 105–110.
6. **Farthmann, E. H., U. Schöffel.** 1990. Principles and Limitations of Operative Management of Intraabdominal Infections. World J. Surg. 14: 210–217.
7. **Hau, T.** 1983. Host Defense in Peritoneal Infections. S. 479–487. In Paul-Ehrlich-Gesellschaft/D. H. Wittmann (Hrsg.). Intraabdominelle Infektionen. FAC 2–3. Fortschr. antimikr. antineopl. Chemother. Futuramed Verlag, München.
8. **Inthorn, D., T. Szczeponik, D. Mühlbayer, M. Jochum, H. Redl.** 1987. Studies of Granulocyte Function (Chemiluminescence Response) in Postoperative Infection. Prog. Clin. Biol. Res. 236B: 51–58.
9. **Inthorn, D., D. Mühlbayer, W. H. Hartl.** 1989. Ticarcillin/Clavulanate in the Treatment of Severe Peritonitis. J. Antimicrob. Chemother. 24, Suppl. B: 141–146.
10. **Inthorn, D., D. Mühlbayer.** 1991. Sepsisinduzierte Einschränkung der Bakterizidiemechanismen von neutrophilen Granulozyten. Langenbecks Arch. Chir. Suppl. Chir. Forum: 417–421.
11. **Johnson, D., Travis, J.** 1979. The Oxidative Inactivation of Human alpha$_1$-Proteinase Inhibitor: Further Evidence for Methionine at the Reactive Center. J. Biol. Chem. 254: 4022–4026.
12. **Kirschner, M.** 1926. Die Behandlung der akuten eitrigen freien Bauchfellentzündung. Arch. klin. Chir. 142: 253–311.

13. **Lierse, W.** 1985. Das Peritoneum. Anatomische Grundlagen. Chirurg 56: 357–359.
14. **Onderdonk, A. B., J. G. Bartlett, T. Louie, N. Sulivan-Seigler, S. L. Gorbach.** 1976. Microbial Synergy in Experimental Intra-Abdominal Abscess. Infect. Immun. 13: 22–26.
15. **Onderdonk, A. B., D. L. Kasper, R. L. Cisneros, J. G. Bartlett.** 1977. The Capsular Polysaccharide of Bacteroides fragilis as a Virulence Factor: Comparison of the Pathogenic Potential of Encapsulated and Unencapsulated Strains. J. Infec. Dis. 136: 82–89.
16. **Wittmann, D. H., W. Teichmann, L. Frommelt.** 1985. Die Bedeutung der Infektionserreger für die Therapie der Peritonitis. Chirurg 56: 363–370.

# IV. Neue Indikationen in den letzten 10 Jahren

*Vorsitz: D. Adam, W. Stille*

**FAC** Fortschritte der antimikrobiellen u. antineoplastischen Chemotherapie Band 11–1, 1992 S. 95-98 
ISSN 0722-7566 ISBN 3-923599-67-6

# Die Entwicklung der Therapiestrategie mit Cephalosporinen

W. STILLE

*Johann Wolfgang Goethe-Universität, Zentrum der Inneren Medizin, Theodor-Stern-Kai 7, D-6000 Frankfurt 70*

## Geschichte der Antibiotika-entwicklung

Die ersten Jahre des Antibiotikaeinsatzes waren vor allem durch Nebenwirkungen und Fehlindikationen geprägt. Die Sulfonamide wurden 1933 entdeckt und in den späten 30er Jahren wurde Prontosil angewendet, das als Begleiterscheinung eine charakteristische Rotfärbung des Urins zeigte. Wenig später wurde Cibazol bei Grippe eingesetzt und verursachte als Nebenwirkung häufig Erbrechen. In den 40er Jahren wurden intramuskuläre und damit schmerzhafte Penicillin-Spritzen verabreicht. Zu dieser Zeit wurden auch Penicillin-Lutschtabletten gegen Angina ohne Rezept in der Apotheke verkauft.

In den 50er Jahren waren nur fünf Antibiotika von Bedeutung: Penicillin, Streptomycin, Tetracyclin, Chloramphenicol und Sulfonamide; am Rande existierten auch Polymyxine, Erythromycin, Oleandomycin, Novobiocin, Ristocetin und Vancomycin. Kurz darauf wurden halbsynthetische Penicilline wie Ampicillin, Methicillin und Oxacillin eingeführt. Später folgten die ersten Cephalosporine Cefalothin und Cefaloridin. Ein Nachteil der Cephalosporine lag – besonders bei Cefaloridin – in der Nephrotoxizität. Cefalothin erwies sich als nur wenig wirksam und wurde daher mit dem etwa zur gleichen Zeit entwickelten, ebenfalls nephrotoxischen Gentamicin kombiniert. In dieser frühen Phase entwickelte sich der kollektive Irrtum der Medizin über die Cephalosporine:

1. Alle Cephalosporine sind nephrotoxisch.
2. Penicilline hingegen sind nicht nephrotoxisch und daher besser als Cephalosporine.
3. Cephalosporine sind wegen ihrer Toxizität, aber auch aus Resistenzgründen Sekundärantibiotika.

Diese falschen Schlußfolgerungen haben die Cephalosporin-Therapie für viele Jahre behindert; es wurde erst sehr spät erkannt, daß durch Heranhängen von Seitenketten neben toxischen Cephalosporinen auch toxische Penicilline erzeugt werden können.

Anfang der 70er Jahre wurde Cefalothin in großem Umfang verwendet. Dann wurde das pharmakokinetisch wesentlich verbesserte und wirkidentische Cefazolin entwickelt. Durch Fehler in der Marketingstrategie und unzureichende Kenntnis der Indikationen

***Keywords:*** *Antibiotikaentwicklungen – Cephalosporine – Therapiestrategien*

war der Einsatz dieser Substanzklasse allerdings umstritten. Erst Mitte der 80er Jahre haben die Basiscephalosporine endlich einen angemessenen Platz in der Therapie erhalten. Sie sind Präparate der Wahl für banale, außerhalb der Klinik erworbene Infektionen, bei denen u. a. Staphylokokken eine Rolle spielen können.

Ein weiteres wichtiges Einsatzgebiet für Basiscephalosporine ist die perioperative Prophylaxe unkomplizierter Infektionen. Auch zur gezielten Therapie von Staphylokokken-Infektionen eignen sie sich besser als die ebenso aktiven, pharmakokinetisch aber wesentlich ungünstigeren Oxacillin-Derivate. In den vergangenen Jahren ist der Einsatz der Basiscephalosporine mit den Repräsentanten Cefazolin und Cefazedon gestiegen.

## Antibiotikaentwicklung in den 70er Jahren

Anfang der 70er Jahre wurden die Cephalosporine der 2. Generation entwickelt. Die Bundesrepublik war das erste Land, in dem Cefoxitin als Handelspräparat zugelassen wurde. Wenig später kam das erste Oxim-Cephalosporin Cefuroxim in den Handel. Beide Cephalosporine, die sich in ihrer Wirkung durchaus unterscheiden, haben ihre Position bis heute weitgehend behalten. Es sind Präparate, die bei leichten Infektionen im Hospitalbereich und zur perioperativen Prophylaxe eingesetzt werden. Da beide Präparate nun bereits seit einigen Jahren auf dem Markt sind, erscheint eine Ablösung durch aktivere Derivate mit gleichem Wirkungsspektrum auf längere Zeit wahrscheinlich. Mit Cefotiam wurde ein weiterer Fortschritt in der Antibiotikaentwicklung erzielt: Erstmals wurde ein Aminothiazol-Ring angehängt und dadurch ein breiteres Wirkungsspektrum erreicht.

Ende der 70er Jahre gelang der Firma *Hoechst* der wissenschaftliche Durchbruch durch den Ankauf der Firma *Roussel*, in deren Besitz sich ein erstklassiges, hochaktives Aminothiazol-Oxim-Cephalosporin, das Cefotaxim, befand. Cefotaxim kann auch als chemischer Zwitter von Cefuroxim und Cefotiam angesehen werden. Mit Cefotaxim ist insbesondere bei gramnegativen Erregern bereits im Nanogrammbereich eine Aktivität erreicht, die früher für undenkbar gehalten wurde. Cefotaxim ist damit das aktivste Cephalosporin mit breitestem Wirkungsspektrum. Auch spätere Cephalosporin-Neuentwicklungen konnten die Wirksamkeit von Cefotaxim nur unwesentlich übertreffen. Cefotaxim ist ohne Zweifel die Leitsubstanz der breit wirksamen Cephalosporine, die ein wenig irreführend als Drittgenerations-Cephalosporine bezeichnet werden; treffender erscheint die Bezeichnung als Substanzen der Cefotaxim-Gruppe. Wenig später wurde Latamoxef (Moxalactam) entwickelt, das ein noch breiteres Wirkungsspektrum aufweist, aber aufgrund von Nebenwirkungen (Störung der Thrombozyten-Aggregation und Prothrombin-Antagonismus) selten zum Einsatz kam.

In den 60er und 70er Jahren waren Infektionen durch unbehandelbare gramnegative Erreger keineswegs selten. Patienten mit Klebsiella-Pneumonien oder Klebsiella-Mediastinitis konnten nur durch Behandlung mit nicht zugelassenen Veterinärtherapeutika gerettet werden. Mit der Entwicklung von Cefotaxim ist das Therapieproblem bei therapieresistenten Infektionen mit gramnegativen Erregern gelöst worden.

Heute sind nur noch Infektionen mit bestimmten hochresistenten Corynebakterien, hochresistenten Staphylokokken, Enterokokken (Streptococcus faecium) und bestimmten Mykobakterien (M. avium-intracellulare) mit Cefotaxim alleine bzw. in Kombination unbehandelbar.

Die Enterokokken- und Pseudomonaslücke im Wirkungsspektrum der Cephalosporine läßt sich durch die Mitte der 70er Jahre entwickelten Acylaminopenicilline schließen. Zunächst wurde Azlocillin in Kombination mit Cefoxitin eingesetzt, heutzutage wird Cefotaxim plus Piperacillin als Kombinationstherapie angewendet. Dabei wird die breite Überlappung der Wirkungsspektren im Interesse eines Double-Cover-Effekts als positiv bewertet; die Therapie hat sich im randomisierten Vergleich bei neutropenischen Patienten bewährt. Durch Betalaktamkombinationen wurden lückenlose Breitspektrumtherapien erst ermöglicht, die sich in der Bundesrepublik weitgehend durchgesetzt haben. Diese Therapieformen kommen dann in Frage, wenn der Patient nur eine einzige Chance des therapeutischen Erfolgs hat. Hauptindikationen sind Infektionen bei Leukämiepatienten, schwere Septikämien, Peritonitis, schwerste Wund- und Gewebeinfektionen und foudroyante Infektionen anderer Genese.

Als Monotherapie wird Cefotaxim bei ungezielter Interventionstherapie nicht lebensbedrohender nosokomialer Infektionen eingesetzt, bei denen die Vortherapie mit einem weniger potenten Antibiotikum vorausgegangen ist. Des weiteren spielt Cefotaxim bei der gezielten Therapie von Infektionen durch Enterobakterien und Haemophilus sowie bei Meningitis (u. a. im Kindesalter) eine wichtige Rolle.

Als potentielle Entwicklungslinien für Cefotaxim sind folgende Aspekte zu nennen: Durch die hohe antibakterielle Aktivität eignet sich Cefotaxim gut zur Einmalgabe bei bestimmten Infektionen. Die Effektivität der einmaligen Gabe ist bei Gonorrhö, Harnwegsinfektionen der Frau, Typhus und Otitis media erwiesen. Eine Elimination von Haemophilus aus dem Bronchialtrakt müßte möglich sein; dementsprechende Studien sind jedoch noch nicht durchgeführt worden.

## Antibiotikaentwicklung in den 80er Jahren

Die wichtigsten Ereignisse der 80er Jahre waren der Aufstieg der Cefotaxim-Gruppe, die Renaissance der Basiscephalosporine und des Vancomycins, die Entwicklung der Gyrasehemmer bzw. des Imipenem. Dagegen nahm die Bedeutung der Aminoglykoside, der Oxacillin-Derivate, der Tetracycline sowie von Mezlocillin und Cotrimoxazol ab. Einige der Anfang der 80er Jahre eingeführten Antibiotika (u. a. Aztreonam, Temocillin, Mezillinam, Fosfomycin, Tetroxoprim) erwiesen sich mehr oder weniger als Enttäuschung. Der Versuch zur Entwicklung von Betalaktamasehemmern hat bislang nur zu Therapeutika geführt, deren Wirksamkeit den Basiscephalosporinen bestenfalls entspricht.

Wichtige therapeutische Konzepte wurden in den 80er Jahren weiterentwickelt. So erlebte die Kombinationstherapie eine Renaissance. Der therapeutische Effekt von Betalaktamantibiotika konnte bei schwer behandelbaren Pseudomonas- und Enterokokkeninfektionen durch Kombination mit Aminoglykosiden potenziert werden. Außerdem wurde die lückenlose Breitspektrumkombination entwickelt.

In den letzten Jahren wurde die Möglichkeit einer verbesserten Therapie ohne Erregernachweis aufgearbeitet. Zum einen ist hier die Interventionstherapie zu nennen, zum anderen der Einsatz von Einmalgaben, deren Konzept weitgehend in den 80er Jahren entwickelt wurde.

Ceftazidim und Ceftriaxon, zwei Substanzen aus der gleichen Gruppe, sind die wichtigsten Konkurrenten von Cefotaxim. Bei Ceftazidim muß die bessere Wirkung bei Pseudomonas-Infektionen gegen einen Wirkungsverlust bei Staphylokokken abgewogen werden.

Generell treten in der Klinik häufiger Infektionen mit Staphylokokken als mit Pseudomonaden auf, so daß dieses Präparat vor allem für isolierte Pseudomonas-Infektionen eingesetzt werden sollte.

Bei Ceftriaxon ergibt sich ein anderes Bild. Um die Halbwertszeit dieses nierengängigen Antibiotikums zu verlängern, wurde eine Seitenkette angefügt, die die renale Elimination verhindert. Daraus resultiert eine hohe biliäre Elimination. Gerade bei Betalaktamantibiotika mit einem breiten Wirkungsspektrum ist zu bedenken, daß hohe biliäre Spiegel auch zu hohen intestinalen Spiegeln und damit zu einem hohen Selektionsdruck führen können.

Generell läßt sich sagen, daß in den letzten Jahren die Antibiotikatherapie – dank Cefotaxim, Imipenem und Gyrasehemmern – gut handhabbar geworden ist. Sicherlich besteht noch eine Diskrepanz zwischen der theoretisch möglichen optimalen Antibiotikatherapie und der praktisch durchgeführten Behandlung. Aufgrund der bestehenden Vielzahl von zugelassenen Antibiotika ist unter den Ärzten die Unsicherheit gewachsen und es kommt teilweise zu falschen Anwendungen. Das wirkliche Problem der Antibiotikatherapie ist heute nicht mehr das Fehlen antibakteriell wirksamer Substanzen, sondern vielmehr ein didaktisches Problem. Erstklassige Antibiotika werden allzu oft falsch angewandt.

## Ausblick

In den 90er Jahren werden neue oral einsetzbare Cephalosporine wie Cefixim, insbesondere in der Pädiatrie, eine wichtige Rolle spielen. Interessant erscheinen auch neue Makrolide wie Roxithromycin, Azithromycin und Clarithromycin sowie Weiterentwicklungen des Vancomycins; Teicoplanin ist bereits auf dem Markt.

In der klinischen Entwicklung befinden sich eine ganze Reihe von neuen Gyrasehemmern, teils mit veränderten pharmakokinetischen Eigenschaften, teils auch mit anderen Wirkungsspektren. Es bleibt zu hoffen, daß hierbei auch geeignete Substanzen für die Therapie von Mykobakteriosen gefunden werden können.

Ein weiteres wichtiges Ziel ist, das Auftreten des septischen Schocks zu vermindern. Es hat sich gezeigt, daß offenbar der Tumornekrosefaktor (TNF) der wichtigste körpereigene Schockmediator ist. Die Entwicklung eines Anti-TNF ist bisher allerdings noch nicht eindeutig gelungen.

Ob das Anti-Endotoxin aus monoklonalen Antikörpern oder gar aus einer Chemikalie besteht, ist noch offen. So ist das in seiner Indikation umstrittene Durchblutungsmittel Trental (= Pentoxifyllin, *Albert-Roussel*) tierexperimentell bei Applikation vor Endotoxinausschwemmung hervorragend geeignet, einen Endotoxinschock zu unterdrükken. Zu diesem Präparat sollten viele Studien durchgeführt werden, da es sich um eine erstrangige Substanz handeln könnte.

Die wirklichen Herausforderungen der Chemotherapie haben sich vom Gebiet der Antibiotika zum Gebiet der antiinfektiösen Chemotherapie von Pilzinfektionen sowie Virusinfektionen verlagert. Diese Therapielinien sollten in Zukunft mit Nachdruck und hohem Engagement verfolgt werden.

**FAC** Fortschritte der antimikrobiellen u. antineoplastischen Chemotherapie Band 11-1, 1992 S. 99-102 
ISSN 0722-7566 ISBN 3-923599-67-6

# Die infizierte Gangrän – intraarterielle Antibiotika-applikation

K. ALEXANDER

*Medizinische Hochschule Hannover, Zentrum Innere Medizin und Dermatologie, Angiologische Abteilung, Konstanty-Gutschow-Straße 8, D-3000 Hannover 61*

Das Endstadium einer arteriellen Verschlußkrankheit stellt die Nekrosenbildung, meist im Akralbereich, dar. Ursache dafür ist ein zu geringes Sauerstoffangebot, das die Aufrechterhaltung des Strukturstoffwechsels nicht mehr ermöglicht. Besonders gefährdet sind Kranke mit Mehretagenverschlüssen, die zu einem drastischen Druckabfall in der poststenotischen Region führen oder Patienten, die wie Diabetiker oder Endangitiker bevorzugt periphere akrale Arterienverschlüsse aufweisen, welche nur einer sehr unzureichenden Kollateralgefäßversorgung zugängig sind. Funktionell handelt es sich hier praktisch um die Situation einer Endarterie.

Bei Diabetes mellitus verschärft sich die Lage durch das Zusammentreffen einer Makro- mit einer Mikroangiopathie, was dafür sorgt, daß verhängnisvolle Circuli vitiosi in Gang gesetzt werden.

Das Blut ist nicht NEWTON'sche Flüssigkeit verändert seine Viskosität in Abhängigkeit von der Fließgeschwindigkeit, so daß in poststenotischen Regionen mit einer stark beeinträchtigten Fluidität des Blutes zu rechnen ist. Diese wiederum reduziert die Fließgeschwindigkeiten in der Endstrombahn weiter, bis ohne zusätzliche Veränderungen der Vis a tergo schwere Mikrozirkulationsstörungen eintreten.

Seit den Untersuchungen von *VOLGER* und *SCHMID-SCHÖNBEIN* (18) weiß man, daß sich deutliche Abweichungen der Fließeigenschaften des Blutes, insbesondere bei Diabetikern, gegenüber Gesunden nachweisen lassen. Sie fanden vor allem ein ausgeprägtes strukturviskoses Potential des Diabetikerblutes. Dieses geht mit einer verminderten Erythrozytenverformbarkeit einher, die stark von der aktuellen metabolischen Situation abhängt. Ebenfalls beteiligt sind eine erhöhte Viskosität des Blutes und Plasmas sowie eine gesteigerte Erythrozytenaggregation, die auf einer erhöhten Fibrinogen- und Alpha-II-Makroglobulin-Konzentration beruhen und weniger stoffwechselabhängig erscheinen.

Wenn die morphologischen Veränderungen der diabetischen Mikro- und Makroangiopathie neben die veränderten Fließeigenschaften des Blutes auch noch die verschlechterten Fließbedingungen treten lassen, bricht die körpereigene Kompensation zusammen. So potenzieren sich rheologischer und morphologischer Defekt im Sinne einer Rückkopplung wechselseitig. Bezüglich der vielzitierten Infektabwehrschwäche scheint es sich nach neueren Untersuchungen so zu verhalten, daß granulozytäre Abwehr, Gammaglobuline, Komplement sowie T-Zellfunktion beim Diabetiker intakt sind, es sei denn, es liegt eine ketoacidotische Stoffwechsellage

***Keywords:*** *Antibiotika intraarteriell – mischinfizierte Gangrän – Diabetes mellitus – arterielle Verschlußkrankheit*

vor. Metabolisch vergleichsweise gut eingestellte Diabetiker haben auch eine entsprechend gute Infektabwehrlage.

Aufgrund des Zusammenwirkens einer Perfusionsminderung, einer herabgesetzten oder aufgehobenen Schmerzperzeption und invisibler Mikroläsionen kommt es bei organisch Durchblutungsgestörten, insbesondere aber bei Diabetikern, am Fuß leicht zu einer Infektion der Weichteile, die rasch auf die Sehnenloge und den Knochen übergreift. Das zog bis vor wenigen Jahren unausweichlich eine Grenzzonen- oder Gliedmaßenamputation nach sich.

So verwundert es nicht, daß bei Infektionen im Extremitätenbereich bereits früh durch die i.a. Applikation von Medikamenten versucht wurde, diese näher an den Infektionsherd heranzuführen. So applizierte *Stutzin* bereits 1918 Antiseptika intraarteriell, um Phlegmonen zu bekämpfen. Der bekannte Gefäßchirurg *Lèriche*, Erfinder der Sympathektomie, applizierte in den 40er Jahren Sulfonamide intraarteriell. *Schaffer*, *Christ* und *Pen* schließlich wagten die arterielle Applikation von Penicillin und berichteten über gute Therapieergebnisse (8).

Erste systematische Untersuchungen über die Anreicherung von i.a. applizierten Pharmaka führten dann *Widmer* et al. in den 60er Jahren durch: Sie verabreichten radioaktiv markierte Substanzen und stellten bei gleicher Dosierung eine zwei- bis dreifach höhere Gewebekonzentration bei arterieller Applikation gegenüber der systemischen Verabreichung fest.

Die positiven Ergebnisse der Schule um *Widmer* führten zur Etablierung der i.a. Antibiotikatherapie infizierter Nekrosen und insbesondere der diabetischen Gangrän mit Breitbandantibiotika. Seinerzeit stand vor allen Dingen Rolitetracyclin als Reverin® mit sehr guter Gefäßwandverträglichkeit zur Verfügung. Diese Therapie ist wegen der ungenügenden Erfassung wichtiger Erreger (Staphylokokken, Bacteroides, Pseudomonas (17)) sowie fehlender Bakterizidie heute zugunsten anderer Breitbandantibiotika weitgehend zurückgegangen.

1982 berichteten *Gottlob* und *Hugeneck* (6) über ausgezeichnete klinische Erfolge bei der intraarteriellen Applikation von Cefazolin, 1983 meine Arbeitsgruppe über sehr ermutigende Ergebnisse einer Pilotstudie mit Cefotaxim.

Diese Studien hatten eine wichtige Fundierung dadurch erfahren, daß *Gottlob* und *Hugeneck* (6) zunächst im Tierversuch der Frage nachgegangen waren, ob sich die Überlegung einer Anreicherung von Pharmaka durch i.a. Applikationen ohne Vorbehalt auf das pathologisch veränderte Gefäßsystem des Durchblutungsgestörten übertragen lasse. Mit anderen Worten stellte sich die Frage, ob bei vermindertem Flow distal eines Strombahnhindernisses ein ähnlich positiver Effekt bei i.a. Applikation zu erwarten ist wie beim Gesunden.

Im Tierversuch konnte bewiesen werden, daß bei einer experimenteller Drosselung des Blutstroms das Konzentrationsgefälle zwischen arteriellem und venösem Blut erhöht wird (6). Das heißt im umgekehrten Verhältnis zur Flußminderung kam es zu einer Anreicherung einer Testsubstanz distal der angelegten Stenose. Daraus ergab sich ein klarer Benefit: Je geringer die Fließgeschwindigkeit des Bluts im Rahmen einer arteriellen Verschlußkrankheit ist, desto höher ist die Wirkstoffkonzentration in der Endstrombahn, dem Ort der Manifestation des Durchblutungsleidens. Diese zunächst überraschende Erkenntnis zeigt also an, daß möglicherweise aufgrund der Strömungsverlangsamung im poststenotischen Gebiet ein besonders großer Gradient aufgebaut wird.

**Tabelle 1:** Die intraarterielle Antibiotikatherapie mit Cefotaxim bei Osteitis (nach *Metz* et al., 1987)

| Lokalisation | Anzahl | Therapieergebnis |
|---|---|---|
| Oberschenkelosteitis | n = 4 | 3 × gut, 1 × befriedigend |
| Unterschenkel- bzw. Vorfußosteitis | n = 12 | 9 × gut, 2 × befriedigend<br>1 Amputation |
| diabetische Osteitis | n = 13 | 13 × gut |

Gewebespiegel von Cefotaxim im Knochen:
intraarterielle Applikation: bis 24 μg/g
intravenöse Applikation: bis 6 μg/g

Die Voraussetzungen, die bei der i.a. Antibioktikagabe an das Präparat zu stellen sind, sind eine Unschädlichkeit für Arterienwand und Endothel, was eine sehr gute Punktionstechnik impliziert; hohe Bakterizidie gegenüber den Keimen, welche die mischinfizierte oder septische Gangrän besiedeln, und eine geringe Nephrotoxizität, insbesondere bei Diabetikern.

Inzwischen haben mehrere Arbeitsgruppen über sehr gute klinische Erfolge bei der Behandlung der mischinfizierten Gangrän mit Cefotaxim-Natrium berichtet. *Müller-Bühl* und *Diehm* (13) untersuchten 86 Patienten im Alter von 42 bis 86 Jahren, darunter 46 Diabetiker; in 80% der Fälle wird über eine klinische Besserung mit Abwendung der Amputation berichtet.

In Übereinstimmung mit unseren Ergebnissen wurde keine lokale oder systemische Unverträglichkeitsreaktion beobachtet. Zu betonen ist auch, daß die i.a. Infusion von Medikamenten bei einwandfreier Technik keinerlei Gefäßläsion nach sich zieht, welche die Hämodynamik beeinträchtigt. Dies konnte in unserer Arbeitsgruppe von *Ranke* mit duplex-sonographischen Untersuchungen der Arteria formalis communis eindeutig bewiesen werden (14).

Wir haben zwar in Gewebeproben nach i.a. Applikation von Cefotaxim-Natrium Gewebespiegel von im Mittel 8 μg/g Gewebe nachgewiesen; jedoch fehlen vergleichende Studien über Gewebespiegel nach i.v. und i.a. Cefotaxim-Gabe. Hier ist die Arbeit von *Metz* und Mitarbeitern (11) besonders bedeutsam, die bei insgesamt 29 Patienten, dabei 13 Diabetiker, eine i.a. Antibiotikatherapie mit Cefotaxim durchführten. Sämtliche Diabetiker waren amputationsbedroht, bei allen 13 Zuckerkranken konnte eine Ausheilung der diabetischen Osteitis erreicht werden (Tab. 1).

Die Gewebespiegel von Cefotaxim lagen im Knochen nach i.a. Applikation vier- bis fünfmal höher als nach i.v. Applikation, wobei nach i.a. Infusion Spiegel bis 24 μg/g, nach i.v. Applikation bis 6 μg/g Gewebe erreicht wurden. Wenn man bedenkt, daß eine Osteomyelitis bei Diabetes bisher einer Amputation gleichzusetzen war, ist die Relevanz dieser Untersuchungen evident.

Was allerdings dringender Bearbeitung bedarf, ist eine breitere Etablierung der differenten Gewebespiegel nach i.a. Applikation von Cefotaxim, wie sie früher bereits für ein anderes Breitbandantibiotikum nachgewiesen wurden, wo sich glücklicherweise gerade im Nekrosenrand besonders günstige Relationen gegenüber der i.v. Applikation nachweisen ließen. Als Indikationsgebiet einer i.a. Antibiotikatherapie zeichnet sich folgendes Spektrum ab:

1. die mischinfizierte Gangrän bei arterieller Durchblutungsstörung,
2. die Weichteilphlegmone,
3. die akute und chronische Osteomyelitis;
4. mit Einschränkung die kurative oder prophylaktische Applikation nach Amputation zur Abwendung einer Persekundamheilung bei septischen Prozessen.

## Literatur


1. **Alexander, K.** 1968. Die interarterielle Pharmakotherapie. Dtsch. Laevosan Ges., 2. Aufl. Mannheim.
2. **Alexander, K.** 1978. Mikrozirkulationsstörungen aus angiologischer Sicht. Münch. Med. Wschr. 120: 21–22.
3. **Alexander, K., E. Böhm, W. Eich, M. Wannske.** 1983. Intraarterielle Infusion von Cefotaxim-Natrium bei mischinfizierter Gangrän. Med. Klin. 78: 105–106.
4. **Amendt, K., W. Rexroth, U. Römmele, U. Stein, E. Wagner, R. Hild.** 1987. Intraarterielle Injektion von Mezlocillin bei arterieller Verschlußkrankheit im Stadium IV. VASA 16: 193–200.
5. **Anschütz, F.** 1974. Der gefäßkranke Diabetiker in der Praxis. Herz/Kreislauf 6: 134–144.
6. **Gottlob, R., J. Hugeneck.** 1982. Die intraarterielle Infusion: I. Kinetische Untersuchungen. Wien. med. Wschr. 132: 415–421.
7. **Hild, R.** 1977. Klinik der diabetischen Makroangiopathie. S. 150–163. In K. Alexander, M. Cachovan (Hrsg.). S. 150–163. Diabetische Angiopathien. Witzstrock, Baden-Baden.
8. **Hugeneck, J., R. Gottlob.** 1982. Die intraarterielle Infusion. II. Ihre Anwendung bei der Behandlung der septischen Gangrän. Wien. Med. Wschr. 21: 523–526.
9. **Louie, T. J., J. G. Bartlett, F. P. Tally, S. L. Gorbach.** 1976. Aerobic and Anaerobic Bacteria in Diabetic Foot Ulcers. Ann. Intern. Med. 85: 461–463.
10. **McNamara, P. J., K. Stoeckel, W. H. Ziegler.** 1982. Pharmacokinetics of Ceftriaxone Following Intravenous Administration of a 3 g Dose. Eur. J. Clin. Pharmacol. 22: 71–75.
11. **Metz, W., W. Ruf, N. Maeder, H. G. Sonntag.** 1987. Die intraarterielle Antibiotikatherapie mit Cefotaxim bei Osteitis. Abstract. XVIII. Weltkongress, Société Internationale de Chirurgie Orthopédique et de Traumatologie, München.
12. **Mörl, H., C. Diehm, U. Müller-Bühl.** 1982. Intraarterielle Applikation von Rolitetracyclin bei der arteriellen Verschlußkrankheit. VASA 11: 51–52.
13. **Müller-Bühl, U., C. Diehm.** 1986. Intraarterielle Infusionsbehandlung der mischinfizierten Gangrän mit Cefotaxim-Natrium. Med. Klin. 81: 751–752.
14. **Ranke, C., A. Creutzig, K. Alexander.** 1990. Duplexsonographische Messung morphologischer Parameter vor und nach wiederholter Punktion der Arteria femoralis zur intermittierenden Infusionstherapie. VASA 19: 203–206.
15. **Reichardt, M., U. Müller-Bühl, U. Muller, C. Hübsch-Müller, C. Diehm.** 1987. Intraarterielle Infusionsbehandlung der mischinfizierten diabetischen und nichtdiabetischen Extremitätengangrän mit Ceftriaxon. VASA (Suppl. 20): 388–389.
16. **Schmid-Schönbein, H., E. Volger.** 1977. Abnormes Fließverhalten des Blutes beim Diabetes mellitus: Über die Rolle gestörter Fließeigenschaften und veränderter Fließbedingungen bei der Pathogenese der diabetischen Retinopathie. S. 38–48. In K. Alexander, M. Cachovan (Hrsg.). Diabetische Angiopathien. Witzstrock, Baden-Baden.
17. **Stille, W.** 1983. Antibiotische Therapie bei Fußinfektionen des Diabetikers. Therapiewoche 33: 2258–2261.
18. **Volger, E., H. Schmid-Schönbein.** 1977. Vergleichende Untersuchungen über die Verformbarkeit und Aggregationstendenz der Erythrozyten bei Diabetes mellitus unter Berücksichtigung der Krankheitsdauer, der Stoffwechselführung und des Auftretens von komplizierten Erkrankungen. S. 29–37. In K. Alexander, M. Cachovan (Hrsg.). Diabetische Angiopathien. Witzstrock, Baden-Baden.

FAC Fortschritte der antimikrobiellen u. antineoplastischen Chemotherapie Band 11-1, 1992 S. 103-108 
ISSN 0722-7566 ISBN 3-923599-67-6

# Therapie der Lyme-Neuroborreliose mit Cephalosporinen

H. W. PFISTER

*Neurologische Klinik Großhadern der Ludwig-Maximilians-Universität München, Marchioninistraße 15, D-8000 München 70*

## Einleitung

Erstmals konnte im Jahre 1983 von den Arbeitsgruppen *SKÖLDENBERG* et al. in Schweden (15) und *STEERE* et al. in Amerika (16) der günstige Effekt von Penicillin G in der Behandlung der neurologischen Manifestationen der Lyme-Borreliose, der sog. Lyme-Neuroborreliose beobachtet werden. Von *STEERE* et al. wurden insbesondere eine günstige Beeinflussung der meningitischen und radikulitischen Symptome berichtet (16). Ferner konnte von mehreren europäischen Arbeitsgruppen eine günstige Beeinflussung des Krankheitsverlaufes durch Penicillin G beobachtet werden (6, 9, 17). Allerdings zeigte sich dann in In-vitro- und tierexperimentellen In-vivo-Untersuchungen, daß mehrere Antibiotika dem Penicillin G überlegen waren (4, 13). Von *PREAC-MURSIC* et al. wurde die Wirksamkeit von zwölf Antibiotika gegen zehn verschiedene Borrelia burgdorferi-Stämme untersucht (14), während *JOHNSON* et al. vier Antibiotika testeten (4). Übereinstimmend fanden beide Arbeitsgruppen relativ niedrige minimale Hemmkonzentrationen (MHK) für die Cephalosporine Cefotaxim (0,12 mg/l) und Ceftriaxon (0,06 bzw. 0,04 mg/l) sowie Erythromycin (0,06 bzw. 0,05 mg/l), während für Penicillin G hohe minimale Hemmkonzentrationen von 4 bzw. 6,4 mg/l ermittelt wurden. Korrespondierende Ergebnisse fanden sich in den In-vivo-Untersuchungen mit Wüstenspringmäusen (13) und syrischen Hamstern (4); lediglich Erythromycin war im Tierexperiment weniger wirksam als in vitro. In einer klinischen Pilotstudie untersuchten daraufhin *KRISTOFERITSCH* et al. (7) den Effekt von Ceftriaxon (2 g/die i.v. über 14 Tage) bei zehn Patienten mit einem Bannwarth-Syndrom, der häufigsten Manifestation der Lyme-Neuroborreliose in Europa (Tab. 1). Die Daten wurden mit einer historischen, unbehandelten Kontrollgruppe verglichen. In dieser Untersuchung konnte gezeigt werden, daß sich die radikulären Schmerzen bei den mit Ceftriaxon behandelten Patienten wesentlich rascher zurückbildeten als in der Kontrollgruppe. Es folgten prospektive randomisierte Studien, in denen die Cephalosporine Ceftriaxon und Cefotaxim mit Penicillin G verglichen wurden (1, 11).

## Ceftriaxon versus Penicillin G

23 Patienten mit Spätmanifestationen der Lyme-Borreliose wurden in einer prospektiven randomisierten Studie mit Penicillin G (6 × 4 Mio. IE/die i.v. über 10 Tage) oder mit

***Keywords:*** *Lyme-Neuroborreliose – Cefotaxim – Ceftriaxon – Penicillin G*

**Tabelle 1:** Therapiestudien mit Cephalosporinen bei der Lyme-Neuroborreliose

| Quelle | Pat.-Zahl | Klin. Stadium | Studiendesign | Therapieregime | Ergebnis |
|---|---|---|---|---|---|
| *Kristoferitsch* et al., 1989 | 10 | 2 | historische Kontrollgruppe (9 unbehandelte Patienten) | CRO (2 g/d i.v. für 14 Tage) | schnellere Rückbildung der radikulären Schmerzen unter CRO |
| *Dattwyler* et al., 1988 | 23 | 3[a] | randomisiert | PEN G (24 Mega/d i.v. für 10 Tage) vs. CRO (2 × 2 g/d i.v. für 14 Tage) | CRO wirksamer als PEN G |
| *Pfister* et al., 1989b | 21 | 2 | randomisiert | PEN G (20 Mega/d i.v. für 10 Tage) vs. CTX (3 × 2 g/d i.v. für 10 Tage) | keine klinischen Unterschiede; gleich gutes Ergebnis in beiden Gruppen |
| *Hassler* et al., 1990 | 135 | 3[b] | randomisiert | PEN G (20 Mega/d i.v. für 10 Tage) vs. CTX (2 × 3 g/d i.v. für 10 Tage) | signifikant höhere Ansprechrate in CTX-Gruppe als in PEN-Gruppe |
| *Pfister* et al., 1991 | 33 | 2 | randomisiert | CRO (2 g/d i.v. für 10 Tage) vs. CTX (3 × 2 g/d i.v. für 10 Tage) | keine klinischen Unterschiede; gleich gutes Ergebnis in beiden Gruppen |

[a] heterogene Diagnosen: Arthritis, Arthralgie, Polyneuropathie, Encephalopathie, chronische Müdigkeit
[b] heterogene Diagnosen: Arthritis, Polyneuropathie, Acrodermatitis chronica atrophicans, Lymphadenosis cutis benigna

PEN G = Penicillin G; CRO = Ceftriaxon; CTX = Cefotaxim

Ceftriaxon (2 × 2 g/die i.v. über 14 Tage) behandelt (1). In dieser Studie wurde ein Vorteil der Ceftriaxon-Therapie gegenüber der Penicillin-Behandlung berichtet. Fünf von zehn Penicillin-behandelten Patienten wurden als Therapieversager eingeordnet, dagegen nur einer von 13 Patienten, die Ceftriaxon erhalten hatten. In einer nicht randomisierten Zusatzuntersuchung fanden sich gleich gute Ergebnisse bei 17 Patienten, die 4 g Ceftriaxon/die erhalten hatten und bei 14 Patienten , die mit 2 g/die behandelt worden waren. Bei genauer Durchsicht dieser Arbeit ergeben sich jedoch mehrere Kritikpunkte: Die in die randomisierte Therapiestudie aufgenommenen Patienten hatten sehr unterschiedliche Diagnosen wie Arthralgien, Neuropathien, Encephalopathien und Fatigue-Syndrom. Der wesentliche Kritikpunkt besteht jedoch darin, daß die Behandlungsdauer in den beiden Therapiegruppen mit 10 bzw. 14 Tagen verschieden lang war, wodurch die Interpretation der Ergebnisse erschwert wird. Darüber hinaus wurde der Therapieeffekt in den beiden Gruppen bereits nach drei Monaten beurteilt. Ähnlich wie bei der Neurolues wäre auch hier für die Beurteilung des Therapieerfolges bzw. -mißerfolges ein Zeitpunkt von sechs Monaten nach der Antibiotikatherapie vorzuziehen. Schließlich wurden zwar mehrere Patienten mit neurologischen Diagno-

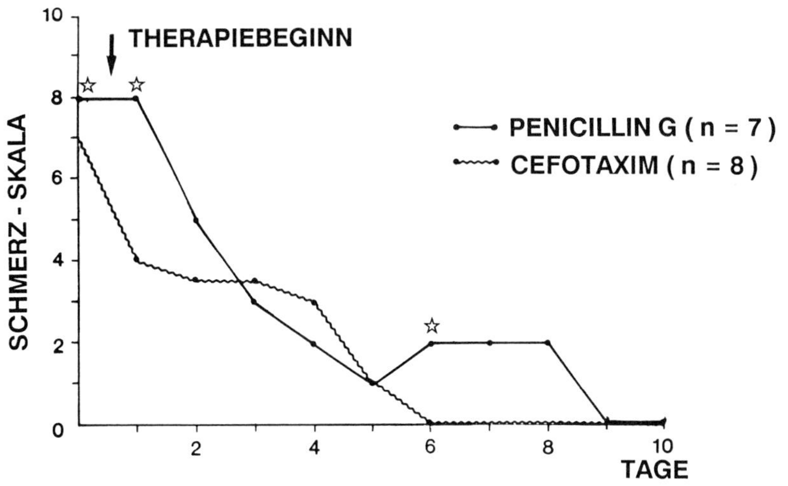


**Abbildung 1:** Verlauf der radikulären Schmerzen bei Penicillin G- und Cefotaxim-behandelten Patienten mit einem Bannwarth-Syndrom (11). Der Schweregrad der radikulären Schmerzen wurde täglich in einer von 0 bis 10 reichenden Schmerzskala angegeben. Die Kurven repräsentieren die Mediane der korrespondierenden maximalen Schmerzwerte. Es ergaben sich keine Unterschiede zwischen den beiden Behandlungsgruppen. Die Schmerzen hatten sich am Ende der Behandlungsperiode in beiden Gruppen zurückgebildet. Die Sterne bedeuten »nicht signifikant«

sen in die Studie aufgenommen, jedoch keine Angaben über Liquorveränderungen mitgeteilt. Diese Kritikpunkte limitieren die Aussagekraft dieser Studie.

## Cefotaxim versus Penicillin G

In einer prospektiven randomisierten Studie an der Neurologischen Klinik Großhadern wurde Penicillin G (4 × 5 Mio. IE/die i. v. über 10 Tage) mit Cefotaxim (3 × 2 g/die i. v. über 10 Tage) bei 21 Patienten mit Bannwarth-Syndrom oder Lyme-Meningitis verglichen (11). Beide Antibiotika erwiesen sich klinisch als gleich gut wirksam. Es konnten weder während der 10tägigen Behandlungsperiode noch zum Zeitpunkt der Nachuntersuchungen (im Durchschnitt 7,7 Monate nach der Antibiotikatherapie) Unterschiede zwischen den Gruppen gefunden werden. Die neurologischen Symptome besserten sich bei der überwiegenden Zahl der Patienten bereits innerhalb der ersten Tage nach Beginn der Antibiotikatherapie. Die radikulären Schmerzen hatten sich am Ende der Antibiotikabehandlung in beiden Behandlungsgruppen zurückgebildet (Abb. 1).

Bei 17 der 21 Patienten wurde zwischen dem achten und zehnten Behandlungstag erneut eine lumbale Liquoruntersuchung zur Bestimmung der Liquor-Antibiotikaspiegel durchgeführt. Serum- und Liquorproben wurden simultan 30 Minuten nach der Penicillin- bzw. Cefotaxim-Infusion abgenommen. Es fanden sich keine signifikanten Unterschiede zwischen den Penicillin-Konzentrationen (0,56 ± 0,35 mg/l, Mittelwert ± Standardabweichung) und den Cefotaxim-Konzentrationen im Liquor (0,65 ± 0,33 mg/l) sowie den Liquor/Serum-Quotienten (für Penicillin 3,3% ± 2,0% und für Cefotaxim 2,0% ± 1,3%). Allerdings lagen die Liquor-Antibiotikakonzentrationen bei allen mit Cefotaxim behandelten Patienten über der

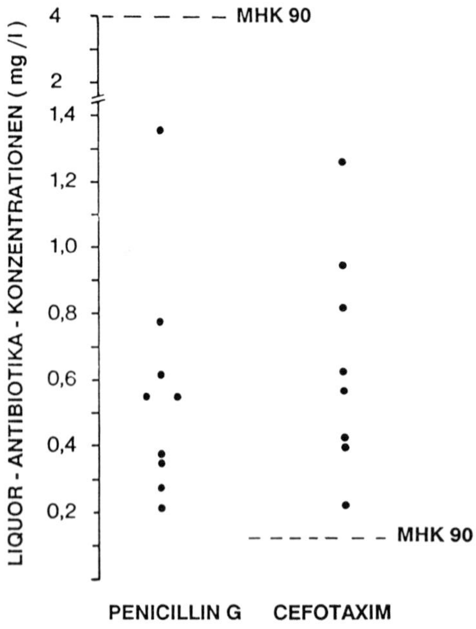


**Abbildung 2:** Liquor-Antibiotikakonzentrationen bei Patienten mit Bannwarth-Syndrom und Lyme-Meningitis (11). Die gestrichelten Linien kennzeichnen die minimalen Hemmkonzentrationen ($MHK_{90}$) von Penicillin und Cefotaxim gegen B. burgdorferi. Die Cefotaxim-Konzentrationen im Liquor lagen bei allen Patienten über der $MHK_{90}$, während die Penicillin-Konzentrationen im Liquor bei keinem Patienten die $MHK_{90}$ erreichten

$MHK_{90}$, während in der Penicillin-Gruppe die Liquorkonzentration bei keinem Patienten den $MHK_{90}$-Wert erreichte (Abb. 2). Diese Ergebnisse legen zumindestens den Verdacht nahe, daß möglicherweise mit Penicillin eine vollständige Erregereradikation aus dem Liquor nicht möglich ist und dadurch neurologische Spätmanifestationen entstehen können. Diese Frage kann jedoch erst in Langzeituntersuchungen geklärt werden.

In einer kürzlich veröffentlichten Studie fanden *Hassler* et al. eine klinische Überlegenheit von Cefotaxim (2 × 3 g/die i. v. über 10 Tage) gegenüber Penicillin G (2 × 10 Mio. IE/die i. v. über 10 Tage) bei Spätmanifestationen der Lyme-Borreliose (3).

## Cefotaxim versus Ceftriaxon

In einer prospektiven randomisierten Studie wurde Ceftriaxon (2 g/die i. v. über 10 Tage) mit Cefotaxim (3 × 2 g/die i. v. über 10 Tage) bei 33 Patienten mit einer Lyme-Neuroborreliose verglichen (12). Die Daten von 30 Patienten konnten für die Analyse des Therapieeffektes ausgewertet werden. Es fanden sich keine klinischen Unterschiede zwischen den beiden Behandlungsgruppen. Bei 14 von 16 Cefotaxim-behandelten Patienten und 12 von 14 Ceftriaxon-behandelten Patienten war während der Behandlungsperiode eine Besserung zu verzeichnen.

Die Untersuchungen der Liquor-Antibiotikakonzentrationen zeigten, daß mit Ausnahme eines Patienten der Cefotaxim-Gruppe alle Liquorspiegel über der $MHK_{90}$ lagen. Auch fand sich in Nachuntersuchungen (im Durchschnitt 8,1 Monate nach der Antibiotikatherapie) kein klinischer Unterschied zwischen den Behandlungsgruppen. Allerdings konnte bei einem Patienten mit Bannwarth-Syndrom, der initial mit Ceftriaxon behandelt worden war, siebeneinhalb Monate nach der Antibiotikabehandlung B. burgdorferi im Liquor nachgewiesen werden (12), obwohl sich die Liquorzellzahl und Gesamteiweiß normalisiert hatten. Zwischenanamnestisch waren bei dem Patienten noch weiterhin radikuläre Schmerzen, Kopfschmerzen, Arthralgien und Fieberschübe aufgetreten.

Die Möglichkeit einer Reinfektion konnte bei diesem Patienten nicht definitiv ausgeschlossen werden, wenngleich sich der Patient weder an einen erneuten Zeckenstich noch an ein Erythema migrans nach der Antibiotikatherapie erinnern konnte und darüber hinaus die Nachuntersuchungsperiode zwischen Oktober und April lag, in der Neuinfektionen mit Borrelia burgdorferi eher selten sind. Der Mechanismus der Erregerpersistenz im Liquor bei diesem Patienten mit einer Lyme-Neuroborreliose ist unklar. Als Erklärungsmöglichkeit kommen lange Verdoppelungszeiten der Erreger und eine Persistenz im Hirnparenchym, intrazellulär in Makrophagen oder in Plasmazellen in Betracht (14).

## Diskussion

Bei der Durchführung und Beurteilung von Therapiestudien bei der Lyme-Neuroborreliose ergeben sich eine Reihe von Schwierigkeiten: Der klinische Spontanverlauf der Lyme-Neuroborreliose, insbesondere des Bannwarth-Syndroms, ist günstig. Bei den meisten Patienten kommt es auch unter einer ausschließlich symptomatischen Behandlung innerhalb von mehreren Wochen zu einer Besserung der neurologischen Symptome (6, 8, 10). Die Klärung der Ätiologie der Erkrankung verbietet die Durchführung einer Therapiestudie mit einer unbehandelten Kontrollgruppe. Die Anzahl der in den bisherigen Therapiestudien rekrutierten Patienten ist relativ niedrig, so daß möglicherweise diskrete klinische Unterschiede zwischen den Therapieregimes sich dem Nachweis entziehen. Der Antikörpertiterverlauf nach einer Antibiotikatherapie ist uneinheitlich und erlaubt keine eindeutigen Rückschlüsse auf den Erfolg oder Mißerfolg der Behandlung. Die Bedeutung der gemessenen Liquor-Antibiotikakonzentrationen ist derzeit noch unklar, wenn man berücksichtigt, daß sich die mit Penicillin behandelten Patienten nach Beginn der Antibiotikatherapie rasch bessern, obwohl die Liquor-Penicillinkonzentrationen bei diesen Patienten unter der $MHK_{90}$ lagen (11) und bei einem mit Ceftriaxon behandelten Patienten trotz eines ausreichenden Liquor-Antibiotikumspiegels (1,49 mg/l) eine Erregerpersistenz im Liquor beobachtet werden konnte (12).

## Schlußfolgerung

Zusammengefaßt kann gesagt werden, daß die Cehalosporine Cefotaxim und Ceftriaxon in der Behandlung der Lyme-Neuroborreliose wirksam sind. Der günstige Effekt dieser Antibiotika ist evident, da sich die radikuläre Schmerzen trotz einer sehr unterschiedlichen Krankheitsdauer bei den einzelnen Patienten uniform innerhalb der ersten Tage nach Beginn der Antibiotikatherapie bessern. Neben der günstigen Beeinflussung der akuten Symptome durch die Antibiotika soll mit der Behandlung auch das Auftreten von Spätmanifestationen verhindert werden. Es gibt bislang keine kontrollierte Therapiestudie, die eine Überlegenheit der Cephalosporine gegenüber Penicillin G in der Behandlung der Lyme-Neuroborreliose beweist. Dennoch sollte unter Berücksichtigung der vorliegenden In-vitro- und In-vivo-Untersuchungsergebnisse den Cephalosporinen gegenüber dem Penicillin G der Vorzug gegeben werden. Als Ausweichpräparat bei Auftreten allergischer Reaktionen kommt Doxycyclin in Betracht (2, 5). Die optimale Therapiedauer der Lyme-Neuroborreliose ist noch nicht bekannt. Derzeit wird allgemein eine intravenöse Therapie über einen Zeitraum von mindestens 14 Tagen empfohlen.

## Literatur


1. **Dattwyler, R. J., J. J. Halperin, D. J. Volkman, B. J. Luft.** 1988. Treatment of Late Lyme Borreliosis – Randomised Comparison of Ceftriaxone and Penicillin. Lancet II: 1191–1194.
2. **Dotevall L., K. Alestig, P. Hanner, G. Norkrans, L. Hagberg.** 1988. The Use of Doxycycline in Nervous System Borrelia burgdorferi Infection. Scand. Infec. Dis. Suppl 53: 74–79.
3. **Hassler, D., L. Zöller, M. Haude, H. D. Hufnagel, F. Heinrich, H. G. Sonntag.** 1990. Cefotaxime versus Penicillin in the Late Stage of Lyme Disease –

Prospective, Randomized Therapeutic Study. Infection 18: 16–20.

4. **Johnson, R. C., C. Kodner, M. Russell.** 1987. In Vitro and In Vivo Susceptibility of the Lyme Disease Spirochete, Borrelia burgdorferi, to Four Antimicrobial Agents. Antimicrob. Agents Chemother. 31: 164–167.
5. **Kohlhepp, W., P. Oschmann, H. G. Mertens.** 1989. Treatment of Lyme Borreliosis. Randomized Comparison of Doxycycline and Penicillin G. J. Neurol. 236: 464–469.
6. **Kristoferitsch, W., U. Baumhackl, E. Sluga, G. Stanek, K. Zeiler.** 1986. High Dose Penicillin in Meningopolyneuritis Garin-Bujadoux-Bannwarth. Zbl. Bakt. Hyg. A 263: 357–364.
7. **Kristoferitsch, W., U. Baumhackl, K. Zeiler, G. Stanek.** 1989. Ceftriaxone in Meningopolyneuritis. S. 270–275. In G. Stanek (Ed.) Lyme Borreliosis II. Zbl. Bakt. Suppl. 18, Gustav Fischer Verlag, Stuttgart–New York.
8. **Krüger H., K. Reuss, M. Pulz, E. Rohrbach, K. W. Pflughaupt, R. Martin, H. G. Mertens.** 1989. Meningoradiculitis and Encephalomyelitis Due to Borreli burgdorferi: A Follow-up Study of 72 Patients over 27 Years. J. Neurol. 236: 322–328.
9. **Pfister, H. W., K. M. Einhäupl, B. Wilske, V. Preac-Mursic.** 1986. Bannwarth's Syndrome and the Enlarged Neurological Spectrum of Arthropod-borne Borreliosis. Zbl. Bakt. Hyg. A 263: 343–347.
10. **Pfister, H. W., B. Wilske, V. Preac-Mursic, K. M. Einhäupl.** 1989a. Clinical and Serological Follow up of Patients with Bannwarth's Syndrome: Comparison of Patients with and without Penicillin Treatment. S. 276–279. In G. Stanek (Ed.) Lyme Borreliosis II. Zbl. Bakt. Suppl. 18, Gustav Fischer Verlag, Stuttgart–New York.
11. **Pfister, H. W., V. Preac-Mursic, B. Wilske, K. M. Einhäupl.** 1989b. Cefotaxime versus Penicillin G for Acute Neurological Manifestations in Lyme Borreliosis: A Prospective Randomized Study. Arch. Neurol. 46: 1190–1193.
12. **Pfister, H. W., V. Preac-Mursic, B. Wilske, E. Schielke, F. Sörgel, K. M. Einhäupl.** 1991. Randomized Comparison of Ceftriaxone and Cefotaxime in Lyme-Neuroborreliosis. J. Infect. Dis. 163: 311–318.
13. **Preac-Mursic, V., B. Wilske, G. Schierz, M. Holmburger, E. Süß.** 1987. In-Vitro- and In-Vivo-Susceptibility of Borrelia burgdorferi. Eur. J. Clin. Microbiol. 6: 424–426.
14. **Preac-Mursic, V., K. Weber, H. W. Pfister, B. Wilske, B. Gross, A. Baumann, J. Prokop.** 1989. Survival of Borrelia burgdorferi in Antibiotically Treated Patients with Lyme Borreliosis. Infection 17: 355–359.
15. **Sköldenberg B., G. Stierndstedt, G., A. Garde, G. Kolmodin, A. Carlström, C. E. Nord.** 1983. Chronic Meningitis Caused by a Penicillin-Sensitive Microorganism. Lancet II: 75–78.
16. **Steere, A. C., A. R. Pachner, S. E. Malawista.** 1983. Neurologic Abnormalities of Lyme Disease: Successful Treatment with High-dose Intravenous Penicillin. Ann. Intern. Med. 99: 767–772.
17. **Stiernstedt, G., B. Sköldenberg, A. Garde, G. Kolmodin, H. Jorbeck, B. Svenungson, A. Carlstrom.** 1986. Clinical Manifestations of Borrelia Infections of the Nervous System. Zbl. Bakt. Hyg. A 263: 289–296.

FAC Fortschritte der antimikrobiellen u. antineoplastischen Chemotherapie Band 11-1, 1992 S. 109-118 109
ISSN 0722-7566 ISBN 3-923599-67-6

# Cefotaxim in der Behandlung der chronischen Lyme-Borreliose

D. HASSLER

*Untere Hofstatt 3, D-7527 Kraichtal 1*

## Einleitung

Die Lyme-Borreliose ist in Europa weit verbreitet, wobei regionale Schwerpunkte existieren (23, 24, 26, 31). In verschiedenen Gebieten Deutschlands wurden – auch abhängig von der benutzten serologischen Methode – bis zu 30% seropositive Probanden gefunden (34, 35). In unserer eigenen Untersuchung in einem nordbadischen Endemiegebiet waren 16,85% von 1228 Untersuchten seropositiv. Fast 80% dieser seropositiven Patienten waren klinisch symptomatisch. Die Inzidenz in diesem Endemiegebiet liegt nach prospektiven Untersuchungen in den Jahren 1987–90 bei etwa 0,5% pro Jahr. Auch aus amerikanischen Untersuchungen sind ähnliche Ergebnisse bekannt (8). Dort wurden von *STEERE* Inzidenzen bis zu 3% gefunden (30).

## Klinik

Nach mikrobiologischen Kriterien können mehrere Phasen der Erkrankung unterschieden werden, die gewisse pathophysiologische Besonderheiten aufweisen: Die Lokalinfektion (Erythema migrans oder Lymphadenosis cutis), die anschließende Erregergeneralisationsphase, welche für die Symptomatik des Stadiums 2 verantwortlich ist, und schließlich die postbakteriämische Organmanifestation, die ins chronische Krankheitsstadium überleitet.

Die Phase der chronischen Organmanifestation kann Jahrzehnte bestehen bzw. noch nach Jahrzehnten Spätkomplikationen verursachen (26, 31). Die typische klinische Symptomatik in der Phase der Chronifizierung besteht in starker Müdigkeit und Abgeschlagenheit, vermehrtem Nachtschweiß, kappenförmigen Kopfschmerzen, Ruhetachykardien und intermittierenden Tachyarrhythmien sowie Myalgien und Arthralgien (2, 31). Schließlich kommt es bei einem Teil der Patienten im Spätstadium zu Oligoarthritiden, chronischen peripheren Neuropathien, selten auch zu chronischen Encephalitiden oder zur pathognomonischen Acrodermatitis chronica atrophicans. Aufgrund der insgesamt eher uncharakteristischen Symptomatik ist die Diagnose einer chronischen Borrelieninfektion im Einzelfall nur nach Ausschluß konkurrierender Ätiologien zu stellen. Ein Labortest mit absoluter Spezifität existiert bisher nicht, alllerdings kann durch den sog. Western-Blot eine unspezifische Kreuzreaktion weitgehend ausgeschlossen werden.

***Keywords:*** *Lyme-Borreliose – Therapie – Cefotaxim*

## Pathophysiologie des Spätstadiums

Die Lyme-Borreliose ist ähnlich wie die Syphilis eine chronische systemische Infektion, wobei eine besondere Affinität zu kollagenen Geweben besteht (5). Grundsätzlich können alle Organe betroffen sein. Die gemeinsame pathophysiologische Endstrecke im chronischen Stadium besteht in vaskulitischen Prozessen mit perivaskulären entzündlichen Infiltraten. Dadurch entstehen zum Teil okkludierende Mikroangiopathien, die ihrerseits zu trophischen Störungen führen (14). Typisch ist zum Beispiel die periartikuläre Entkalkung bei der Lyme-Arthritis, die zuweilen an einen Morbus *Sudeck* denken läßt. Auch chronische periphere Neuropathien, deren klinisches Korrelat vor allem in Parästhesien und schmerzhaften Dysästhesien besteht (6, 12) wie auch andere Manifestationen des Spätstadiums werden durch vaskulitische Prozesse ausgelöst.

Aufgrund dieses pathophysiologischen Prinzips sind klinische Symptome vor allem bei Befall kollagener Gewebe mit geringer kapillärer Reserve wie z. B. dem Epineurium zu erwarten. Im klassischen Spätstadium, der Acrodermatitis chronica atrophicans, liegt meist auch eine Beteiligung des lokalen Nerven- und Knochensystems vor (12). Ursprünglich glaubte man, daß Borrelia burgdorferi nicht notwendigerweise im Organismus persistieren müsse, um den Krankheitsprozeß zu unterhalten. Von *Weyand* und *Goronzy* wurde die Induktion einer reaktiven Arthritis postuliert (34). Auch von *Steere* (32) wurde die Assoziation chronischer Lyme-Arthritis mit HLA-Antigenen diskutiert. Schlüssige Beweise für die Induktion eines Autoimmunprozesses durch Borrelia burgdorferi fehlen bisher noch. Andererseits wurde in den vergangenen Jahren immer häufiger über eine erfolgreiche Anzucht des Erregers aus verschiedenen Organen und in allen Krankheitsstadien berichtet (11, 18, 25, 27). Sogar nach fünfjähriger Krankheitsdauer konnten im peripheren Blut noch Borrelien isoliert werden (28). Gerade bei der Acrodermatitis, der typischen Manifestation des Spätstadiums, können die Erreger in den fibroiden Knoten fast regelmäßig gefunden werden (1). Inzwischen konnten *Preac-Mursic* und Mitarbeiter ebenso wie andere Autoren sogar bei einer Reihe von (nach bisheriger Auffassung ausreichend hoch) antibiotisch therapierten Patienten noch lebende Borrelien isolieren (21, 25). Man muß also heute von einer chronischen Infektion mit Erregerpersistenz ausgehen.

## Therapie

Schon in den vierziger Jahren wurde die Acrodermatitis chronica atrophicans erfolgreich mit Penicillin G behandelt. Nach der Entdeckung des Erregers Borrelia burgdorferi wurde die antibiotische Therapie für alle Krankheitsmanifestationen etabliert (20, 31). *Steere* berichtete schon früh über die erfolgreiche Behandlung der Lyme-Arthritis (29). *Halperin* et al. sowie *Kristoferitsch* et al. zeigten, daß auch chronische encephalitische Prozesse ebenso wie sensorische und motorische Dysfunktionen peripherer Nerven therapeutisch noch beeinflußbar sind (6, 7, 12). Allerdings hat sich gezeigt, daß die früher in Analogie zur Syphilisbehandlung meist angewandte Penicillin G-Therapie gerade in chronischen Fällen oft versagt (3, 4, 16). Kasuistische Berichte über die erfolgreiche Therapie Penicillin-resistenter Fälle mit anderen Antibiotika (3, 16) eröffneten schließlich die systematische Suche nach anderen Therapiekonzepten (13).

Aussagekräftige In-vitro-Daten zur Auswahl geeigneter Antibiotika liegen seit längerer Zeit vor. Aus Untersuchungen von *Johnson*

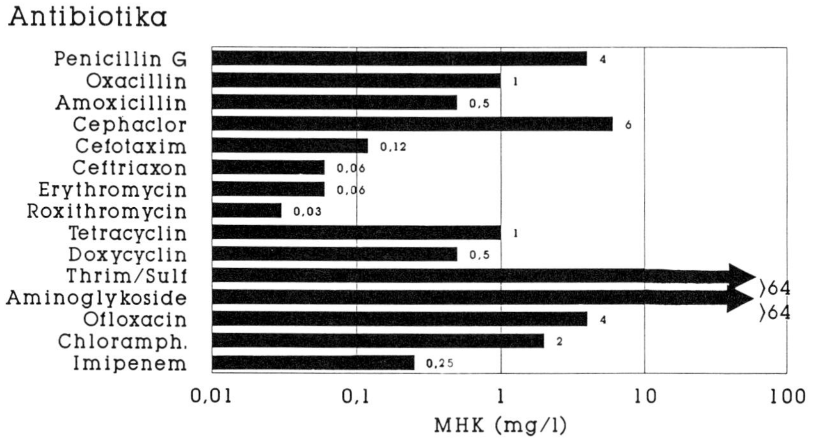


**Abbildung 1:** In-vitro-Aktivität verschiedener Antibiotika gegen Borrelia burgdorferi (nach *Preac-Mursic*, Vortrag Borrelia 90, Stockholm 1990)

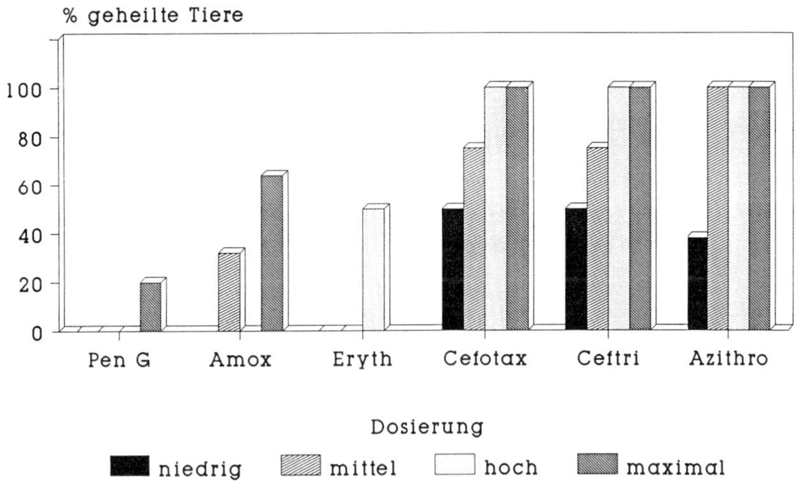


**Abbildung 2:** Therapeutische Effektivität verschiedener Antibiotika bei experimenteller Borrelia burgdorferi-Infektion (nach *Preac-Mursic*, Vortrag Borrelia 90, Stockholm 1990)
Pen G = Penicillin G, Amox = Amoxicillin, Eryth = Erythromycin, Cefotax = Cefotaxim, Ceftri = Ceftriaxon, Azithro = Azithromycin

et al. (11) und *Preac-Mursic* et al. (20) wissen wir, daß Penicillin G nur eine mäßige In-vitro-Aktivität gegen Borrelien hat, wogegen Cephalosporine der dritten Generation und hier besonders Ceftriaxon und Cefotaxim eine hervorragende Aktivität aufweisen (Abb. 1). Auch bei der experimentellen Borrelieninfektion konnten *Preac-Mursic* und Mitarbeiter nachweisen, daß mit Cefotaxim und Ceftriaxon bereits bei mittleren Dosierungen alle Versuchstiere saniert werden konnten (20) (Abb. 2). Die Cephalosporine der dritten Generation erfüllen eine weitere Bedingung für eine erfolgreiche Therapie der chronischen Borreliose: Ihre Liquor- und Gewebespiegel sind ausreichend hoch, um auch perfusionsgestörte Kompartimente zu sanieren. Demgegenüber erreicht Penicillin G in der Regel keinen therapeutischen Liquorspiegel.

Trotz der Aktualität des Problems existierte bisher nur eine prospektive Untersuchung zur Behandlung der späten Lyme-Borreliose (2), in der *DATTWYLER* und Mitarbeiter die Effektivität von Penicillin G mit Ceftriaxon verglichen haben. Sie kamen zu dem Ergebnis, daß Ceftriaxon Penicillin G signifikant überlegen ist.

**Tabelle 1:** Therapieschema

| | |
|---|---|
| Vorbehandlung: | Triamcinolonacetonid 80 mg i.v. 60 min vor Infusionsbeginn |
| Cefotaxim 2 × 3 g/Tag als Kurzinfusion über | 30 min |
| | oder |
| Penicillin G 2 × 10 Mega-E/Tag als Kurzinfusion | über jeweils 10 Tage |
| Follow-up: klinisch und serologisch alle 3 Monate | |

Neben dieser Studie wurden bisher nur kontrollierte Untersuchungen zur Behandlung der Stadien 1 und 2 (19) oder zu speziellen Fragestellungen im Spätstadium vorgelegt. Aufgrund der pathophysiologischen Unterschiede sind diese aber nicht ohne weiteres auf die generelle Behandlung der Spätphase übertragbar. Ein wesentlicher Mangel bisheriger Untersuchungen besteht auch darin, daß oft nur Einzelsymptome wie die Acrodermatitis in die therapeutische Überlegungen einbezogen wurden, ohne daß gleichzeitig das gesamte zusätzliche Spektrum der Krankheit Beachtung fand. Das Fehlen systematischer Untersuchungen zur Behandlung der Spätphasen-Borreliose war Anlaß für eine prospektiv randomisierte Therapiestudie, die wir 1987 und 1988 durchgeführt haben (11). Insgesamt 135 Patienten mit einer chronischen Borrelieninfektion, die mindestens sechs Monate bestanden hatte, wurden randomisiert und entweder mit Penicillin G (n = 66) in einer Dosierung von 2 × 10 Mega-Einheiten pro Tag über zehn Tage oder mit Cefotaxim (n = 69) in einer Dosierung von 2 × 3 g täglich ebenfalls über zehn Tage als Kurzinfusion behandelt (Tab. 1).

Tabelle 2 zeigt die klinische Symptomatik der Patienten vor Therapie. An rezidivierenden Oligoarthritiden litten 18 Patienten der Penicillin- und 16 der Cefotaxim-Gruppe. Chronische Neuropathien mit motorischen, sensorischen oder kombinierten Defekten sowie pseudoradikulären Schmerzen bestanden bei 30 Patienten der Penicillin-Gruppe und 29 der Cefotaxim-Gruppe. Eine Kombination beider Symptomkomplexe war bei 14 Personen aus der Penicillin-Gruppe und 20 der Cefotaxim-Gruppe vorhanden. Fast alle Patienten litten neben der Hauptsymptomatik an ein oder mehreren Nebensymptomen wie Arthralgien, Kopfschmerzen, Nachtschweiß oder Abgeschlagenheit. Bei einer relativ hohen Anzal von Patienten wurden auch Ruhetachykardien über 100/min und andere Herzrhythmusstörungen beobachtet.

Die Patienten wurden über einen Zeitraum von zwei Jahren nachbeobachtet, um eventuelle Rückfälle zu erfassen. Im Ergebnis zeigte sich eine signifikante Überlegenheit von Cefotaxim. Während in der Penicillin-Gruppe nur 40,3% der Patienten geheilt werden konnten, waren in der Cefotaxim-Gruppe 66,6% beschwerdefrei geworden (Abb. 3). 21,2% der Cefotaxim-Gruppe und 21% der Penicillin-Gruppe wurden als Defektheilung klassifiziert. Hierunter ist das Persistieren von Arthralgien bei vollständigem Verschwinden der entzündlichen Komponenten zu verstehen. Therapieabbrüche aus Grün-

**Tabelle 2:** Klinische Symptomatik der Patienten vor Therapie (Haupt- und Nebensymptome)

| Hauptsymptome | Zusätzliche Symptome | | | | | | | | |
|---|---|---|---|---|---|---|---|---|---|
| | Arthralgie | Enthesiopathie | Kopfschmerzen | Schwitzen | Müdigkeit | Tachykardie | Tachyarrhythmie | VES | Überleitungsstörungen |
| *Penicillin-Gruppe* (n = 66) | | | | | | | | | |
| Rekurrente Arthritis (n = 18) | * | 3 | 4 | 8 | 10 | 5 | 3 | 4 | 1 |
| Periphere Neuropathie (n = 30) | 21 | 5 | 7 | 15 | 9 | 14 | 2 | 4 | 1 |
| Arthritis und Neuropathie (n = 14) | * | 3 | 3 | 7 | 8 | 7 | 3 | 4 | 3 |
| ACA/LABC (n = 2) | 2 | 1 | 1 | – | 1 | – | – | – | 1 |
| Arthritis und ACA (n = 2) | * | – | 1 | 2 | – | – | – | – | – |
| *Cefotaxim-Gruppe* (n = 69) | | | | | | | | | |
| Rekurrente Arthritis (n = 16) | * | 1 | 5 | 7 | 4 | 4 | 2 | 4 | 1 |
| Periphere Neuropathie (n = 29) | 20 | 4 | 4 | 13 | 12 | 13 | 2 | 4 | 2 |
| Arthritis und Neuropathie (n = 20) | * | 4 | 5 | 7 | 8 | 9 | 1 | 4 | 2 |
| ACA/LABC (n = 1) | 1 | – | 1 | – | 1 | – | – | – | – |
| Arthritis und ACA (n = 3) | * | 1 | – | 1 | – | – | – | 1 | – |

ACA = Acrodermatis chronica atrophicans
LABC = Lymphadenosis benigna cutis
VES = ventriculäre Extrasystolie
* Symptom in der Gruppe der Arthritiker nicht zusätzlich registriert

den einer Antibiotika-Unverträglichkeit waren in vier Fällen bei der Penicillin-Gruppe und bei drei Patienten der Cefotaxim-Gruppe erforderlich.

Gravierende Nebenwirkungen waren selten. Jeweils ein Patient in beiden Therapiegruppen erkrankte an einer Antibiotika-assoziierten pseudomembranösen Colitis mit Nachweis von Clostridium difficile-Toxin A. Ein Patient in der Penicillin-Gruppe erlitt am sechsten Tag der Therapie einen reversiblen anaphylaktischen Schock, ein Patient entwickelte eine systemische Typ1-Allergie auf Cefotaxim am ersten Tag der Therapie. Passagere Diarrhöen wurden bei sechs Patienten der Penicillin-Gruppe und neun Patienten der Cefotaxim-Gruppe beobachtet. Die serologische Nachbeobachtung zeigte, daß in der als geheilt eingestuften Patientengruppe der Titerabfall signifikant deutlicher war als in der Gruppe mit unzureichendem Thera-

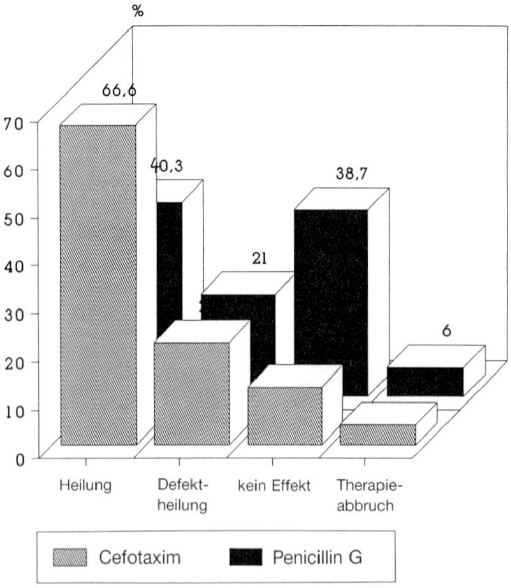


**Abbildung 3:** Abschließende Klassifizierung des Therapieeffekts nach zwei Jahren

pieeffekt (Abb. 4). Die Abbildung 4 zeigt den Titerrückgang (angegeben in Verdünnungsstufen) im Verlauf von 150 Tagen nach Therapiebeginn für die vier Gruppen. Gruppe A waren die als geheilt eingestuften Patienten, Gruppe B die als Defektheilung bezeichneten. Gruppe C ist diejenige mit unzureichendem Therapieeffekt und Gruppe D eine Gruppe von Patienten, die eine Antibiotika-Behandlung abgelehnt hatten. Diese unbehandelte Gruppe zeigte praktisch keinen Titerrückgang (38).

## Diskussion

Die chronische Lyme-Borreliose zeigt oft eine wenig pathognomonische Symptomatik (6, 28, 31, 37). Die Manifestation klinischer

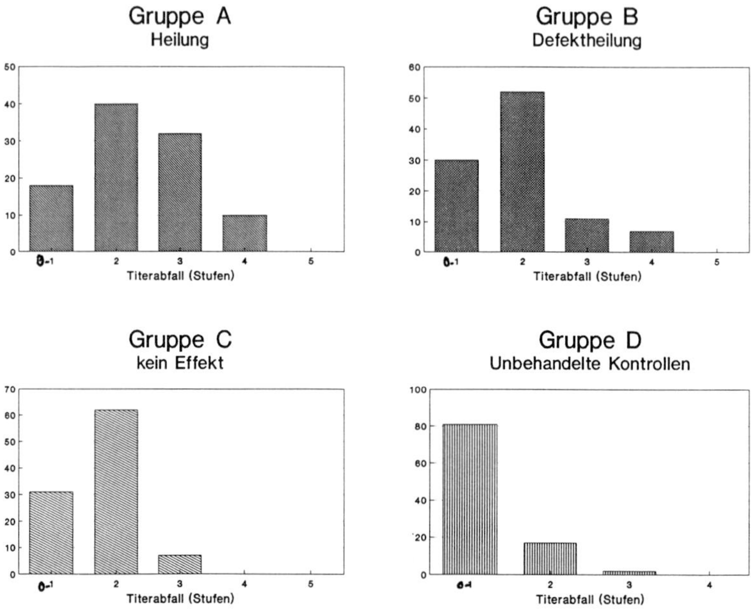


**Abbildung 4:** Vergleich des (mit Immunfluoreszenztest gemessenen) IgG-Titerverlaufs in den verschiedenen Gruppen (Gruppe D unbehandelte Kontrollen)

Symptome hängt im wesentlichen von der kapillären Reserve der betroffenen Organe ab, so daß auch im Krankheitsverlauf oft kein einheitliches Bild besteht. Eher uncharakteristische klinische Befunde und ein überaus »buntes« Krankheitsbild zwingen daher zum Ausschluß möglicher anderer ätiologischer Ursachen (15, 17, 22, 23, 25, 30, 31, 37). Dennoch profitieren auch die an eher uncharakteristischen Symptomen leidenden Patienten unzweifelhaft von einer antibiotischen Therapie (7, 9, 12). Diese ist in der Lage, parallel zum klinischen Rückgang der Beschwerden, auch den (mittels Immunfluoreszenztest gemessenen) Antikörpertiter zu beeinflussen (38). Dies zeigt, daß der Antikörpertiter nicht ausschließlich als Erinnerungs- oder Durchseuchungstiter interpretiert werden darf, da sich ein derartiger anamnestischer Titer durch eine antibiotische Therapie nicht beeinflussen ließe.

Für ein Persistieren des infektiösen Agens spricht auch das Auftreten *Herxheimer*-artiger Reaktionen, die wir bei einem beträchtlichen Teil der Patienten beobachten konnten (Abb. 5). Dabei kommt es am ersten Tag der Therapie zu einer ausgeprägten Vasokonstriktion mit Blässe und Blutdruckanstieg, gefolgt von einer Vasodilatation mit Flush, Kopfschmerzen und Blutdruckabfall am zweiten Tag der Therapie. Die Reaktion verschwindet am dritten Tag vollständig. Durch eine Prophylaxe mit Triamcinolonacetonid 60 min vor Therapiebeginn läßt sich die *Herxheimer*-artige Reaktion weitgehend unterdrücken, bleibt aber deutlich erkennbar.

Trotz hochdosierter Therapie gelang es uns bei etwa 12% der Patienten nicht, eine definitive Sanierung mit einem Therapiezyklus zu erreichen. Die Gründe dafür sind unbekannt, mehrere grundsätzliche Möglichkeiten sind denkbar. Einerseits könnte die lange Generationszeit der Borrelien (7–33 Stunden) eine längere Therapiedauer erfordern.

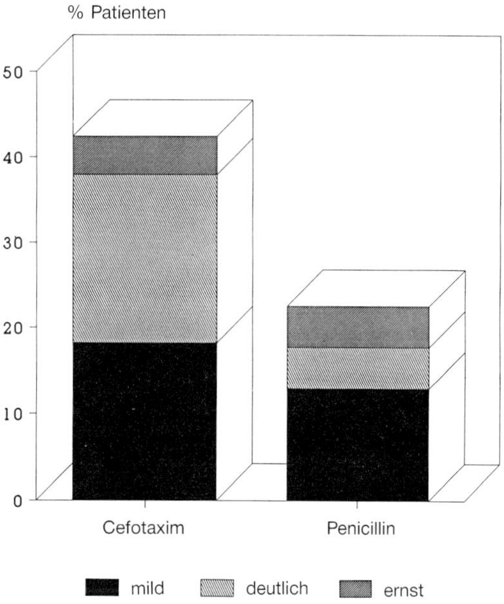


**Abbildung 5:** *Herxheimer*-artige Reaktionen unter Therapie

Befunde von *Luft* et al. (14), daß eine irreversible Schädigung der Borrelien erst nach einer relativ langen Einwirkdauer stattfindet, stützen eher diesen Ansatz. Andererseits könnten die Rezidive von teilweise intrazellulär liegenden Persistern ausgehen. Intrazellulär liegende Borrelien in kollagenen Fasern wurden von *Duray* und *Steere* (5) sowie *De Koning* und *Stanek* beschrieben. Ihre schlechte Erreichbarkeit verbunden mit einem Ruhestoffwechsel könnte die Ursache eines Therapieversagens sein. Schließlich wäre es denkbar, daß die während einer antibiotischen Therapie geschädigten Borrelien in einen Ruhestoffwechsel ohne Teilungsaktivität zurückfallen. In diesem Zustand sind sie möglicherweise durch Antibiotika nicht weiter angreifbar. Daher muß in schwierigen Fällen die Therapie im Abstand einiger Wochen wiederholt werden.

Rückfälle nach vorübergehender klinischer Besserung traten vor allem in den ersten

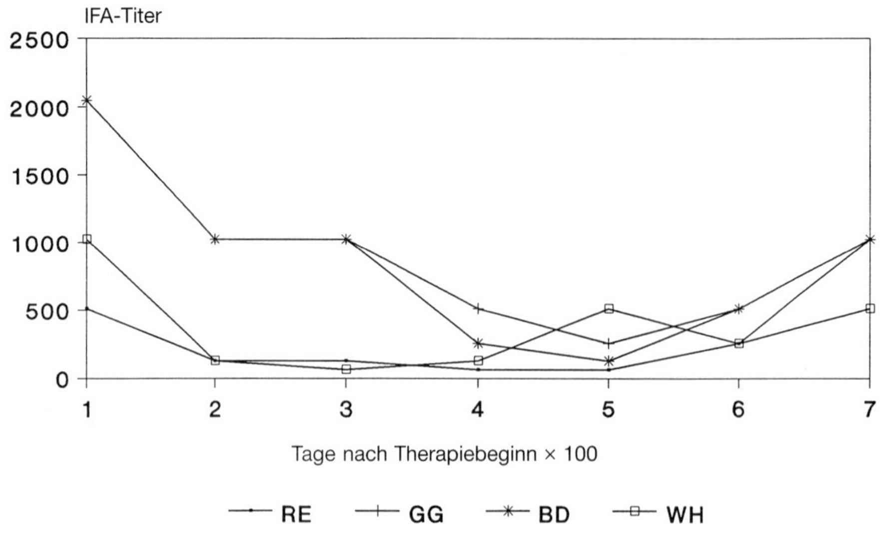


**Abbildung 6:** Späte Rückfälle nach Therapie

Wochen nach Therapie auf. Bei einem Patienten der Penicillin-Gruppe und drei Patienten der Cefotaxim-Gruppe kam es noch nach bis zu zwei Jahren zu klinischen Rückfällen, ohne daß allerdings sicher zwischen Reinfektion und Rückfall unterschieden werden konnte (Abb. 6).

Trotz des relativ blanden klinischen Spontanverlaufes muß eine Elimination des Erregers das vordringliche Therapieziel sein, um teilweise fatale Verläufe zu verhindern (4, 7, 15, 28, 37). In enger Analogie zur Syphilis ist dabei mit langen, scheinbar symptomfreien Intervallen zu rechnen, die eine Heilung vortäuschen können. *Steere* und Mitarbeiter beschrieben z. B. einen Patienten, der nach fünf symptomfreien Jahren eine Acrodermatitis entwickelte (30). Außerdem ist stets mit einem Symptomwechsel (z. B. von neurologischen zu rheumatologischen Symptomen) zu rechnen, der den Patienten eine andere Spezialambulanz aufsuchen läßt, was ebenfalls nicht selten zu der Annahme führt, der Patient sei geheilt.

## Zusammenfassung

Obwohl pathognomonische Symptome in der chronischen Phase einer Borrelieninfektion oft fehlen, profitieren die Patienten von einer antibiotischen Therapie. Cefotaxim ist sowohl in vitro als auch klinisch effektiver in der Behandlung der Borreliose-Spätmanifestationen als Penicillin G. 88% der Patienten konnten dauerhaft durch einen zehntägigen Therapiezyklus saniert werden. Es bleibt zu klären, ob durch eine längere Therapiedauer das Ergebnis verbessert werden kann. Aus kasuistischen Beobachtungen wissen wir, daß in Einzelfällen auch eine 21-tägige Therapie erfolglos blieb. Späte Rückfälle können noch nach Jahren beobachtet werden, daher müssen alle Patienten ausreichend lange nachbeobachtet werden; während dieser Phase muß einem möglichen Symptomwechsel Rechnung getragen werden. Die Beseitigung des ursprünglichen Leitsymptoms führt nicht zwingend zur Heilung der Krankheit. Auch symptomlose seropositive Patienten müssen mit aller Konsequenz nachbeobachtet werden. In therapieresistenten Fällen kommt eventuell eine gepulste Therapie in Frage, bei der der Patient über längere Zeit jeweils einmal wöchentlich eine maximale Dosis eines geeigneten Antibiotikums erhält, um dadurch eine Synchronisation der Teilungsaktivität der Borrelien zu erreichen. Hierzu wäre es z. B. denkbar, eine Tagesdosis von 12 g Cefotaxim jeweils an zwei aufeinanderfolgenden Tagen pro Woche zu verabreichen (10).

## Literatur


1. **Asbrink, E., A. Hovmark.** 1985. Successful Cultivation of Spirochetes from Skin Lesions of Patients with Erythema Chronicum Migrans Afzelius and Acrodermatitis Chronica Atrophicans. Acta Pathol. Microbiol. Immunol. Scand. Sect. B 93: 161–163.
2. **Dattwyler, R. J., J. J. Halperin, D. J. Volkman, B. I. Luft.** 1988. Treatment of Late Lyme Borreliosis – Randomised Comparison of Ceftriaxone and Penicillin. Lancet, I: 1191–1194.
3. **Dattwyler, R. J., J. J. Halperin, H. Pass, B. J. Luft.** 1987. Ceftriaxone as Effective Therapy in Refractory Lyme Disease. J. Infect. Dis. 155: 1322–1325.
4. **Diringer, M. N., J. J. Halperin, R. J. Dattwyler.** 1987. Lyme Meningoencephalitis – Report of a Severe, Penicillin-Resistant Case. Arthr. Rheum. 30: 705–708.
5. **Duray, P. H., A. C. Steere.** 1988. Clinical Pathologic Correlations of Lyme Disease by Stage. In Lyme Disease and Related Disorders. Ann. N.Y. Acad. Sci. 539: 65–79.
6. **Halperin, J. J., H. L. Pass, A. K. Anand, B. J. Luft, D. J. Volkman, R. J. Dattwyler.** 1988. Nervous System Abnormalities in Lyme Disease. N.Y. Acad. Sci. 539: 24–33.
7. **Halperin, J. J.** 1989. Abnormalities of the Nervous System in Lyme Disease: Response to Antimicrobial Therapy. Rev. Infec. Dis. Vol II, Suppl. 6: 1499–1504.
8. **Hanrahan, J. P., I. L. Benach, J. L. Coleman, E. M. Bosler, D. L. Morse, D. J. Cameron, R. Edelman, R. A. Kaslow.** 1989. Incidence and Cumulative Frequency of Endemic Lyme Disease in a Community. J. Infect. Dis. 150: 489–496.
9. **Hassler, D., L. Zöller, M. Haude, H. D. Hufnagel, F. Heinrich, H. G. Sonntag.** 1990. Cefotaxime Versus Penicillin in the Late Stage of Lyme Disease – Prospective, Randomized Therapeutic Study. Infection 18: 16–20.
10. **Hassler, D., K. Riedel, J. Zorn, V. Preac-Mursic.** 1990. Pulsed High-Dose Cefotaxime Therapy in Refractory Lyme Borreliosis. Lancet 338: 193.
11. **Johnston Y. E., P. H. Duray, A. C. Steere, M. Kashgarian, J. Buza, S. E. Malawista, P. W. Ashkenase.** 1985. Lyme Arthritis. Spirochetes Found in Synovial Microangiopathic Lesions. Amer. J. Pathol. 118: 26–34.
12. **Kristoferitsch, W., E. Sluga, M. Graf, H. Partsch, R. Neumann, G. Stanek, H. Budka.** 1988. Neuropathy Associated with Acrodermatitis Chronica Atrophicans. N.Y. Acad. Sci. 539: 35–45.
13. **Luft, B. J., D. J. Volkman, J. J. Halperin, R. J. Dattwyler.** 1988. New Therapeutic Approaches in the Treatment of Lyme Borreliosis. Ann. N.Y. Acad. Sci. 539: 352–361.
14. **Meier, C., H. Grehl.** 1988. Vaskulitische Neuropathie bei Garin-Bujadoux-Bannwarth-Syndrom. Dtsch. Med. Wochenschr. 113: 135–138.
15. **Midgard, R., H. Hofstad.** 1987. Unusual Manifestations of Nervous System Borrelia burgdorferi Infection. Arch. Neurol. 44: 781–783.
16. **Pal, G. S., J. T. Baker.** 1988. Penicillin-Resistant Borrelia Encephalitis Responding to Cefotaxime. Lancet I: 50–51.
17. **Petersen, L. R., A. H. Sweeney, P. J. Checko, L. A. Magnarelli, P. A. Mshar, R. A. Gunn, J. L. Hadler.** 1989. Epidemiological and Clinical Features of 1149 Persons with Lyme Disease Identified by Laboratorybased Surveillance in Connecticut. Yale J. Biol. Med. 62: 253–262.
18. **Pfister, H. W., V. Preac-Mursic, B. Wilske, K. M. Einhäupl, K. Weinberger.** 1989. Latent Lyme Neuroborreliosis: Presence of Borrelia burgdorferi in the Cerebrospinal Fluid without Concurrent Inflammatory Signs. Neurology 39: 1118–1120.
19. **Pfister, H. W., V. Preac-Mursic, B. Wilske, F. Soergel, E. Schielke, K. M. Einhäupl.** 1989. Ceftriaxone versus Cefotaxime for Acute Neurological Manifestations in Lyme Borreliosis: A Prospective, Randomised Study. Proc. 16th. Int. Congr. Chemother. Jerusalem 1989.
20. **Preac-Mursic, V., B. Wilske, G. Schierz, M. Holmberger, E. Süss.** 1987. In Vitro and In Vivo Susceptibility of Borrelia burgdorferi. Eur. J. Clin. Microbiol. 6: 424–426.
21. **Preac-Mursic, V., K. Weber, H. W. Pfister, B. Wilske, B. Gross, A. Baumann, J. Prokop.** 1989. Survival of Borrelia burgdorferi in Antibiotically Treated Patients with Lyme Borreliosis. Infection 17: 355–359.
22. **Reik, L. Jr., W. Burgdorfer, J. O. Donaldson.** 1986. Neurologic Abnormalities in Lyme Disease without Erythema Migrans. Amer. J. Med. 81: 73–78.
23. **Röther, E., H. H. Peter.** 1990. Die Lyme-Borreliose. Fortschr. Med. 108: 187–190.
24. **Schmid, G. P.** 1985. The Global Distribution of Lyme Disease. Rev. Infec. Dis. 7: 41–50.

25. **Schmidli, J., T. Hunziker, P. Moeschli, U. B. Schaad.** 1988. Cultivation of Borrelia burgdorferi from Joint Fluid Three Months after Treatment of Facial Palsy Due to Lyme Borreliosis. J. Infect. Dis. 158: 905–906.
26. **Schmidt, R., J. Kabatzki, S. Hartung und R. Ackermann.** 1985. Erythema-Migrans-Borreliose in der Bundesrepublik Deutschland. Dtsch. Med. Wochenschr. 110: 1803–1807.
27. **Snydman. D. R., D. P. Schenkein, V. P. Berardi, C. C. Lastavica, K. M. Pariser.** 1986. Borrelia burgdorferi from Joint Fluid in Chronic Lyme Arthritis. Ann. Int. Med. 104: 798–800.
28. **Stahl, M., R. Fressle, B. Wilske.** 1990. Lyme-Neuroborreliose unter dem Bild einer Anorexia nervosa. Münch. Med. Woschenschr. 132: 615–618.
29. **Steere, A. C., J. Green, R. T. Schoen, E. Taylor, G. J. Hutchinson, D. W. Rahn, S. E. Malawista.** 1985. Successful Parenteral Penicillin Therapy of Established Lyme Arthritis. N. Engl. J. Med. 312: 869–874.
30. **Steere, A. C., E. Taylor, M. L. Wilson, J. F. Levine, A. Spielman.** 1986. Longitudinal Assessment of the Clinical and Epidemiological Features of Lyme Disease in a Defined Population. J. Infect. Dis. 154 , Vol 2: 295–300.
31. **Steere, A. C.** 1989. Lyme Disease. N. Engl. J. Med. 321: 586–596.
32. **Steere, A. C.** 1990. Clinical Definitions and Differential Diagnosis of Lyme Arthritis. Vortrag Borrelia 90, Stockholm 18. 6. 1990.
33. **Thyresson, N.** 1949. The Penicillin Treatment of Acrodermatitis Atrophicans Chronica. Acta Derm. Venereol. 29: 572–621.
34. **Weyand, C., J. Goronzy.** 1989. Immune Responses to Borrelia burgdorferi in Patients with Reactive Arthritis. Arthritis Rheum. 32: 1057–1064.
35. **Wilske, B., R. Steinhuber, H. Bergmeister, V. Fingerle, G. Schierz, V. Preac-Mursic, E. Vanek, B. Lorbeer.** 1987. Lyme-Borreliose in Süddeutschland. Dtsch. Med. Wochenschr. 112: 1730–1736.
36. **Wilske, B., P. Münchhoff, G. Schierz, V. Preac-Mursic, M. Roggendorf, G. Zoulek.** 1985. Zur Epidemiologie der Borrelia burgdorferi-Infektion bei Waldarbeitern aus Oberbayern. Münch. Med. Wochenschr. 127: 171–172.
37. **Wokke, J. H. J., J. van Gijn, A. Elderson.** 1987. Chronic Forms of Borrelia burgdorferi Infection of the Nervous System. Neurology 37: 1031–1034.
38. **Zöller, L., M. Haude, D. Hassler, S. Burkard, H. G. Sonntag.** 1989. Spontaneous and Posttreatment Antibody Kinetics in Late Lyme Borreliosis. Şerodiag. Immunother. Infec. Dis. 3, 5: 345–353.

**FAC** Fortschritte der antimikrobiellen u. antineoplastischen Chemotherapie Band 11–1, 1992 S. 119-126 
ISSN 0722-7566 ISBN 3-923599-67-6

# Teilergebnisse der PEG-Interventionsstudie I zur empirischen antimikrobiellen Chemotherapie von Infektionen bei neutropenischen Patienten mit malignen hämatologischen Erkrankungen

P. MEYER[1], D. ADAM[2,6], W. HIDDEMANN[3], H. LINK[4], G. MASCHMEYER[5], M. HELMERKING[6]

für die Studiengruppe[7] Infektionen in der Hämatologie/Onkologie der Paul-Ehrlich-Gesellschaft für Chemotherapie e.V.

[1] *Medizinische Poliklinik der Universität, D-8700 Würzburg*
[2] *Kinderklinik der Universität, D-8000 München 2*
[3] *Medizinische Universitätsklinik, D-4400 Münster*
[4] *Medizinische Hochschule Hannover, Abt. Hämatologie und Onkologie, D-3000 Hannover 61*
[5] *Evangelisches Krankenhaus, Abt. Hämatologie und Onkologie, D-4300 Essen 16*
[6] *PEG-Studienzentrale, Postfach 830156, D-8000 München 83*
[7] *PEG-Studiengruppe Infektionen in der Hämatologie/Onkologie: H. Link, G. Maschmeyer, A. Böhme, R. E. Scharf, W. Hiddemann, A. Deboben, P. Meyer, S. Sauer, B. Lathan, D. Dunker, A. Loesch, R. Siegmund, T. Lipp, M. Planker, J. Selbach, W. Freund, K. Burkhardt, G. Höffken, W. Siegert, J. H. Hartlapp, N. Brack, R. Marre, K. Jaschonek Studienzentrale: D. Adam, M. Helmerking, J. Schmitt, E. Eisenmann*

Die vorliegende Multicenter-Studie untersucht die empirische antimikrobielle Therapie neutropenischer Patienten mit Fieber unklarer Genese. Ein dreistufiges Interventionstherapiekonzept mit jeweils randomisierten, bei Nichtentfieberung stufenweise eskalierenden Therapieverfahren wird verwendet. Dieses Therapiekonzept ergibt bei 589 febrilen Episoden eine kumulative Erfolgsrate von 90% über alle drei Eskalationsstufen mit einer Erfolgsrate von 66,7% in der Phase I, 49,6% in der Phase II und 67,6% in der Phase III. Innerhalb der einzelnen Therapiephasen sind die randomisiert geprüften Therapieverfahren nicht unterschiedlich effektiv. Die Studie belegt, daß eine systematisch eskalierende antimikrobielle Behandlungsstrategie auch bei neutropenischen Patienten mit Fieber unklarer Genese in hohem Maße erfolgreich ist.

Bei der Therapie akuter Leukämien und hochmaligner Lymphome haben sich durch die Verwendung von Polychemotherapieprotokollen in der letzten Dekade die Remissionsraten verbessern lassen, gleichzeitig ist auch die Langzeitprognose dieser Erkrankungen deutlich verbessert worden. Diese Entwicklung beruht auf der Verwendung intensiver und daher auch nebenwirkungsreicher Polychemotherapieprotokolle. Die

***Keywords:*** *Fieber unbekannter Genese – Neutropenie – empirische antimikrobielle Therapie – akute Leukämie*

häufigste Nebenwirkung dieser Behandlungsverfahren ist eine deutliche Myelosuppression. Damit ist jedoch ein erhöhtes Risiko für infektiöse Komplikationen verbunden, deren Behandlung und Kontrolle wiederum wirksamer antimikrobieller Behandlungsstrategien bedarf, um das kurative Potential der antineoplastischen Chemotherapie zu realisieren (4).

Infektionen bei Patienten mit schwerer und persistierender Granulozytopenie verlaufen meist rasch und manifestieren sich häufig lediglich in Fieber als einzigem klinischem Symptom. Ohne sofortige antimikrobielle Therapie besteht ein hohes Risiko. Eine antimikrobielle Therapie muß aus diesem Grund bei den ersten Zeichen einer Infektion, in diesem Fall in der Regel lediglich Fieber, unverzüglich begonnen werden. Eine empirische Initialtherapie und gegebenenfalls auch empirische Modifikationen der Therapie müssen sich am Erregerspektrum und dessen Änderung durch Selektion resistenter Mikroorganismen oder Auswachsen opportunistischer Keime orientieren (5, 9). Bei Nichtentfieberung muß eine stufenweise Eskalation der antimikrobiellen Therapie in Abhängigkeit vom klinischen Verlauf und von potentiell zugrundeliegenden Mikroorganismen erfolgen (6, 7, 9).

Als Initialtherapie wird allgemein eine Zweierkombination aus Aminoglykosiden, Cephalosporinen und Penicillinen in wechselnder Zusammensetzung verwendet. In verschiedenen Studien wurden solche Kombinationen geprüft, ohne daß sich eine eindeutig überlegene Kombination für die Initialtherapie herausgestellt hätte (11, 13). Auch für die Behandlung der auf die Initialtherapie nicht entfieberten Patienten mit Fieber unbekannter Genese gibt es keine allgemein akzeptierten Verfahren (10, 12). Ziel der 1985 von der Studiengruppe Infektionen in der Hämatologie der Paul-Ehrlich-Gesellschaft für Chemotherapie e.V. begonnenen Studie war es, sowohl die Frage einer optimalen Initialtherapie zu untersuchen als auch eine antimikrobielle Interventionsstrategie für die auf die Initialtherapie nicht ansprechenden Patienten mit Fieber unbekannter Genese zu optimieren. Hierzu wurde ein dreistufiges Interventionsprotokoll mit randomisierten Therapieelementen zur Prüfung von Effektivität und Toxizität entworfen (8).

## Patienten, Material und Methoden

Zielgruppe der vorliegenden Studie waren Patienten mit malignen hämatologischen Erkrankungen, überwiegend mit akuten Leukämien oder hochmalignen Non-Hodgkin-Lymphomen, die im Rahmen ihrer Grunderkrankung oder der durchgeführten zytostatischen Behandlung eine Neutropenie $<1000/mm^3$ und Fieber $>38{,}5°$ C mit oder ohne zusätzlichen klinischen oder mikrobiologischen Zeichen einer Infektion entwickelten (6).

Bei Patienten mit Fieber unbekannter Genese erfolgte initial eine randomisierte Zuordnung zu einem von drei antibiotischen Zweifachregimen, bestehend aus Aminoglykosid und Acylureidopenicillin, Aminoglykosid und Drittgenerations-Cephalosporin oder Drittgenerations-Cephalosporin und Acylureidopenicillin. Patienten mit persistierendem Fieber $>38{,}5°$ C und anhaltender Neutropenie wurden in der zweiten Eskalationsstufe mit einer Dreifachkombination von Drittgenerations-Cephalosporin, Aminoglykosid, Acylureidopenicillin oder Acylureidopenicillin, Drittgenerations-Cephalosporin und Vancomycin weiterbehandelt.

Bei fehlendem Ansprechen oder Wiederauftreten von Fieber nach initialem Erfolg auf Eskalationsstufe I oder II wurde eine antimykotische Therapie mit Amphotericin B und 5-Flucytosin in Kombination mit Rifampicin und entweder Imipenem/Cilastin oder Acylureidopenicillin und Drittgenerations-Cephalosporin begonnen. Bei mikrobiologischer Sicherung der Infektionsursache wurde die empirische antibiotische Therapie entsprechend den Ergebnissen der In-vitro-Resistenzte-

**Tabelle 1:** Antimikrobielle Substanzen und verwendete Dosierung pro Tag in der PEG-Interventionsstudie

| Substanz | Dosierung |
|---|---|
| *Penicilline* | |
| Azlocillin | 3 × 5 g |
| Piperacillin | 3 × 4 g |
| *Cephalosporine* | |
| Cefmenoxim | 3 × 2 g |
| Cefotaxim | 3 × 2 g |
| Ceftazidim | 3 × 2 g |
| Ceftizoxim | 3 × 2 g |
| *Aminoglykoside* | |
| Amikacin | 2 × 7,5 mg/kg |
| Gentamicin | 3 × 1,5 mg/kg |
| Netilmicin | 3 × 150 mg |
| Tobramycin | 3 × 1,5 mg/kg |
| *Andere Substanzen* | |
| Imipenem/Cilastatin | 3 × 1 g |
| Metronidazol | 3 × 500 mg |
| Rifampicin | 1 × 600 mg |
| Vancomycin | 4 × 500 mg |
| Amphotericin B | 0,5 mg/kg |
| 5-Flucytosin | 4 × 37,5 mg/kg |

**Tabelle 2:** Verteilung der Grunderkrankungen bei 1159 Patienten

| Grunderkrankung | Prozent (%) |
|---|---|
| akute myeloische Leukämie | 60,5 |
| akute lymphatische Leukämie | 16,7 |
| hochmaligne Non-Hodgkin-Lymphome | 13 |
| andere | 9,8 |

stung und dem klinischen Ansprechen auf die initial empirisch eingeleitete Therapie adaptiert.

Bei Patienten, bei denen neben Fieber klinische Zeichen einer Infektion, nicht aber ein mikrobiologischer Erregernachweis vorlagen, wurde die initiale empirische Behandlung wie folgt ergänzt: Bei Pneumonien erfolgte der Einsatz von Amphotericin B, 5-Flucytosin, Rifampicin und Imipenem bereits bei Versagen der Initialtherapie. Bei Entzündung an Eintrittsstellen venöser Zugänge oder anderen Hautinfektionen wurde das laufende Therapieregime mit Vancomycin ergänzt. Bei Fieber mit abdominellen Symptomen wurde Metronidazol zum laufenden Therapieregime ergänzt. Die verwendeten antimikrobiellen Substanzen und die jeweiligen Dosierungen finden sich in Tabelle 1.

## Ergebnisse

Zwischen Dezember 1985 und November 1988 wurden 1260 Patienten aus 23 teilnehmenden Institutionen in die vorliegende Studie aufgenommen. Das Alter der Patienten lag zwischen 16 und 84 Jahren mit einem Median von 48 Jahren. 1159 Fälle waren auswertbar. Die Verteilung der Diagnosen der Grunderkrankungen enthält die Tabelle 2. 77,3% der Patienten waren an akuter Leukämie erkrankt. Bei den 1159 auswertbaren Patienten wurde die Infektion in 589 Fällen (50,8%) als Fieber unklarer Genese klassifiziert, während bei 570 Patienten die Infektion praktisch zu gleichen Teilen als nur mikrobiologisch, als nur klinisch oder als klinisch und mikrobiologisch dokumentierte Infektion vorlag (Tab. 3).

Die Therapieergebnisse bei Fieber unklarer Genese sind in Tabelle 4 zusammengefaßt und zeigen eine kumulative Ansprechrate von 90%. Die Analyse der einzelnen Eskalationsstufen ergab, daß die antimikrobielle Intervention in Phase I bei 66,7% aller Fälle erfolgreich war. Die Auftrennung der Therapieergebnisse der Phase I bei den 625 Episoden mit Fieber unklarer Genese ist in Tabelle 5 enthalten. Für die verwendeten Kombinationen (Cefotaxim + Penicillin vs. andere Cephalosporine + Penicillin vs. Cefotaxim + Aminoglykosid vs. andere Cephalosporine + Aminoglykosid vs. Penicillin + Aminoglykosid) ergeben sich keine statistisch signifi-

**Tabelle 3:** Klassifikation der Infektion bei 1159 Patienten

| | auswertbar (n) | auswertbar (%) | nicht auswertbar (n) | total (n) |
|---|---|---|---|---|
| Fieber unbekannter Genese | 589 | 50,8 | 78 | 667 |
| mikrobiologisch dokumentiert | 188 | 16,2 | 5 | 193 |
| klinisch dokumentiert | 196 | 16,9 | 13 | 209 |
| klinisch + mikrobiologisch | 186 | 16,0 | 5 | 191 |
| total | 1159 | | 101 | 1260 |

**Tabelle 4:** Behandlungsergebnisse bei 625 Episoden mit Fieber unklarer Genese

| | Phase I (%) | Phase II (%) | Phase III (%) | kumulativ (%) |
|---|---|---|---|---|
| Ansprechen | 66,7 | 49,6 | 67,6 | 90,0 |
| Versagen | 29,3 | 42,5 | 25,7 | 3,2 |
| Tod | 4,0 | 7,9 | 6,8 | 6,8 |

**Tabelle 5:** Ansprechraten bei 625 Episoden Fiebers unklarer Genese mit den antimikrobiellen Regimen der Phase I

| Therapie | Episoden (n) | Ansprechen (%) | Versagen (%) | Tod (%) |
|---|---|---|---|---|
| Cefotaxim + Penicillin | 110 | 64,5 | 33,6 | 1,8 |
| andere Cephalosporine + Penicillin | 117 | 65,0 | 30,0 | 5,0 |
| Cefotaxim + Aminoglykosid | 83 | 64,7 | 31,8 | 3,5 |
| andere Cephalosporine + Aminoglykosid | 108 | 66,0 | 31,0 | 3,0 |
| Penicillin + Aminoglykosid | 207 | 69,6 | 25,1 | 5,3 |

kanten Unterschiede. In der Phase II konnten 49,6% und in Phase III 67,6% aller febriler Episoden erfolgreich behandelt werden. Auch auf diesen Therapiestufen (Phase II–III) waren keine signifikanten Unterschiede zwischen den jeweils in einer Phase randomisiert zugeordneten Regimen erkennbar, weshalb die Ergebnisse für die randomisierten Therapiearme nicht separat dargestellt werden.

Bei 570 Patienten mit dokumentierten Infektionen konnte eine Infektion in 188 Fällen mikrobiologisch gesichert werden, während

**Tabelle 6:** Behandlungsergebnisse bei 382 Episoden nur klinisch oder klinisch/mikrobiologisch dokumentierter Infektionen

| Art der Infektion | total (n) | total (%) | Ansprechen (%) | Versagen (%) | Tod (%) |
|---|---|---|---|---|---|
| Pneumonie | 187 | 49,0 | 61,5 | 19,3 | 19,3 |
| Infektion des venösen Zugangs | 106 | 27,7 | 84,9 | 9,4 | 5,7 |
| abdominelle Infektion | 37 | 9,7 | 75,7 | 8,1 | 16,2 |
| andere Infektionen | 52 | 13,6 | 82,7 | 11,5 | 5,8 |

**Tabelle 7:** Therapieergebnisse bei 374 Episoden mikrobiologisch und/oder klinisch dokumentierten Infektionen

| Keim | total (n) | total (%) | Ansprechen (%) | Versagen (%) | Tod (%) |
|---|---|---|---|---|---|
| grampositiv | 151 | 40,4 | 84,8 | 7,3 | 7,9 |
| gramnegativ | 97 | 25,9 | 76,3 | 7,2 | 16,5 |
| Pilze | 33 | 8,8 | 51,5 | 33,3 | 15,5 |
| Mischinfektionen | 93 | 24,9 | 73,1 | 11,0 | 16,0 |

bei 196 Fällen lediglich durch klinische Symptome eine Infektionsdokumentation gelang. Bei 186 Fällen gelang eine mikrobiologische und klinische Infektionsdokumentation. Bei den 382 klinisch oder klinisch und mikrobiologisch dokumentierten Infektionen machten Pneumonien mit 49,0% nahezu die Hälfte aller Infektionen aus, gefolgt von Infektionen im Bereich venöser Zugänge (27,7%), Infektionen mit gastrointestinalen Symptomen (9,7%) und anderen Infektionen (13,6%) (Tab. 6). Dabei nahm die Inzidenz von Pneumonien von 38,0% innerhalb der ersten fünf Tage auf 50,0% nach Tag 6 innerhalb der Studiendauer von 21 Tagen zu. Die Ansprechrate der Pneumonien auf die antimikrobielle Therapie war mit 61,5% signifikant niedriger als bei anderen dokumentierten Infektionen mit 82,7% (Tab. 6). Bei den 374 Episoden mikrobiologisch gesicherter Infektionen dominierten Infektionen durch grampositive Erreger mit 40,4%, gefolgt von Infektionen gramnegativer Keime mit 25,9% und Pilzinfektionen mit 8,8% (Tab. 7). In 24,9% der Fälle lagen Mischinfektionen vor. Auffällig ist der Unterschied im Erregerspektrum in der frühen (bis Tag 5) und späten (Tag 6–21) Periode der Studie. So stieg die Frequenz systemischer Pilzinfektionen von 9,1% auf 37,9% in der späten Therapieperiode. Die Infektionen mit grampositiven Keimen nahmen von 55,8% auf 33,6% in der späten Therapieperiode ab.

Die Ansprechrate der Infektionen mit grampositiven und gramnegativen Erreger war nicht signifikant unterschiedlich (84,8% bzw. 76,3%; mit einer allerdings höheren Letalität bei gramnegativen Infektionen von 16,5% vs. 7,9%). Pilzinfektionen sprachen im Vergleich dazu schlechter an (51,5%) und hatten eine den gramnegativen Infektionen vergleichbare Letalität (15,5%) (Tab. 7). Wenn man die Therapieergebnisse nach dem

**Tabelle 8:** Nebenwirkungsrate WHO-Grad (2–4) bei 1260 Behandlungsepisoden

| Substanz | Episode (n) | Nebenwirkungsinzidenz (%) |
|---|---|---|
| Amphotericin B | 281 | 45,2 |
| Rifampicin | 290 | 11,4 |
| Imipenem | 193 | 6,7 |
| Penicilline | 967 | 4,7 |
| Cephalosporine | 926 | 1,8 |
| Aminoglykoside | 906 | 1,5 |
| Vancomycin | 331 | 1,2 |
| 5-Flucytosin | 277 | 0,7 |

klinischen Bild der Infektion aufschlüsselt, ohne die ggf. nachgewiesenen Erreger zu berücksichtigen, haben Pneumonien mit 61,5% eine niedrige Ansprechrate als andere Infektionen mit einer Ansprechrate von 83%.

Bei den Nebenwirkungen der antiinfektiösen Therapie führt Amphotericin B deutlich vor Rifampicin, Imipenem und Penicillinen (Tab. 8). Eine sehr niedrige Nebenwirkungshäufigkeit ergab sich für Cephalosporine, Aminoglykoside, Vancomycin und 5-Flucytosin. Es sollte hierbei allerdings berücksichtigt werden, daß die Zuordnung eines bestimmten Symptoms zu einer bestimmten Substanz als Nebenwirkung in Situationen mit z.T. komplexen Kombinationstherapien unsicher bleiben muß.

## Diskussion

Die Ergebnisse der vorliegenden Studie unterstreichen die Notwendigkeit einer am klinischen Verlauf und an mikrobiologischen Befunden orientierten, prospektiv angelegten, mehrstufig aufgebauten antimikrobiellen Interventionsstrategie. Mit einer solchen empirischen Behandlungsstrategie betrug die kumulative Ansprechrate über alle drei Eskalationsstufen bei Patienten mit Fieber unklarer Genese 90%.

Im Gegensatz zu anderen Vergleichsstudien (1, 3) bestanden dabei keine signifikanten Differenzen zwischen den initial eingesetzten Zweifachkombinationen, mit denen rund ⅔ aller Patienten in der Phase I erfolgreich behandelt werden konnten. Die zweite Eskalationsstufe erwies sich demgegenüber als weniger effektiv mit einer Ansprechrate von 49,6%, unabhängig davon, ob die initiale Kombination mit Vancomycin oder auf Doppelbetalaktam plus Aminoglykosid erweitert wurde. Der Einsatz einer antimykotischen Therapie in Stufe III war offensichtlich vorteilhaft, da es bei 67,6% aller Patienten zur Entfieberung kam. Diese wird wahrscheinlich durch die Zunahme mikrobiologisch dokumentierter Pilzinfektionen erklärbar, die bereits ab dem sechsten Behandlungstag 37,9% der mikrobiologisch dokumentierten Infektionen ausmachen.

Bei der bekannt schlechten Senisitivität der Verfahren zum Nachweis einer Pilzinfektion (2) darf man wohl annehmen, daß sich unter den als Fieber unklarer Genese klassifizierten Infektionen relativ viele Pilzinfektionen befinden. Eine Konsequenz aus der vorliegenden Studie wäre die Prüfung einer systemischen antimykotischen Therapie zu einem früheren Zeitpunkt.

Neben systemischen Pilzinfektionen stellen gramnegative Keime ein wesentliches klinisches Problem dar. Obwohl Infektionen mit grampositiven Mikroorganismen deutlich überwiegen, führen gramnegative Keime signifikant häufiger zu einem tödlichen Verlauf (16,5% vs. 7,9%, p <0,01). Unter den klinisch dokumentierten Infektionen waren Pneumonien prognostisch ungünstig mit einer kumulativen Ansprechrate von 61,5%. Inwieweit diese Ergebnisse auf primäre oder sekundäre Pilzinfektionen zurückzuführen sind, muß derzeit offen bleiben, da der Nachweis eines pathogenen Keimes nur in etwa einem Drittel der Fälle gelang. Hier wäre durch systematischen Einsatz invasiver diagnostischer Verfahren die Rate an mikrobiologisch dokumentierten Infektionen zu erhöhen und somit die Möglichkeit zur gezielten Behandlung zu gewinnen.

Die Ergebnisse der vorliegenden Studie lassen folgende Schlußfolgerungen zu: Eine rational geplante und systematisch eskalierende antimikrobielle Interventionstherapie bei neutropenischen Patienten ergibt für die Gruppe mit Fieber unbekannter Genese gute kumulative Ansprechraten. Verbesserungen der Therapiestrategie sind bei Pneumonien notwendig und die Letalität, hervorgerufen durch gramnegative Infektionen, sollte noch gesenkt werden. Im Rahmen einer prospektiven Studie sollte der Schwerpunkt sowohl auf Verbesserung der diagnostischen Verfahren als auch der antimykotischen Therapie und der Behandlung gramnegativer Infektionen liegen. Fortschritte sind auf diesem Gebiet nur im Rahmen multizentrischer Studien zu erwarten, die auf der Grundlage klar definierter Eingangskriterien und homogener Patienten- und Therapiegruppen geplant sind. Ziel sollte sein, gleichzeitig Strategien zur raschen Identifikation der relevanten pathogenen Keime und zur Verbesserung der empirischen Therapiestrategien zu entwickeln.

## Literatur


1. **Anaissie, E. J., V. Fainstein, G. P. Bodey, K. Rolston, L. Elting, H. Kantarjian, F. Cabanillas, K. B. McCredie.** 1988. Randomized Trial of Beta-Lactam Regimens in Febrile Neutropenic Cancer Patients. Amer. J. Med. 84: 581–589.
2. **Degregorio, M. W., M. W. F. Lee, C. A. Linker, R. A. Jacobs, C. A. Riess.** 1982. Fungal Infections in Patients with Acute Leukemia. Amer. J. Med. 73: 543–548.
3. **The EORTC International Antimicrobial Therapy Cooperative Group.** 1987. Ceftazidime Combined with a Short or Long Course of Amikacin for Empirical Therapy of Gram-Negative Bacteremia in Cancer Patients with Granulocytopenia. New Engl. J. Med. 317: 1692–1698.
4. **Estey, E. H., M. J. Keating, K. B. McCredie, G. P. Bodey, E. J. Freireich.** 1982. Causes of Initial Remission Induction Failure in Acute Myelogenous Leukemia. Blood 60: 309–315.
5. **Gay, H., H. N. Tattersall, R. M. Hutchinson, A. S. D. Spiers.** 1973. Changing Patterns of Infection in Cancer Patients. Eur. J. Cancer. Clin. Oncol. 9: 401–404.
6. **Hughes, W. T., D. Armstrong, G. P. Bodey, R. Feld, G. L. Mandell, J. D. Meyers, P. A. Pizzo, S. C. Schimpff, J. L. Shenep, J. C. Wade, L. S. Young, M. D. Yow.** 1990. Guidelines for the Use of Antimicrobial Agents in Neutropenic Patients with Unexplained Fever. J. Infec. Dis. 161: 381–396.
7. **Klastersky, J.** 1986. Concept of Empiric Therapy with Antibiotic Combinations – Indications and Limits. Amer. J. Med. 80: 2–12.
8. **Maschmeyer, G., H. Link, W. Hiddemann, P. Meyer, M. Helmerking, D. Adam for the Interventional Antimicrobial Strategy Study Group of the Paul Ehrlich Society for Chemotherapy.** 1990. Interventional Antimicrobial Strategy in Febrile Neutropenic Patients – Results of a Multicenter Study in 1260 Patients with Hematological Malignancies. Onkologie 13: 38–42.
9. **Pizzo, P. A., J. Commers, D. Cotton, J. Gress, J. Hathorn, J. Hiemenz, D. Longo, D. Marshall, K. J. Robichaud.** 1984. Approaching the Controversies in Antibacterial Management of Cancer Patients. Amer. J. Med. 76: 436–449.
10. **Pizzo, P. A.** 1987. After Empiric Therapy: What to Do until the Granulocytes Come Back? Rev. Infect. Dis. 9: 214–219.

11. **Rubin, R. H.** 1988. Empiric Antibacterial Therapy in Granulocytopenia Induced by Cancer Chemotherapy. Ann. Int. Med. 108: 134–135.
12. **Talbot, G. H., M. Provencher, P. A. Cassileth.** 1988. Persistent Fever after Recovery From Granulocytopenia in Acute Leukemia. Arch. Int. Med. 148: 129–135.
13. **Young, L. S.** 1986. Empirical Antimicrobial Therapy in the Neutropenic Host. N. Engl. J. Med. 315: 580–581.

# V. Pädiatrie

*Vorsitz: D. Adam, W. Stille*

**FAC** Fortschritte der antimikrobiellen u. antineoplastischen Chemotherapie Band 11–1, 1992 S. 129-134 129
ISSN 0722-7566 ISBN 3-923599-67-6

# Betalaktamantibiotika in der Neonatologie

H. HELWIG

*Kinderkrankenhaus St. Hedwig, Hermann-Herder-Straße 1, D-7800 Freiburg*

In der Neugeborenenperiode stellen Infektionen nach wie vor eine häufige und gravierende Krankheitsursache dar, die besonders bei untergewichtigen Neugeborenen eine wesentliche Mortalitätsursache darstellen. In den USA wurden für das Jahr 1982 4% aller Todesfälle bei untergewichtigen Neugeborenen auf Infektionen zurückgeführt, davon 28% auf eine Chorioamnionitis und knapp 50% auf eine Sepsis (2). Die erfolgreiche Behandlung bakterieller Neugeboreneninfektionen hängt entscheidend von der frühzeitigen Erkennung und dem Zeitpunkt bakterizider Wirkstoffspiegel im Organismus ab. Hierfür spielt die Kenntnis der sich u. U. wandelnden Erregerempfindlichkeit auch regional mit eine entscheidende Rolle (Tab. 1).

Aus der Vielzahl der zur Verfügung stehenden antimikrobiell wirksamen Substanzen scheiden ganze Gruppen, wie beispielsweise Tetracycline, Chinolone und Sulfonamide, für den Einsatz bei Neugeborenen aus. Die Wahl der Antibiotika wird auch von der Lokalisation der Infektion, der immunologischen Kompetenz des Organismus, Wirksamkeit, Sicherheit und Applikationsmöglichkeit der gewählten Substanzen beeinflußt. Wegen ihrer bakteriziden Wirkung und auch im Neugeborenenalter allgemein großen therapeutischen Breite werden überwiegend Betalaktamantibiotika eingesetzt (Tab. 2 und 3). Die zur Verfügung stehenden Penicilline und Cephalosporine lassen aufgrund ihrer unterschiedlichen, meist großen Wirkungsspektren eine Beschränkung auf einige wenige Substanzen zu. Besonders bei unreifen Neugeborenen muß die unter-

**Tabelle 1:** Erreger der Neugeborenensepsis

| | |
|---|---|
| *Bakterien* | *Viren* |
| B-Streptokokken | Enteroviren |
| E. coli | (Echo, Coxsackie) |
| weitere gramnegative | Herpes simplex |
| Bakterien | Cytomegalie |
| Listeria monocytogenes | Röteln |
| S. pneumoniae | |
| weitere Streptokokken | *Weitere Erreger* |
| Staphylococcus aureus | Candida-Arten |
| Anaerobier | Mycoplasma hominis |

**Tabelle 2:** Initialtherapie der Neugeboreneninfektionen

| Infektion | Empfohlene Therapie | Alternativen |
|---|---|---|
| Sepsis 0–72 Std. | AMP + AG | CTX + AMP |
| Sepsis > 72 Std. | CTX + PIP | CTX/AMP/AG |
| Katheter-Sepsis | CTX + VM | Fluclox./AG |
| NEC | CTX + VM | CTX/PIP |
| Pneumonie | CTX + AG | PIP/AG |
| Meningitis | CTX/PIP/AG | CTX/AMP/AG |

AG = Aminoglykoside AMP = Ampicillin
CTX = Cefotaxim VM = Vancomycin
PIP = Piperacillin Fluclox. = Flucloxacillin
NEC = nekrotisierende Enterocolitis

***Keywords:*** *Neugeboreneninfektionen – Erregerspektrum – Betalaktamantibiotika – Penicilline – Cephalosporine*

**Tabelle 3:** Therapieempfehlungen bei nachgewiesenem Erreger

| Erreger | Empfohlene Therapie |
|---|---|
| Escherichia coli | CTX<br>LAMOX |
| Enterobacter sp. | CTX + AG |
| Haemophilus influenzae | CTX |
| Klebsiella sp. | CTX |
| Listeria monocytogenes | Pen G (+ AG)<br>AMP (+ AG) |
| Staphylococcus aureus | OXAC |
| Staphylococcus epidermidis | VM + CTX |
| B-Streptokokken | Pen G + AG<br>AMP + AG<br>CTX + AG |
| Pseudomonas aeruginosa | CAZ, CES |
| Serratia marcescens | PIP, AZLO |
| Candida sp. (systemische Infektionen) | |
| o. ZNS-Beteiligung | AMPHO B |
| ZNS-Infektion | AMPHO B<br>+ FLUCYT |

| | | | |
|---|---|---|---|
| CTX | = Cefotaxim | VM | = Vancomycin |
| LAMOX | = Latamoxef | CAZ | = Ceftazidim |
| CTR | = Ceftriaxon | CES | = Cefsulodin |
| Pen G | = Penicillin G | PIP | = Piperacillin |
| AMP | = Ampicillin | AZLO | = Azlocillin |
| AG | = Aminoglykoside | AMPHO B | = Amphotericin B |
| OXAC | = Oxacillin | FLUCYT | = Flucytosin |

schiedliche Eliminationskinetik berücksichtigt werden. So erfordert der sinnvolle und risikoarme Einsatz große Erfahrung im Umgang mit den jeweils verwendeten Substanzen. Fehler kommen am wahrscheinlichsten beim Einsatz neuer, bisher nicht verwendeter Substanzen vor.

Der Einsatz von Penicillinen, insbesondere von Penicillin G, Ampicillin, aber auch Piperacillin, Azlocillin und Mezlocillin sowie von Oxacillinen ist durch deren jeweiliges Wirkungsspektrum bedingt. Die Verwendung von Penicillin G und Ampicillin, beispielsweise für Streptokokken B-Infektionen oder Listerien-Infektionen, ist durch die zunehmend häufiger verwendeten Cephalosporine nicht überflüssig geworden. Die Cephalosporine, insbesondere die der dritten Generation, haben andererseits für die Mehrzahl der in Frage kommenden Infektionen eine überragende Bedeutung erlangt.

Cefotaxim ist nach seiner Einführung vor nunmehr zehn Jahren aufgrund seiner ungewöhnlich hohen antibakteriellen Aktivität bald zum Mittel der Wahl für die Initialtherapie vieler septischer Infektionen im Kindesalter, ganz besonders bei Neugeborenen geworden. Die wenigen Lücken im Wirkungsspektrum lassen sich in der Regel durch Kombination mit einem Penicillin hinreichend schließen. Früh erkannte septische Infektionen lassen sich durch Cefotaxim oder einen anderen Vertreter der Cefotaxim-Gruppe meist rasch und wirksam abtöten, so daß viele Folgen oder Spätinfektionen gar nicht mehr klinisch manifest werden. So ist die gefürchtete und immer noch in ihrer Prognose dubiose Neugeborenenmeningitis durch gramnegativen Erreger heute in den meisten Neugeborenenintensivstationen eine Seltenheit geworden. Andererseits darf die große Wirksamkeit dieser Substanz nicht zu ihrem generellen Routineeinsatz bei unbegründetem Infektionsverdacht führen, da sonst doch eines Tages die bisher erfreulicherweise kaum beobachteten Resistenzen auftreten könnten.

Auf die Besonderheiten der Erregerempfindlichkeit bei Neugeboreneninfektionen sei anhand der $MHK_{90}$-Werte hingewiesen. Die häufigen Infektionserreger sind für die genannten Penicilline oder Cephalosporine hochempfindlich (Tab. 4).

Zu berücksichtigen sind auch kinetische Daten (3), die für eine wirksame und verträgliche Behandlung und insbesondere für die erforderlichen Applikationsintervalle von Bedeutung sind. Besonders in der ersten

**Tabelle 4:** Minimale Hemmkonzentrationen ($MHK_{90}$ mg/l)

| Antibiotikum | Strepto-kokken B | Staphylococcus aureus | Staphylococcus epidermidis | E. coli | Entero-bacter | P. aeruginosa |
|---|---|---|---|---|---|---|
| Azlocillin | | 8 | | 128 | 128 | 16 |
| Mezlocillin | | | | 32 | | |
| Piperacillin | < 1 | 8 | 128 | > 128 | 64 | 256 |
| Temocillin | | | | 8 | 8 | |
| Imipenem | 0,08 | 0,9 | 7,28 | 0,37 | 1,48 | 4 |
| Cefotaxim | 0,12 | 2 | 6,2 | ≦ 0,5 | 32 | 32 |
| Lamoxactam | 3,1 | 8 | 32 | ≦ 0,5 | 8 | 32 |
| Ceftazidim | 0,13 | 8 | 16 | 0,12 | 0,5 | 16 |

**Tabelle 5:** Antibiotikadosierung bei Neugeborenen < 1200 g (nach *Prober* et al., 1990)

| Substanz | Einzeldosis (mg/kg) | Dosisintervall (h) |
|---|---|---|
| Ampicillin | 25–50 | 12 |
| Penicillin G | 25–50 | 12 |
| Oxacillin | 25 | 12 |
| Ticarcillin | 75 | 12 |
| Cefazolin | 20 | 12 |
| Cefotaxim | 50 | 12 |
| Ceftazidim | 50 | 12 |
| Ceftriaxon | 50 | 24 |
| Tobramycin | 2 | 12 |
| Vancomycin | 10 | 12 |

Lebenswoche bzw. bei Frühgeborenen während der ersten vier Lebenswochen sind verlängerte Applikationsintervalle zu beachten (Tab. 5, 6 und 7). Überhöhte Blut- und Gewebespiegel können insbesondere bei Penicillinen zu Gerinnungsstörungen führen.

**Tabelle 6:** Antibiotikaverdünnung und Infusionszeiten

| Substanz | Endkonzentration | Infusion (min) |
|---|---|---|
| Penicillin G | 25 000 IE/ml | 15 |
| andere Betalaktame | 20 mg/ml | 15 |
| Amikacin | 6 mg/ml | 15 |
| Tobramycin | 2 mg/ml | 15 |
| Vancomycin | 10 mg/ml | 60 |

**Tabelle 7:** Betalaktam-Kinetik bei Neugeborenen < 1200 g (nach *Prober* et al., 1990)

| Substanz | Einzeldosis mg/kg – $C_{max}$ | $t_{1/2}$ (h) |
|---|---|---|
| Cefotaxim | 50 – 116 | 5 |
| Ceftazidim | 50 – 115 | 4–7 |
| Ceftriaxon | 50 – 145 | 8 |
| Moxalactam | 25 – 56 | |
| Vancomycin | 20 – 33–44 | 10 |

## Penicilline

Neuentwicklungen aus dem Bereich der Penicilline, insbesondere Azlocillin, Mezlocillin, Piperacillin und Temocillin, zeichnen sich durch größere Wirksamkeit im gramnegativen Bereich und/oder besondere pharmakokinetische Eigenschaften gegenüber älteren Penicillinen aus.

*Penicillin G:* als Kurzinfusion 3 × täglich 300 000 IE/kg bei nachgewiesener Streptokokken B-Infektion (in Kombination mit einem AG) für 10–14 Tage.

*Ampicillin:* (+ AG) als Standard-Initialantibiotikum während der Therapieindikation der ersten drei Lebenstage. Solange B-Streptokokken nicht auszuschließen sind, ausreichend hoch dosieren, d.h. 3 × täglich 100 mg/kg, sonst 3 × täglich 50 mg/kg – bei Listeriose (+ AG) mindestens 14 Tage lang.

*Azlocillin (oder Mezlocillin):* besonders bei Therapiebeginn nach dem dritten Lebenstag und Verdacht auf gramnegative, insbesondere Pseudomonas-Sepsis, meist zusätzlich mit einem Cephalosporin der Cefotaxim-Gruppe.

*Piperacillin:* zu verwenden wie Azlocillin, insbesondere bei nachgewiesener Erregerempfindlichkeit.

*Apalcillin und Temocillin:* nur bei sonst resistenten, getesteten Keimen zur gezielten Therapie.

*Flucloxacillin:* Standardmittel bei Staphylococcus aureus-Infektionen, evtl. in Kombination mit Vancomycin/Rifampicin.

## Cephalosporine

Diese waren jahrzehntelang in der Neonatologie nur von begrenztem Wert, wurden aber mit Einführung der hochaktiven Vertreter der Cefotaxim-Gruppe zu Mitteln der ersten Wahl für die Initialtherapie sowohl der früh als auch der spät einsetzenden Neugeborenensepsis (1, 4). Allerdings wirken sie bei Listerien-, Enterokokken- und teilweise bei Staphylokokken- sowie Pseudomonas-Infektionen nur lückenhaft, was mit entsprechenden Kombinationspartnern aus der Gruppe der Penicilline auszugleichen ist.

Mit den Cephalosporinen werden zahlreiche gramnegative Keime so rasch abgetötet, daß auf vielen Intensivabteilungen die gefürchtete Neugeborenenmeningitis zur Rarität geworden ist. Die große Wirksamkeit dieser Cephalosporine darf jedoch nicht zu einem unkritischen Routineeinsatz bei jedem Infektionsverdacht verleiten, da sonst die bisher seltenen Resistenzen rasch um sich greifen könnten. Bei gewöhnlichen Infektionen mit eindeutiger Erregerisolierung und -empfindlichkeit sollten nach wie vor bewährte und gut wirksame Substanzen wie etwa Penicillin G, Ampicillin, Cefazolin oder Oxacilline verwendet werden.

*Cefotaxim* zeichnet sich durch eine außerordentliche antibakterielle Aktivität auf viele gramnegative Keime aus. Die minimalen Hemmkonzentrationen übertreffen bei vielen Enterobakterien alle bis dahin verwendeten Penicilline und Cephalosporine erheblich. Cefotaxim wird im Organismus zu einem beträchtlichen Teil rasch metabolisiert. Hierin ähnelt es dem klassischen Cefalotin. Im Gegensatz zu diesem ist jedoch der Hauptmetabolit, das Desacetyl-Cefotaxim, ebenfalls antibakteriell gut wirksam und entspricht etwa einem Cephalosporin der zweiten Generation. Hierdurch kommt es zu einer verlängerten antibakteriellen Wirkung trotz der vergleichsweise kurzen Halbwertszeit von 60 Minuten. Die renale Elimination sowohl des Cefotaxims als auch seines Metaboliten ist auch für die unreifen Neugeborenen- bzw. Frühgeborenennieren kein Risiko. Die Applikationsintervalle von üblicherweise 6–8 Stunden werden bei unreifen Neugeborenen auf 8–12 Stunden verlängert.

*Ceftriaxon*, in seiner antibakteriellen Wirkung mit dem Cefotaxim weitgehend identisch, zeichnet sich durch eine ungewöhnlich lange Halbwertszeit aus, wie sie von keinem anderen Cephalosporin erreicht wird. Dies gestattet eine einmal tägliche Applikation. Wegen der flexiblen Ausscheidung über Leber und Niere, je nach Funktionszustand beider Organe, soll es bei unreifen Neugeborenen nicht verwendet werden. Das Applikationsintervall sollte u. U. auf 36–48 Stunden verlängert werden.

*Ceftizoxim und Cefmenoxin* entsprechen in ihren Eigenschaften und Anwendungsmöglichkeiten weitgehend dem Cefotaxim, allerdings liegen nur begrenzte oder keine Erfahrungen bei Neugeborenen vor. Cefoperazon ist für den Einsatz in der Neonatologie weniger geeignet, da es überwiegend durch die Leber ausgeschieden wird und bei der Unreife der Leberfunktion des Neugeborenen und insbesondere des Frühgeborenen zu unkalkulierbaren Belastungen führen kann. Gleichzeitig ist auch das Risiko von Gerinnungsstörungen erhöht.

*Latamoxef* zeichnet sich durch ein etwas differenzierteres Wirkungsspektrum aus: Seine Wirkung auf gramnegative Keime und Haemophilus influenzae ist gleich gut oder besser als die von Cefotaxim. Es hat jedoch eine deutlich schwächere Wirkung auf Streptokokken und Pneumokokken. In der Neonatologie wird es regional unterschiedlich verbreitet eingesetzt in Kombination mit einem Penicillin, meistens mit Ampicillin. Bemerkenswert ist eine mäßig längere Halbwertszeit von 130 Minuten, die beim Neugeborenen 12stündliche Applikationen erlaubt.

*Ceftazidim* besitzt bei ähnlichem Wirkungsspektrum wie Cefotaxim eine bessere Pseudomonas-Wirksamkeit. Es empfiehlt sich besonders zur Behandlung nachgewiesener Pseudomonas aeruginosa-Infektionen. Auch sollte es möglichst nur dort appliziert werden, da die Resistenzentwicklung der Pseudomonaden häufiger und rascher vor sich geht als bei den übrigen gramnegativen Keimen.

## Weitere Betalaktame

*Thienamycin* verdient besondere Beachtung; im Handel ist es als N-Formidoyl-Thienamacin mit der Kurzbezeichnung *Imipenem.* Die antibakterielle Wirksamkeit übertrifft die der Cephalosporine der Cefotaxim-Gruppe z. T. erheblich. Es wirkt u. a. auch auf Listerien und Legionellen. Schlecht wirksam ist es hingegen auf Haemophilus influenzae, Pseudomonas, Serratia sowie Staphylococcus epidermidis, mäßig auf Enterokokken. Die Substanz war längere Zeit nicht freigegeben, da sie in der Niere zu toxischen und unwirksamen Metaboliten abgebaut wird. Diesem soll durch die Zugabe von Cilastatin, das der Nierenmetabolisierung entgegenwirkt, begegnet werden. Für die Kombination Imipenem-Cilastatin ist eine gute Verträglichkeit nachgewiesen. Sind die Erreger den anderen Antibiotika gegenüber unempfindlich, ist es statthaft, auch Neugeborene mit Imipenem zu behandeln. Die Halbwertszeit liegt bei 1,3 Stunden, so daß beim Neugeborenen etwa 12stündige Injektionsintervalle anzuraten sind.

**Tabelle 8:** Risiken der Antibiotikatherapie bei Neugeborenen

| Antibiotikum | Risiken |
|---|---|
| Ampicillin<br>Azlocillin | Gerinnungsstörungen |
| Mezlocillin | Krämpfe bei massiver Überdosierung |
| Piperacillin<br>Temocillin<br>Oxacillin | Nekrotisierende Enterocolitis? |
| Cefotaxim | – |
| Lamoxactam | Gerinnungsstörungen |
| Imipinem | Nephrotoxizität? |

Die Risiken der Betalaktame sind auch bei hoher Dosierung gut kalkulierbar und voraussehbar (Tab. 8).

Zur Behandlung nosokomialer Infektionen, deren Erreger nicht identifiziert, aber aufgrund lokaler Verhältnisse vermutet werden können, ist die Kenntnis der $MHK_{90}$-Werte von wesentlicher Bedeutung; sie garantiert jedoch nicht immer einen absoluten Therapieerfolg.

Alle verfügbaren hochwirksamen Antibiotika können jedoch nur dann wirksam sein, wenn sie rechtzeitig eingesetzt werden. Schon bei den ersten Zeichen einer Befindensverschlechterung sind beim Neugeborenen Antibiotikagaben nicht nur gerechtfertigt, sondern obligat. Andererseits kann nicht jede – vielleicht im nachhinein nicht bestätigte – Antibiotikaindikation dem Beweis einer Infektion oder Sepsis gleichgesetzt werden. Neue Substanzen sollten erst dann routinemäßig eingesetzt werden, wenn sie gegenüber der bisherigen Standardtherapie eindeutige Vorteile besitzen. Andernfalls sollten sie für spezielle Situationen und für Infektionen mit sonst resistenten Keimen reserviert werden.

## Literatur

1. **Helwig, H.** 1987. Die Bedeutung neuer Antibiotika für die Neonatologie (unter besonderer Berücksichtigung der Cephalosporine). Pädiat. Prax. 35: 5–15.
2. **Jason, J. M.** 1989. Infectious Disease Related Deaths of Low Birth Weight Infants, United States 1968–1982. Pediatrics 84: 296–303.
3. **Prober, C. G., D. K. Stevenson, W. E. Benitz.** 1990. The Use of Antibiotics in Neonates Weighing Less than 1200 Grams. Ped. Inf. Dis. J. 9: 111–121.
4. **Spritzer, R., H. J. Kamp, G. Dzolic, P. J. Sauer.** 1990. Five Years of Cefotaxime Use in a Neonatal Intensive Care Unit. Pediat. Infect. Dis. J. 9: 92–96.

# Sachwortverzeichnis

## Autorenverzeichnis

Fortschritte **FAC**
**der Antimikrobiellen • Antineoplastischen Chemotherapie**

**Herausgegeben von der Paul-Ehrlich-Gesellschaft für Chemotherapie e. V.**

Band 8–1, 1989 **Ciprofloxacin II**
Bandherausg.: D. Adam, A. Dalhoff, B. Wiedemann
312 Seiten, 82 Abbildungen und 120 Tabellen
ISBN 3-923599-49-8

Band 8–2, 1989 **Bedeutung der Cephalosporine in der Intensivmedizin**
Bandherausg.: K. Peter, H. Knothe
144 Seiten, 30 Abbildungen und 45 Tabellen
ISBN 3-923599-46-3

Band 8–3, 1989 **Perioperative Antibiotikaprophylaxe unter besonderer Berücksichtigung von Cephalosporinen**
Bandherausg.: A. Encke, H. Knothe
108 Seiten, 30 Abbildungen und 29 Tabellen
ISBN 3-923599-50-1

Band 9–1, 1990 **Neue Makrolide**
Bandherausg.: P. M. Shah, C. Simon
144 Seiten, 18 Abbildungen und 63 Tabellen
ISBN 3-923599-51-X

Band 9–2, 1990 **Parameter für die Beurteilung der Erregerempfindlichkeit**
Bandherausg.: B. Wiedemann
160 Seiten, 28 Abbildungen und 60 Tabellen
ISBN 3-923599-60-9

Band 9–3, 1990 **Therapie bakterieller Infektionen in der Kinderklinik**
Bandherausg.: D. Adam, H. Knothe, V. v. Loewenich
80 Seiten, 13 Abbildungen und 30 Tabellen
ISBN 3-923599-61-7

Sonderpreise für Mitglieder der Paul-Ehrlich-Gesellschaft für Chemotherapie e. V.

Fortschritte **FAC**
**der Antimikrobiellen • Antineoplastischen Chemotherapie**

## Herausgegeben von der Paul-Ehrlich-Gesellschaft für Chemotherapie e. V.

Band 10–1, 1991 **Infektionsprophylaxe in der Intensivmedizin – Die selektive Darmdekontamination (SDD)**
Bandherausg.: P. Lawin, H. Knothe
116 Seiten, 20 Abbildungen und 35 Tabellen
ISBN 3-923599-53-6

Band 10–2, 1991 **Teicoplanin I**
Bandherausg.: D. Adam, H. Lode, W. Stille
140 Seiten, 32 Abbildungen und 61 Tabellen
ISBN 3-923599-52-8

Band 10–3, 1991 **Ciprofloxacin III**
Bandherausg.: D. Adam, T. Bergan, G. Ruckdeschel
252 Seiten, 68 Abbildungen und 81 Tabellen
ISBN 3-923599-64-1

In Vorbereitung:

Band 11–2, 1992 **The Use of New Quinolones in Pediatric Medicine**
Eds.: D. Adam, T. T. Rubio

Band 11–3, 1992 **Theodor Escherich – Leben und Werk**
B. A. Oberbauer

Sonderpreise für Mitglieder der Paul-Ehrlich-Gesellschaft für Chemotherapie e.V.